[만든 사람들]
기획 ··· 실용기획부
진행 ··· 권현숙
집필 ··· 박미경
편집 디자인 ··· 디자인크레타(www.designcreta.com)
표지 디자인 ··· 전민경

[책 내용 문의]
도서의 내용에 대한 궁금한 사항이 있으시면,
디지털북스 홈페이지의 게시판을 통해서 해결하실 수 있습니다.
디지털북스 홈페이지 ··· www.digitalbooks.co.kr

[각종 문의]
영업 관련 ··· digital@digitalbooks.co.kr
기획 관련 ··· digital@digitalbooks.co.kr
전화 번호 ··· (02)447-3157~8

※ 잘못된 책은 구입하신 서점에서 교환해 드립니다.
※ 이 책의 일부 혹은 전체 내용에 대한 무단 복사, 복제, 전재는 저작권법에 저촉됩니다.

노하우 알짜정보!!

성공어학연수 가이드

필리핀 박짱뜨기!!

박미경 지음

www.ithinkbook.co.kr

노하우 알짜정보!!

성공어학연수가이드
필리핀 맞짱뜨기!!

아이생각
www.ithinkbook.co.kr

이 책을 시작하며...

필자는 평소 영어보다는 일본어에 관심이 많았다. 그래서 대학을 다니면서 일본어 자격증까지 습득했지만, 영어에 대한 필요성이 점점 더 절실해지기 시작했다.
그후 대학교를 졸업하자마자 일본어 공부를 접고 필리핀으로 떠났다. 원래는 호주 어학연수를 계획하고 호주 daum 카페정모에 참석했다가, 그곳 카페주인장님의 말씀이 영어에 자신이 없는 사람들은 필리핀을 꼭 들렸다 가야 한다는 말에 공감대 형성이 되었고, 정모가 끝나자마자 카페에서 추천해 주는 마닐라에 있는 어학원에 수속을 하고 5개월간 연수를 떠났다.
그렇게 5개월 동안 나만의 방법대로 필리핀 연수 상황에 맞게 공부를 진행했을 즈음에는 호주 연수는 안 가도 될 만큼 기대 이상으로 영어 실력이 향상되어 있었다.
자막 없이 미국 영화를 보아도 80% 이상 이해가 가능했다. 주변 사람들 모두 필리핀이 위험하고 발음이 좋지 않다는 부정적인 시각으로 나의 필리핀 연수를 반대했다. 어학연수 하나를 위해 대학교 다니는 내내 못 먹고 못 입으면서 모았던 돈이 전혀 아깝지 않을 만큼 성공 연수를 하고 돌아왔다고 자부하고 있다. 그러므로 지금 필리핀 연수를 생각하고 있는 모든 분들에게 용기와 믿음을 주고 싶다.

필자는 똑똑하지도 잘나지도 않았다. 오히려 이해력도 느리고 공부도 열심히 하지 않은 평균 이하였다고 하는 게 옳다. 하지만 지금 이렇게 감히 독자들에게 조언과 충고를 할 수 있는 건 지금은 더 이상 예전의 내가 아니기 때문이다. Be 동사도 몰랐던 내가 지금은 전 세계 각국의 친구들과 몇 시간씩 수다를 떨며 배꼽 빠지게 웃을 수 있는 영어 실력을 갖기까지는 긍정적인 사고와 꾸준한 인내심뿐이었다.
가끔 연수를 준비하는 많은 학생들과 대화를 하다 보면 마법 같은 영어 공부나 최소 노력, 파격적 연수비용에 열광하는 경우를 종종 본다. 하지만 진정한 성공 연수를 마치고 귀환한 사람들은 특별한 노하우보다 평범하지만 꾸준히 노력한 것이 노하우라면 노하우였다.
유명한 재테크 서적의 필자가 이런 말을 했다. '교통비 절약해 가며 월 100만 원의 실탄을 확보하라' 였는데, 실탄도 확보하고 교통비도 아낄 겸 스마트폰으로 영어회화를 들으며 걸어가 보는 것은 어떨까!!
우리나라 사람들이 자주 범하고 오류는 "쉬엄쉬엄 공부해.", "하루에 단어 한 개라도 외워.", "공부 방법이 이상했나 보네." 등이다.

재테크에 성공한 부자도 재테크를 위한 초기 자금을 마련할 때 100원도 아껴 모았을 것이고 나중에 자금이 넉넉해졌을 때는 더 효율적인 재테크법을 찾고 투자했을 것이다.
공부도 마찬가지이다. 실력이 중상급 이상이 되면 주말에 쉬기도 하고 더 좋은 공부 방법을 찾아봐야겠지만, 초보는 어떤 방법이든 한 가지 공부 방법을 선택하여, 어느 정도 궤도에 오를 때까지 한눈팔지 않고 쉼없이 공부만 해 보는 것이다.
"하루에 10분씩만 공부하자!" 등의 마술 같은 달콤한 말에 현혹되지 말자. 다른 나라의 언어를 남들보다 빨리 터득하고 싶다면 친구, 여행, 휴식 모두를 잊고 하루에 적어도 12시간 이상은 공부해야 한다.
지금 놓인 본인의 상황과 능력에 한숨쉬며 카카오톡으로 파이팅을 외치는 시간 허비는 냉큼 중단하라. 차라리 집에 쌓여있는 기초문법책을 펼쳐 지금 당장 시작하라!! 그것이 내 영어 연수의 첫걸음이 될 것이다!!

세상 그 무엇과도 바꿀 수 없는 가장 사랑하고 가장 존경하는 나의 아버지와 어머니, 하나밖에 없는 내 동생, 항상 내 편이고 평생 함께 할 사랑스러운 나의 남편… 책 출판을 위하여 항상 도움을 주고 계시는 '디지털북스' 까지… 모두에게 따뜻한 감사의 마음을 전합니다.

2008년 **박미경**

이 책을 읽기 전에 먼저 알아두어야 할 필리핀에 관한 편견 5가지

첫째, 필리핀에서 연수하면 이상한 발음이 끝까지 간다??

필리핀은 영어권 나라가 확실하지만 "따갈로그"(필리핀 언어)도 많이 사용하고 있기 때문에 따갈로그의 억양이 영어에도 다분히 묻어나는 경향이 있어 대체적으로 필리핀 사람들은 'T' 발음을 네이티브에 비해서 좀 강하게 발음하는 것이 사실이다.

그러나 우리는 오직 미국인이나 영국인 하고만 대화하려고 영어를 배우고 있는 건 아니다. 미국과 영국에서도 지역적으로 발음과 억양이 틀리고, 영어권의 다른 나라 사람들도 똑같은 영어인지 의심스러울 정도로 특이한 영어 발음을 구사하기도 한다.

영어는 전 세계의 공용어이고 스위스, 프랑스, 이탈리아, 중국, 일본인들과도 큰 문제없이 의사소통이 되어야 제대로 영어 공부를 했다고 할 수 있을 것이다. 이렇듯 누구든 영어를 잘 구사할 수 있는 사람이라면 나라, 인종을 가리지 않는 의사소통이 가능해야하며 본인이 동경하는 발음으로 말할 수도 있게 된다.

결론적으로 영어 공부에서 중요한 것은 발음이 아니라 얼마나 오랫동안 습관적으로 영어로 말하고, 듣고 있느냐가 더 중요하다는 것이다.

둘째, 필리핀은 너무 위험해서 연수하기가 무섭다??

필리핀은 우리 모두가 알고 있듯이 후진국이 분명하고 많은 한국 사람들을 포함한 외국인들로 인하여 바가지요금도 많고 관광객이 많은 여행지에는 소매치기도 종종 있다. 이것은 꼭 필리핀이라는 나라에만 국한되는 문제가 아니다.

호주, 미국, 캐나다, 이탈리아, 태국, 말레이시아 등등 어느 나라를 가도 본인이 조금만 부주의하거나 운이 나쁘면 좋지 않은 일을 당하는 경우가 생길 수 있다. 이런 관점이라면 필리핀은 오히려 다른 나라 연수생들보다 더 안전하다고 말할 수 있다. 필리핀에서는 80% 이상의 한국 학생들이 가드가 지키고 있는 기숙식 어학원에서 공부를 하고 있기 때문에 학교라는 안전한 울타리 안에서 편하고 안전하게 연수를 할 수 있다.

셋째, 필리핀에는 대부분 한국 학생인데 공부가 얼마나 될까??

해외 어학연수라는 단어를 떠올리면 누구나 이국적인 멋진 풍경에서 유러피안들과 어우러져 이야기하는 것을 상상할 수 있다. 그러나 실제로는 호주나 캐나다에서 만나는 유러피안들이라면 자신들도 영어를 공부하러 그곳에 왔다는 것, 부정확한 영어라든가 영어

문법에 있어서는 우리나라 사람들보다 오히려 더 뒤처진다는 것이다.
또한 현지에서 만날 수 있는 수많은 네이티브들은 나를 위해 존재하는 게 아니다. 우리가 설사 영어를 잘한다고 하더라도 인종차별이 심해 기분이 상했던 사람들이 많았을 것이다. 그럼에도 불구하고 한국 사람이 많은 필리핀보다 서구권 국가가 무조건 나은 조건일까?
필리핀에서는 어차피 1 : 1 수업을 하고 있고, 소그룹이 주를 이루고 있다. 그래서 주변에 한국 사람이 아무리 많아도 영어 공부는 필리핀 선생님과 하게 된다.
그 필리핀 선생님은 선진국에서 만나게 되는 어학연수 중인 유러피안들보다 훨씬 더 영어를 잘한다. 그뿐만 아니라 나의 잘못된 영어에 대해 옆에서 바로 바로 수정해 주는 것이 가능하다. 연수 중인 10명의 유러피안들과 다니는 것보다 한 명의 필리핀 선생님과 친해지는 것이 낫다는 이유이다. 또 수업이 모두 끝나면 도서관이나 자신의 방에서 공부를 하다가 잠자리에 들 수도 있다. 결국 주변에 있는 한국 사람들은 스스로 다가가서 이야기를 청하지 않는한 내 공부에 절대 영향을 줄 수가 없을 것이다(요즈음은 필리핀도 국적 비율이 날이 갈수록 좋아지고 있다).

넷째, 어학원 선택은 필리핀 가서 직접 하는 게 좋다??

눈으로 직접 보지도 못한 어학원을 한국에서 미리 선택한다는 것은 분명히 어느 정도 후회할 가능성도 있다. 그래서 선진국으로 연수를 가는 학생들 중 아무것도 정하지 않고 가방 하나 매고 연수를 떠나는 사람도 소수 있다. 큰 준비 없이 가방 하나 매고 떠나는 그들의 용기와 열정만은 높이 살 수 있지만, 연수는 여행과는 많이 다르다.
여행은 준비 없이 다가오는 것들에서 더 큰 재미와 즐거움을 느낄 수 있지만, 연수는 무작정 용기 하나로 나서기에는 괜한 시행착오를 겪으면서 짧은 연수 기간을 소득 없이 허비해 버릴 수도 있다. 그래도 선진국에는 현지 유학원이 많아서 의지할 수가 있지만, 필리핀에는 현지 유학원이 거의 없다. 또한 유명한 어학원들은 기숙사 마감이 빨리 되어 버리거나, 학생 관리 문제로 인해 "현지등록"을 받지 않는 곳도 꽤 많다.
거기에다가 현지에서 직접 보고 등록을 하겠다는 것은 도착한 지역에서 적어도 10개 이상의 학원을 방문해서 조사를 해야 하기 때문에 엄청난 고생이 될 것이다.
또한 호텔에서 며칠 동안 숙박을 해야 한다면 잘 모르는 지리와 많은 짐들, 익숙하지 못한 나의 행동으로 인해 주변에 있는 범법자들의 눈에 잘 띌 수밖에 없을 것이다. 그러므로 학원 선택은 이런 모든 위험과 고생을 넘어설 만큼 중요하지도 않다.

다섯째, 400만 원으로 5개월의 연수를 간다??

요즘은 자기 주변에 적어도 한 명 이상은 해외 어학연수 경험이 있을 것이다. 주변에 있는 연수 경험자들의 이야기를 들어보면 "500만 원만 가지고 선진국에 갔는데 2,000만 원을 벌어 왔다", "500만 원으로 1년을 생활했다"는 등의 귀가 솔깃한 이야기도 한 번쯤 들어봤을 것이다.

예를 들어 400만 원으로 필리핀에서 5개월 동안 연수를 한다면 가장 저렴한 방을 얻어 자취를 하면서, 아주 덥고 열악한 환경에서 개인 과외로 영어 공부를 해야 5개월 동안 400만 원으로 연수를 할 수 있다. 게다가 능률도 많이 떨어지고 영어 향상 속도도 매우 느린 것은 물론 상당히 고생스럽다. 차라리 그 400만 원으로 기숙 학원을 선택하여 2개월 동안 체계적으로 연수를 하고 오는 것이 훨씬 효과적이다.

만약 연수의 목적이 "적은 돈으로 해외에서 1년 버텨보기"라든지 "돈 벌어서 귀국하기"였다면 초기 목적을 달성한 성공한 사람들이라고 말할 수 있을 것이다. 그러나 영어 연수가 목적이었다면 결코 얼마를 벌어왔는지 얼마로 생활했는지가 중요한 것이 아니다. 얼마나 영어가 향상되었는지 얼마나 영어와 관련한 것들을 얻어왔는지가 중요하다.

물론 선진국에서는 비자 종류에 따라 아르바이트를 하면서 돈도 벌고 공부도 열심히 하는 사람이 있을 것이다. 그러나 적어도 필리핀에서는 인건비가 워낙 싸기 때문에 공부할 시간에 일을 하면 더 손해를 보게 되어 아르바이트 자체가 힘들다. 인건비가 비싼 선진국에서의 연수 성향과는 많이 다르다. 또한 저렴한 연수를 계획하고 있다면 초기 연수를 필리핀 연계연수로 준비하여 적어도 ESL(일반영어 과정)을 필리핀에서 끝내게 된다면 그것만으로도 비용 절감이 될 것이다. 이렇게 선진국에서의 기간을 줄이고 필리핀을 조금 늘린다면 그 또한 연수 비용 절감이 될 수 있다.

필리핀 연계연수 전문 카페를 4년여 동안 운영해 오면서 지난 날을 돌이켜보면 참으로 많은 사람들을 만나 왔다. 지금은 필리핀 어학연수가 선진국에 가기 전 꼭 들려가는 필수 연수가 되었지만, 불과 3~4년 전만 해도 필리핀연수에 대해 반신반의하는 사람들이 많았고, 주변 사람들의 반대로 연수 준비를 하는 도중에 포기하는 사람도 여러 명 봤다. 어학연수라는 것은 필자가 받은 영향처럼 본인 인생을 새롭게 바꾸어주기도 하고, 다녀온 뒤의 자신감으로 생활의 활력소가 되기도 할 것이다. 이제는 어학연수를 안 가본 사람이 없을 정도로 흔하디 흔한 일이지만, 지금도 변함없는 것은 철저히 준비하고 확실한 목표를 가진 사람만이 후회없는 영어 실력을 갖추고 귀국을 할 수 있다는 것이다.

- 필리핀에 대해서 투덜대지 마라!!
- 지금 투덜대는 나라가 본인의 영어실력을 180° 바꿔 놓을 수 있는 나라다!!
- 연수 준비는 믿을만한 대행업체에 맡기고 출국 전 영어 공부에 집중하라!!
- 스스로 금기사항을 세워라!! (ex : 평일에 술먹지 않기, 한국 이성 사귀지 않기)
- 작은 것도 좋다. 목표를 가져라!!
- 어학연수하는 동안 인터넷을 멀리하라!!

알아두면 좋은 필리핀 비자

• 관광 비자(Tourist Visa)
여행을 목적으로 할 때 받는 비자로 한국인들은 무비자 입국이 가능하다. 59일짜리 관광 비자를 한국에서 발급해서 가도 되고, 무비자로 입국해서 최대 21일까지 머물 수 있어 더 체류하길 원할 경우에는 비자 연장을 하면 된다. 필리핀으로 어학연수를 가는 사람들이 관광 비자로 입국하여 비자 연장을 하는 경우가 대부분이다.

• 학생 비자(Students Visa)
만 18세 이상인 사람이 필리핀의 정규 대학 과정을 등록하여 공부하려는 경우, 발급되는 비자이다. 즉, 학업을 위한 비자로 1년간 유지되며 매년 연장을 해야 한다.

• 선교사, 취업 비자(Employees Visa)
- 취업 비자 : 노동자로 필리핀 내 개인 사업 및 현지 회사에서 채용되어, 필리핀에서 일을 해야 할 때 받는 비자이다. 1년에서 2년씩 연장되며, 5년 이상이 되면 비자를 재신청해야 한다.
- 선교사 비자 : 선교를 목적으로 체류할 때 받는 비자로, 신청 시에는 선교사 파송증이 필요하다.

• 무역거래 비자(Investors Visa)
적법하게 무역을 하는 무역업 관계자나 운항 협정에 따라 정기적으로 운항하는 항공기 또는 선박 관계자들에게 발급하는 비자로 본인뿐만 아니라 가족에게도 같은 비자가 발급된다.

• 은퇴 비자(Special Retiree's Resident Visa)
말 그대로 은퇴 비자로 필리핀 내에서 은퇴 후 거주하고자 할 때 받는 비자로 35세 이상, 49세 미만인 경우 $50,000 예치, 50세 이상인 경우 $20,000을 예치해야 한다. SRRV를 받게 되면 필리핀에서 영구거주가 가능하며 SSP도 면제이고 50년 간 토지 임대와 노동허가도 가능하다.

목차

01 필리핀 연수준비
미경이가 필리핀까지 가게 된 스토리...18

01 여권만들기	21
02 학원 선택하기	24
03 항공 예약하기	27
04 준비물 챙기기	30

02 출국준비
나 진짜 필리핀 가는 거야?...36

01 출국 전 점검	38
02 출국 _ 인천공항에서	44
03 필리핀 입국 _ 마닐라공항에서	48

03 숙박유형과 연수유형
미경이는 필리핀에서 이렇게 살았다!!...52

01 기숙사	54
02 하숙	58
03 자취	61
04 홈스테이	67

04 지역별 어학연수
적을 알고 나를 알면 백전백승!!...72

01	마닐라	75
02	세부	89
03	다바오	106
04	바콜로드	124
05	일로일로	138
06	바기오	151

05 필승 어학연수
이래서 필리핀에서 연수하는 거거든!!...168

01	왕초보 탈출방법	170
02	문법 마스터하기	173
03	왕처럼 영어연수하자	175
04	선생님을 잡아라	177
05	3개월차 슬럼프 극복하기	180
06	스파르타 학원 & 일반 학원	182

06 이럴 땐 이렇게
호랑이굴에 들어가도 정신만 똑바로!! ...186

01	불법체류자	188
02	교통사고	193
03	여권 & 비행기표 분실	196
04	몸이 아플 때	197

07 생활 적응 노하우
미경이의 필리핀 Real스토리 ...200

01	은행	202
02	전화	204
03	대중교통	208
04	음식	216
05	쇼핑	222
06	문화생활	225
07	우체국	229
08	미용실	232

08 다른 나라와 연계되는 어학연수
꿩 먹고 알 먹고...234

01	필리핀+호주	236
02	필리핀+미국	245
03	필리핀+캐나다	254
04	필리핀+아일랜드	264
05	필리핀+영국	271
06	필리핀+뉴질랜드	274

09 필리핀 엑티비티
주말여행...278

01	골프	280
02	스노우쿨링	286
03	제트스키 & 바나나보트	291
04	시워킹	293
05	다이빙	297
06	그외 스포츠(등산, 산악오토바이, 래프팅....)	301

01

필리핀 연수준비

미경이가 필리핀까지 가게 된 스토리

01	여권만들기
02	학원 선택하기
03	항공 예약하기
04	준비물 챙기기

필리핀 연수준비

미경이가 필리핀까지 가게 된 스토리

필자의 경우는 사실 큰 고민 없이 필리핀 어학연수를 결정했지만, 막상 외국으로의 어학연수를 계획하는 순간부터 많은 것들을 차근차근 준비를 해야 할 것이다. 필리핀은 다른 영어권 국가들보다 비교적 준비가 간단하므로 바로 시작해 보자!

어학연수 동기(암울했던 과거청산?!)

두둥~, 말 많고 탈 많은 미경이의 하루하루!!
오늘도 여전히 아무 생각 없이 인터넷을 죄다 베낀 수십 장의 리포트를 들고 대학교 문턱을 넘어 강의실로 들어갔다.
역시나! 오늘도 한 시간 지각을 했다. 교수님과 같은 과 학생들은 너무도 긍정적(!)인 사고의 소유자들인지라
"오~, 오늘은 학교에 왔네." "버스카드는 찍고 내렸어?"
"그랬겠지~. 1시간 이내에 다시 타면 환승할인데~."
라는 고맙고 따뜻한(!) 말들을 많이 건넨다.
그래도 내가 공부는 못했지만 친구들은 잘 둔 것 같다.
하지만 나의 이 소중한 친구들도 조를 짜서 같이 프로젝트를 발표해야 되는 상황이 오면 나는 열외대상 1호가 된다. 그래도 왕년에는 나름 전교 1등도 해보고 다양한 종류의 임원을 지내기도 했다. 그러나 적성에 맞는 문과가 아닌 전혀 다른 이과로 과를 정하면서 내 대학생활은 나를 무시하는 세력과 안타까워하는 세력들끼리의 세력 다툼(!)으로 많지도 않은 내 나이에 쓰디쓴 인생의 허무함을 맛보아야 했다. 이런..

어학연수지 결정(특단의 조치!!)

'안되겠다! 이렇게 사는 것도 하루 이틀이지! 한 살이라도 어릴 때 적성에 맞는 분야로 가재!'
이런 생각이 내 머리를 스치자마자 갑자기 떠오른 단어가 '호주로 가자' 였다. 내 주변에는 친구의 친구 그 친구의 언니, 오빠조차도 어학연수를 다녀온 사람이 없었고, 나 또한 제주도도 가본 적이 없었다. 다만, 중학교 때 좋아했던 선생님이 '호주'로 이민을 가신 뒤에 수개월 동안 선생님을 그리워했던 것이 잠재의식 속에 남아 있었나 보다.
어찌 되었건 '호주' 라는 단어가 떠오르자마자 카페 검색창에 어학연수를 쳤고, 좋은 카페를 찾을 수 있었다. 나는 이때부터 틈 날 때마다 호주에 대한 정보를 모으며, 하나씩 하나씩 계획을 세우기 시작했다… 뚜억… 나처럼 어학연수지를 이렇게 1초 만에 결정하는 사람은 없을 거다.

01 필리핀 연수준비   21

어학연수 준비(성공의 출발점!!)

아무튼 정보를 모으다 보니 카페정모에 참석하게 되었다. 카페 방장님왈 ; "영어 못하는 사람은 1:1이 가능한 필리핀에서 기초를 쌓은 후 선진국으로 가야 한다."
"필리핀 사람들은 한국 사람을 매우 이쁘고 멋있다고 생각하기 때문에 우리가 아무리 느리게 스피킹을 해도 웃으면서 들어 준다."
"하나도 안 이쁜 내가 아는 여자애는 필리핀에서 몇 달 공주대접을 받더니 선진국 가는 거 캔슬했단다." 라는 말씀을 듣고 난 또 5초 만에 필리핀 연수를 계획하게 되었다.(;;) '그래!! 필리핀+호주 연계연수를 가는 거야!!' 어학연수 결정과 나라 선택을 하기까지 1분 이내로 끝낸 것도 부족해 곧 이어 방장님이 추천해 주시는 필리핀 어학원으로 2분 만에 어학원 선택까지 끝내게 되었다. A형답지 않은 급한 성격의 소유자인 나는 방장님과 연결되어 있는 유학원으로 바로 그 다음 날 방문하여 학원 등록에서부터 비행기 예약까지(사실 필리핀은 학원 등록과 비행기 예약만 하면 중요한 건 끝이다) 일사천리로 마친 후 바로 그 길로 종로 XBX 학원에 진짜 왕초보의 왕초보 문법 강의를 신청했다. 캬~ 하루만에 3~4개의 신청을 마친 이 기분! 마무리로 신청하자마자 1시간 강의를 듣고 집으로 갔을 때는 두 달만에 공중 목욕탕에 가서 2시간을 씻고 나온 기분을 맛볼 수 있었다.

 ## 여권 만들기

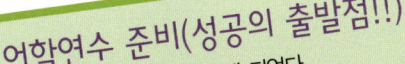 준비물

제주도도 못 가본 나였기 때문에 여권 같은 건 영화에서나 몇 번 본 기억이 있어 어떻게 생겼는지만 알고 있었다. 또, 만드는데 필요한 것들과 어디에 가서 어떻게 신청을 하는 건지도 전혀 몰랐다.

벗뜨(But) 여기저기 인터넷 사이트를 돌아다닌 후 여권을 구청에서 만들어준다는 긴급(!)정보를 입수해 114에 전화를 걸어 "우리집과 가장 가까운 구청이 어디 게요?"라고 공손히 물어본 뒤 동네 구청 전화번호까지 입수하게 되었다.

마지막으로 구청에 전화해서 여권 발급 준비물을 물어본 결과 **'여권용 사진 1장 + 신분증 + 신청비 + 병역관계서류(남자)'** 만 있으면 영화에서만 봤던 여권이라는 걸 만들 수 있다고 하였다.(푸하하)

그 다음 날 필요한 준비물을 들고 해당 구청을 방문하자마자 가장 성격이 좋아보이는 담당 직원을 찾아,

"Excuse me, I.. don't know... how...to.."
윽~! 아직 여기는 한국이다!
자, ~정신을 다시 차리고 "쩌그~, 여권을 신청하러 왔는디요, 뭐부터 시작해야 하남유?" 나를 물끄러미 쳐다보던 직원이 하는 말,
"복수여권, 단수여권 어떤 거 신청하실 건데요?"
"아~, 전 여권 1개만 신청하러 왔어요. 단수여권이면 돼요!"
직원의 얼굴이 점점 험상궂어지며 "개수를 말하는 게 아니고요, 복수여권은 5년, 10년짜리가 있는데 그 기간 내에는 몇 번이고 해외출국이 가능하고요, 단수여권은 1년 동안 딱 한 번만 해외출국이 가능합니다."
켁~!! 이 분 아니었음 5초 만에 결정한 내 소중한 **필리핀+호주 연계연수**는 물 건너 가고, 필리핀 연수만 하고 올 뻔했다.
아무튼 나는 8천 원을 아끼기 위해 10년짜리 복수여권 놔두고 엄한 5년짜리 복수여권을 신청한 뒤 발걸음도 가볍게 휘파람을 불며 일주일 뒤에 찾으러 오라는 소리와 함께 구청을 빠져나왔다.

TIP 여권용 사진 1매, 신분증, 신청비, 병역관계서류(남자)를 준비 ➡ 가까운 해당 구청을 방문 ➡ 신청서 작성 ➡ 접수(신원 조사 확인) ➡ 각 지방 경찰청(정보과 신원반) ➡ 결과회보 ➡ 여권서류 검사 ➡ 여권 제작 ➡ 여권 교부

02 여권 종류

- **복수여권** : 5년(47,000원), 10년(55,000원)동안 횟수에 제한 없이 해외출국을 할 수 있는 여권(10년짜리로 신청할 것을 권유)
- **단수여권** : 해외 출국을 1년 동안 한 번만 사용할 수 있는 여권으로 병역 미필자 등의 특별한 이유가 있는 사람만 신청(20,000원)

03 서울시 여권 발급 기관 연락처

	대행기관 및 분소	일반전화	팩스	우편번호	주소	비고
	외교부	02-720-3780	02-722-8489	110-733	서울 종로구 수송동 80번지 코리안리 4층	여권과장
서울	종로구	02-731-0610~4,1591(직)	02-731-065	110-701	서울 종로구 수송동 146-2	여권과
	서초구	02-570-6430~3,6438	02-570-6440	137-704	서울 서초구 서초2동 1376-3	OK-민원센터
	영등포구	02-2670-3145	02-2670-3595	150-720	서울 영등포구 당산동 3가 385-1	민원여권과장
	노원구	02-950-3751~2,3126	02-950-3755	139-703	서울 노원구 상계6동 701-1	민원여권과장
	강남구	02-2104-2266	02-2104-2439	135-090	서울특별시 강남구 학동로426호(삼성동 16-1) 강남구청 민원여권과	민원여권과장
	동대문구	02-2127-4681~4	02-2127-5103	130-703	서울 동대문구 용두동 39-1	민원여권과장
	마포구	02-718-3282(별관)	02-718-5391	121-303	서울 마포구 공덕동 한국사회복지회관 2층	여권과장
	구로구	02-860-2683	02-860-2623	152-701	서울 구로구 구로본동 435번지	민원여권과장
	송파구	02-410-3270~4	02-410-3894	138-171	서울 송파구 송파동 여성문화회관 1층	여권과장
	성동구	02-2286-5252	02-2286-5914	133-701	서울 성동구 행당동 7	민원여권과장
	강서구	02-2603-2580	02-2600-6610	157-701	서울 강서구 화곡6동 1111-2 귀뚜라미홈시스텔 2층	여권과장
	중랑구	02-490-3210~7	02-490-3218	131-701	서울 중랑구 신내동 662번지	민원여권과장
	중구	02-2260-1785	02-2260-1112	100-701	서울 중구 배오개길 76(예관동 120-1)	여권과장
	강북구	02-901-6821~5	02-901-6150	142-701	서울 강북구 구청길 12(수유3동) 192-59	여권과장
	강동구	02-480-1588	02-483-4494	134-700	서울 강동구 성내동길55(성내동541-1)	여권과장
	광진구	02-450-1450~1 02-3424-2971	02-450-1738	143-702	서울 광진구 구의동 546-4 테크노마트 1층	민원여권과장
	용산구	02-710-3370~4	02-710-3236~7	140-704	서울 용산구 원효로1가 25번지 용산구청 신관 2층	여권과장
	은평구	02-350-3931~3	02-350-1794~5	122-702	서울 은평구 은평구청길 8(녹번동 77-7) 별관 1층(의회동건물)	여권과장
부산	부산시청	051-888-3561~6	051-888-3569	611-735	부산 연제구 연산5동 1000	시민봉사과장
	사하구	051-220-4812~6,4818	051-220-4819	604-701	부산 사하구 사하구청길 30(당리동 317-16번지)	민원여권과장
	서구	051-240-4288	051-240-4289	602-701	부산 서구 서구청 1길 1(토성동 4가 2-3)	민원봉사과장
	해운대구	051-749-5613	051-749-5619	612-701	부산 해운대구 중일동 1378-95	민원여권과장
	사상구	051-310-7905	051-310-4270	617-060	부산 사상구 구청로 34(감전2동 138-8)	민원여권과장
인천	인천시청	032-440-2470~85	032-425-2207	405-750	인천 남동구 구월동 1138	자치행정과장
	서구	032-560-4986~7 4253, 4255~7	560-4259,4699	404-701	인천 서구 서곶길 323(심곡동 244)	민원여권과장
	계양구	032-450-6701	032-450-6719	407-813	인천 계양구 계산동 1079-1	민원여권과장
경기도	경기도1청	031-249-3200(0번누름)	031-249-4023	442-190	경기 수원시 팔달구 우만동 228	총무과장
	안양시	031-389-2582	031-389-2601	431-078	안양시 동안구 부림동 1590	시민과장
	성남시	031-705-0606	031-707-0190	463-839	경기 성남시 분당구 야탑동 486 탄천종합운동장내	자치행정과장
	경기도2청	031-850-2257~8	031-850-2249	480-764	경기 의정부시 신곡동 800번지 기획행정실	행정관리담당관
	남양주시	031-590-8711,3~7	031-590-8718	472-701	경기 남양주시 경춘로 202(지금동 159-7)	민원처리과장
	고양시	031-900-6331~3	031-900-6340	410-812	경기 고양시 일산동구 마두동 815 일산동구청 1층	자치행정과장
	평택시	031-659-5133	031-659-5699	450-702	경기 평택시 중앙로1가 45	민원봉사과장
	군포시	031-390-0137	031-390-0661	435-701	경기 군포시 청백리길22(금정동844)	민원지적과장
	안산시	031-481-2983	031-481-2660	425-702	경기 안산시 단원구 화랑로110(고잔동515번지)	자치행정과장
강원도	강원도청	033-249-2271~2	033-249-4030	200-700	강원 춘천시 봉의동 15	총무과장
	원주시	033-738-5240	033-738-5747	220-703	강원 원주시 봉학로 180(일산동 185-1)	민원봉사과장
	속초시	033-639-2063~5	033-639-2510	217-701	강원 속초시 중앙로 469-6(중앙동 469-6번지)	민원봉사과장
	환동해출장소	033-660-1255	033-660-1399	210-800	강원도 강릉시 주문진읍 교항리 134-3	출장소장

대행기관 및 분소		일반전화	팩스	우편번호	주소	비고
충북	충북도청	043-220-2734~36	043-220-5577	360-765	충북 청주시 상당구 문화동 89	자치행정과장
	충주시	043-850-5416	043-850-5491	380-700	충북 충주시 금릉동 700번지	종합민원실장
	옥천군	043-730-3288	043-730-3670	373-809	충북 옥천군 옥천읍 삼양리 174번지	민원과장
충남	충남도청	042-220-3080	042-251-2254	301-763	대전 중구 선화동 287	자치행정과장
	천안시	041-521-3317~9,5322~3(상담)	041-521-2182	330-701	충남 천안시 번영로 601(불당동 234-1)	종합민원실장
	보령시	041-930-3884	041-930-3711~2	355-701	충남 보령시 성주산로 77(명천동 269-4)	허가민원과장
	서산시	041-660-2725	041-660-2620,2248,9	356-704	충남 서산시 관아문길 1(읍내동 492)	민원처리과장
전북	전북도청	063-280-2252~4	063-280-2209	560-761	전북 전주시 완산구 중앙동 4가 1번지	대외협력과장
	남원시	063-620-6105	063-620-6705	590-701	전북 남원시 시청로 88(도통동 518번지)	민원과장
	군산시	063-450-4150, 6418(행정담당)	063-450-4396	573-703	전북 군산시 시청로 8번(조촌동 888번지)	민원봉사과장
	정읍시	063-530-7389, 7390	063-530-7393	580-701	전북 정읍시 수성동 440-1	종합민원실장
전남	전남도청	061-286-2314	062-607-6206	534-821	전남 무안군 삼향면 남악리 1000번지	종합민원실장
	여수시	061-690-2190	061-690-2953	555-701	전남 여수시 시청로 1번(학동 100번지)	민원지적과장
	광양시	061-797-2262	061-797-3224	545-701	전남 광양시 시청앞길 8(중동 1313번지)	민원봉사과장
경북	경북도청	053-950-2215, 2253	053-950-3409	702-702	대구시 북구 산격동 1445-3	새마을봉사과장
	안동시	054-840-6880~3	054-840-6149	760-701	경북 안동시 시청로 6(명륜동 344번지)	종합민원실장
	포항시	054-270-2903~5, 2124(심사담당)	054-270-5998~9	790-722	경북 포항시 남구 대잠동 1001번지	새마을봉사과장
경남	경남도청	055-211-2661~3	055-211-2659	641-702	경남 창원시 대방로 1번지	행정과장
	진주시	055-749-5048(안덕숙), 5150	055-749-2812~4	660-760	경남 진주시 상대동 284	시민봉사과장
	거제시	055-639-3247,3155	055-639-3484	656-720	경남 거제시 신현읍 고현리 717번지	민원지적과장
	김해시	055-330-3688,4808	055-330-3689	621-701	경남 김해시 부원동 623번지	허가과장
	거창군	055-940-3051~3(여권담당쪽 문의)	055-940-3078~9	670-807	경남 거창군 거창읍 상림리 64-1	종합민원실장
	대구시청	053-803-2873	053-803-3009	700-714	대구시 중구 동인동 1가 1번지	시민봉사과장
	광주시청	062-613-2963	062-613-2969	501-701	광주시 서구 내방로 410	민간협력과장
	대전시청	042-600-2377~85,2380	042-600-3389	302-789	대전시 서구 둔산동 1420	시민봉사과장
	울산시청	052-272-3000~1	052-260-5252	680-701	울산시 남구 신정동 646-4	자치행정과장
	제주도청	064-746-3000	064-710-3015	690-700	제주시 연동 312-1	총무과장

02 학원 선택하기

이미 앞에서 말했듯이 필자는 어학연수 학원 선택에서 어학연수 카페 방장님이 추천해 준 곳으로 몇 분 생각지 않고 바로 결정을 했고 신청까지 마쳤다. 자세히 알아보지 않고 지나치게 빨리 결정을 내려 나중에 더 좋은 학원이 많이 있다는 걸 알고 잠깐 후회하기도 했다.

그러나 나는 다른 사람들이 비슷비슷한 학원을 놓고 고민하는 동안 영어 공부를 했고, 연수를 하면서 필요한 서류 발급과 나름대로 출국 후의 계획들을 짜는 등 출국 전 시간들을 더욱 뜻있게 보낼 수 있었다.(캬~ 급 진지 모드)

01 연수학원 선택 시 필요 이상의 시간투자는 낭비

사실 필리핀 어학연수는 여러 가지로 다른 나라와 다른 점이 많다.
선진국처럼 3~4개월 전에 준비하지 않고도 빠르게는 3~4일 만에도 출국이 가능하기 때문에 그만큼 준비하는 데에 있어서 번거롭거나 어려운 점이 없다. 나처럼 금방금방 연수 지역과 학원을 결정한다면 3~4일은 커녕 하루만에도 준비가 끝날 수 있다.(단, 학원과 비행기에 좌석이 있어야 가능하다).
연수 비용도 특정 소수의 학원을 제외하고는 거의 비슷하기 때문에 선진국처럼 학원마다 견적을 내서 비교분석하는 시간을 줄일 수도 있다. 참고로 나는 7개월 기간의 호주 학원을 등록하면서 한 달 학비가 얼마였는지도 모른다.
그냥 유학원 직원이 연수비 토털 금액을 말해 줌과 동시에 인터넷 뱅킹에서 '이체하기'를 클릭해 버렸다는 슬픈 히스토리가 있을 뿐이다.
또한 필리핀은 선진국처럼 프로그램이 다양하지 않고, 모든 학원들이 다 비슷하기 때문에 복잡하고 쉽게 해석이 안 되는 프로그램들을 놓고 고민할 필요가 없다.
내가 호주에서 학원을 다닐 때 친구가 캠브리지를 신청했다는 말에, 영국 캠브리지 대학교에 입학한다는 뜻으로 알고 영국 가는 비행기 표는 얼마냐고 물어봤었다. (이 소리에 안 웃는 사람들은 나 미경이에게 메일을 보내라~. 옛날의 나를 떠올리며 아주 친절하고 상세하게 이 세상에 존재하고 있는 모든 프로그램들에 대해 설명해 주겠다. ㅋ)

ps. 인기 학원 같은 경우는 2~3개월 전에 마감될 수 있기때문에 등록을 서둘러야 한다.

02 학원 선택 시 주의사항

필리핀은 기숙식 어학원이 주를 이루기 때문에 숙박에 대한 생각과 걱정을 덜어주기도 한다. 5만 원 정도의 픽업비를 지불하면 한국인 매니저가 공항 마중을 나오고 안전하게 학원까지 안내를 해준다. 또, 깨끗하게 청소가 되어 있는 방에 짐을 풀고 모든 걱정과 불안에서 해방된 뒤 영어 공부에 대한 생각만 하면 된다.
그래서 필리핀 연수는 학원 선택만 하게 되면 더 이상 특별하게 준비할 사항은 없다. 그렇다면 학원 선택을 할 때는 어떤 점들을 고려해야 하는지 살펴보고 본인의 성향에 맞는 학원으로 선택을 하도록 하자.

❶ **어학원이 어느 지역에 위치해 있는가 하는 것도 중요한 사항이다.**
필리핀은 각 지역마다의 특징이 뚜렷하고 분명한 장단점이 있기 때문에 본인 성향에 맞는 곳으로 선택하는 게 좋다. 굉장히 내성적인 내가 변화하고 사람 많은 마닐라를 떡하니 선택해 놓고 5개월 이상을 생활했다. 나중에 바콜로드, 다바오 같은 조용한 중소도시가 있다는 걸 알고 나서는 지금까지도 가끔 내가 했던 지역 선택에 대해서 아쉬운 점이 조금 있다. 하지만 활발하고 여행을 좋아하면서 여기저기 탐사하는 걸 좋아하는 사람이라면 대도시에서 발달된 경제, 문화도 느끼고 다양한 부류의 사람들을 만나보는 것도 좋을 것이다.

❷ 학원이나 기숙사의 주변 환경이 어떠한가를 따져봐야 한다.
아무리 본인이 대도시가 좋아서 마닐라나 세부로 왔다고 해도 기숙사 주변이 지나치게 시끄럽다던가, 기숙사가 먹자골목, 술집 주변에 위치하고 있다면 대략 난감할 것이다.ㅋㅋ;; 또 사소하게는 본인이 원하는 편의 시설과의 거리를 생각해 보는 것도 작은 센스라고 할 수 있다.
예를 들어 헬스장이나 수영장을 꼭 다녀야만 하는 상황인데 학원 주변에 헬스장, 수영장, 호텔 등이 전혀 없어, 택시타고 30분을 가야 하는 학원을 선택한다면 연수기간 내내 불편할 것이다.

❸ 학원이 어느 정도 규모인지를 살펴본다.
필리핀 학원들은 약 40~400명까지의 크고 작은 학원들이 있다. 그래서 나처럼 내성적(?)이고 조용한 분위기를 선호한다면 소규모 학원이 적합할 것이고, 활기찬 분위기에서 다양한 선생님들과 친구들을 만나고 싶다면 어느 정도 규모가 있는 학원이 좋다.(아무래도 규모가 작다면 프로그램이 다양해서 학원 시스템이 체계적이기는 어려울 수 있다.)

❹ 학원 강사들의 평균적인 수준도 무시할 수 없는 부분이다.
나중에 필리핀 전국 투어를 하게 되었을 때 가끔 차를 타고 거리를 지나가다가 내가 모르는 학원이 있어서 새로 생겼나보다 하고 들어가 보기도 한다.
무료한 듯 앉아 계시는 선생님들을 볼 수가 있는데, 이야기를 나누다보면 너무도 귀에 거슬리는 강한 발음과 빠른 회화에서도 잡아낼 수 있을 법한 틀린 문법들이 많이 발견되기도 한다. 너무 예민하게 발음이나, 선생님들의 교육 수준 등을 다 파악할 필요는 없지만, 어느 정도의 평균적인 선생님 수준은 알아보는 게 좋다.

❺ 어학원시설은 중급 이상 정도는 되는지를 살펴본다.
시설을 지나치게 고려하게 되면 다른 부분을 간과하기 쉬우니 학원의 청결함의 정도와 온수 시설, 에어컨 시설, 화장실, 기숙사가 내부에 있나 외부에 있나 정도만 관찰한다.
어디서는 화장실이 외부에 있는 것까지는 참을 만한데, 6명 이상이 하나의 화장실을 쓴다는 걸 나중에 알고 나서 항상 아침 세면 시간에 시간을 나누어, 교대로 화장실을 이용해야 했다고 한다.

❻ 학원 분위기와 학생 관리는 잘 되고 있는가를 체크해 본다.
이것은 상당히 중요한 사항인데, 필리핀의 경우는 학원과 기숙사 내에서 24시간 같이 생활하기 때문에 가끔 불만이 생길 수 있다.
이럴 때마다 학원에서 대처하는 태도가 어떠한지와 학원 내에 있는 교칙들이 자리를 잘 잡고 있는지도 생각보다 꽤 중요한 사항들이다.

03 항공 예약하기

한국에서 필리핀까지는 비행기로 약 3~4시간이 소요된다. 미국이나 캐나다에 비하면 아주 가까운 거리라고 할 수 있다. 그러나 한국에서 필리핀까지 가는 비행기는 생각보다 종류가 많고, 겨우 3~4시간 거리인데 경유 항공까지 있다. 하지만 나는 속전속결의 결정체이기 때문에 유학원 직원에게 한 가지 질문을 했다.

"가장 안전한 항공이 어떤 거죠?" 공항 직원 왈 "아무래도 국적기가 안전하죠."
"OK! 아시아나로 예약해 주세요."
이것이 나의 또 몇 분 걸리지 않은 항공기의 선택이었다.

앞으로 계속 들려줄 이야기이지만 필리핀에서 한 달 용돈 5만 원으로 생활했던 나에게 귀국할 때, Reconfirm 때문에 항공사 위치를 물어봤더니 아시아나라고 말도 꺼내기 전에 가장 저렴하고 우리나라 국적기와는 정반대되는 저렴한 서비스를 자랑하는 '세부 퍼시픽' 항공사 연락처를 알려줬다.

필리핀 5개월 연수가 끝나고 마닐라에 있는 공항에 도착했을 때에도 샌딩나온 친구들은 자꾸 세부 퍼시픽이 있는 쪽으로 날 안내했다.
"아, 참나~. 여보세요, 친구분들! 나 아시아나 타고 왔다고요!!"

01 비행 탑승 시 주의사항

아무튼 나는 외항사를 이용한 친구들보다는 조금 더 비싸게 아시아나 비행기를 타고 왔지만 리턴 변경도 비교적 쉽고 서비스도 좋은 우리나라 항공기이기 때문에 전혀 후회하지 않았다.

그러나 세부 퍼시픽을 끊고 온 주변 친구들은 리턴이 잘 안 잡혀서 고생을 좀 한 것 같았다. 세부 퍼시픽은 아시아나처럼 리턴 오픈이 가능하지만 리턴을 잡기가 힘들 수 있으니 가능하면 리턴까지 확실히 잡고 오는 게 좋다.

한국에서 필리핀까지 바로 가는 비행기로는 대한항공, 아시아나, 필리핀 항공, 세부퍼시픽 등이 있다. 그리고 마닐라로 가는 비행기는 매일 있지만, 세부는 특정 요일에만 운행될 수 있으므로 언제 비행기가 있는지부터 체크해야 한다.

일로일로, 바콜로드 등은 마닐라에서 국내선을 타고 한 번 더 가야 한다. 다바오는 아시안스피릿이라는 직항 비행기가 있지만 비행기가 많이 낡았고, 아직까지는 많은 사람들이 이용을 하는 게 아니므로 마닐라에서 국내선으로 갈아타고 가는 것도 괜찮다. 그리고 국내선으로 갈아타는 사람들은 마닐라에서의 대기시간을 잘 파악하고, 짐을 찾아야 하는지 찾지 않아야 하는지도 꼭 확인해야 한다.
경유 비행기로는 홍콩을 경유하는 케세이퍼시픽과 일본을 경유하는 일본 항공, 타이페이를 경유하는 에바 항공 등이 있다. 여기서 경유 항공을 선택하면 경유지에서의 대기시간, 숙박할 경우의 호텔 제공 여부, 경유지에서 여행을 할 경우 스탑오버비의 비용, 날짜 변경할 때 수수료 등을 모두 따져 보도록 한다.

02 항공예약 시 자주하는 실수들!!

필자의 학원 친구 중 한 명은 에바 항공으로 왔는데, 비행기가 그냥 타이페이를 거쳐 필리핀으로 오는 줄로만 알고, 타이페이에서 묵을 호텔도 알아보지 않았는데 타이페이에서 사람들이 모두 내릴 때까지 영문을 모르다가 혼자 맨 마지막에 내렸다고 한다. 그리고 삼삼오오 호텔로 이동하는 사람들을 보고 그때서야 사태의 심각성을 느끼고, 호텔 예약을 하려 했으나 성수기 때라 이미 호텔은 꽉꽉 차 있어서, 무려 11시간을 타이페이 공항에서 보냈다고 한다.
내가 그 친구를 처음에 봤을 때 다크서클이 무릎까지 내려와 있던 모습이 아직도 생생하다. 또 하나! 나의 룸메이트였던 친구는 자신처럼 경유 항공으로 오면, 경유지 한 곳을 더 볼 수 있는데, 왜 직항 비행기를 끊어서 왔냐고 몇 개월 동안 놀리면서 홍콩에서 3박 4일 동안 여행할 계획을 뻰질나게 현지 여행사에 다니면서 알아보더니 결국은 홍콩 여행을 포기해야만 했다.(쌤통~ㅋ;)
그것도 당일 날 포기를 하게 된 것이다. ㅋㅑㅋㅑ(더 쌤통 ㅋ)
그 친구는 공항에서 자신의 짐을 홍콩에서 내리지 않고 한국으로 먼저 보내놓는 방법을 물어보다가 처음에 케세이퍼시픽 항공을 살 때 스탑오버를 걸지 않았기 때문에 홍콩에서 체류를 할 수 없다고 들은 것이다. 흐미~~ㅠ
그래서 경유 항공을 구매할 때는 경유지에서 여행할 계획이 있는 사람들이라면 스탑오버도 같이 신청해 두어야 한다.

03 각 항공사 체크사항

❶ 대한항공
- 오픈 발권 가능(단기 항공이나 특가는 불가능)
- 날짜 변경 시 수수료 없음
- 환불 가능(환불 수수료 단기항공 7만 원+여행사 수수료 별도, 장기항공 없음)
- 학생가 증빙서류 : 여권 사본 및 학생증 사본 or 재학증명서 원본 or 입학허가서 or 유학생 비자
- 티켓 수령 : 이메일 or 팩스(전자 티켓)
- 위탁수화물 무게 : 미주 23kg 가방 2개, 그 외 지역 23kg 가방 1개(기내 12kg)

연락처 : 1588-2001 / 032-742-7654(공항 연락처)

❷ 아시아나
- 오픈 발권 가능(단기 항공은 불가능) • 날짜 변경 시 수수료 없음
- 환불 가능(환불 수수료 단기 항공 7만 원+여행사 수수료 별도, 장기항공 없음)
- 학생가 증빙서류 : 여권 사본 및 학생증 사본 or 재학증명서 원본
- 티켓 수령 : 이메일 or 팩스(전자 티켓)
- 위탁수화물 무게 : 미주 23kg 가방 2개(가로×세로 높이가 158cm), 그 외 지역 20kg 가방 1개(기내 10kg)

연락처 : 1588-8000 / 032-744-2135~6(공항 연락처)

❸ 필리핀 항공
- 오픈 발권 가능(단기 항공, 연계 항공은 불가능)
- 날짜 변경 시 수수료 없음(단기 항공, 연계 항공 등은 수수료 있음)
- 환불 가능(환불 수수료 $50+여행사 수수료 별도)
- 학생가 증빙서류 : 여권 사본 및 필리핀 어학원 입학허가서 사본
- 티켓수령 : 이메일 or 팩스(전자 티켓)
- 위탁수화물 무게 : 20kg(기내 7kg), 학생 티켓 6개월 이상 항공원은 40kg

연락처 : 02-774-3581 / 032-744-3720~3(공항 연락처)

❹ 세부 퍼시픽
- 오픈 발권 가능(단기 항공은 불가능)
- 날짜 변경 시 수수료 없음(단기 항공은 날짜 변경 불가능)
- 환불 가능(2011년 이후부터 Lite Fare를 시행하게 되어 구매 후 환불이 어렵다)
- 학생가 증빙서류 : 여권사본
- 티켓수령 : 사이트에서 직접 다운로드
- 위탁수화물 무게 : 유료서비스

연락처 : 02-3708-8585 / 032-743-5705(공항 연락처)

❺ 케세이퍼시픽
- 오픈 발권 불가능 • 날짜 변경 시 수수료 7만원
- 한 구간도 사용하지 않았을 경우만 환불 가능(환불 수수료 단기 8만, 장기 9만)+여행사 수수료 별도
- 학생가 증빙서류 : 여권 사본 및 필리핀 어학원 입학허가서 사본
- 티켓수령 : 이메일 or 팩스(전자 티켓)
- 홍콩을 경유한다.(단기 항공은 체류불가)
- 위탁수화물 무게 : 미주 32kg 가방 2개, 그 외 지역 20kg(기내 7kg)

연락처 : 02-311-2800 / 032-744-6777 (공항 연락처)

❻ 일본항공
- 오픈발권가능(날짜 지정시 $100 수수료 있음, 단기항공은 불가능)
- 날짜 변경시 수수료 $100(단기항공은 날짜변경 불가능)
- 한 구간도 사용하지 않았을 경우 환불가능(환불수수료 4만 원)
- 학생가 증빙서류 : 여권사본
- 티켓수령 : 이메일 or 팩스(전자티켓)
- 나리타를 경유한다(1박을 하게 될 경우 호텔제공)
- 위탁수화물 무게 : 미주 32kg 가방 2개
  그 외 지역 20kg(가로×세로 높이가 110cm 기내 10kg)
- 8. 체크인카운터 : J(상황에 따라 변동가능성 있음)

연락처 : 02-3788-5710(총무부) / 032-744-3601~3(공항 연락처)

❼ 에바항공
- 오픈발권불가능
- 날짜 변경시 수수료 없음
- 한 구간도 사용하지 않았을 경우 환불가능(환불수수료 9만 원)
- 학생가 증빙서류 : 여권사본
- 티켓수령 : 이메일 or 팩스(전자티켓)
- 타이페이를 경유한다(타이페이에서 호텔 예약시 약 65,000원 금액추가됨).
- 위탁수화물 무게 : 미주는 32kg 가방 2개, 그 외 지역 20kg(기내 7kg)
- 체크인카운터 : H(상황에 따라 변동가능성 있음)

연락처 : 02-774-0088 / 032-744-3721~3(공항 연락처)

04 준비물 챙기기

01 출발 하루 전(미경이의 짐싸기)

필리핀 어학연수는 80% 이상의 사람들이 기숙식어학원에서 공부를 하기 때문에 식사, 빨래, 청소 모든 게 제공된다. 그래서 연수를 선진국으로 갈 때의 준비와 필리핀으로 갈 때의 준비는 상당한 차이가 있다.

하지만 스크루지도 울고 갈 대박알뜰 스타일에 체계 없는 막무가내 애국심까지 투철했던 나는 필리핀에서는 아무것도 사지 말고 최대한 연수 끝날 때까지 사용할 모든 짐들을 들고 가자! 라는 마인드로 짐을 쌌다.

평소에는 신지도 않는 양말, 옷 30-40여벌, 신발 4개, 라면 한 박스, 고추장 "대"자 하나, 김 한 박스, 소주팩 20개, 초코파이 세 박스 등등 가져가면 쓸모 있겠다 싶은 물건은 모두 주워 담았다~.

그러고 보니 가방은 금새라도 과도한 내용물을 토해낼 것 같은 표정을 하고 있었다.ㅠ;; 사실 나는 위탁수화물이 몇 kg까지 허용되는지도 몰랐다. 아, 이제 가방을 그만 괴롭히고 멈추려던 찰라였다.
옆에 계시던 어머님의 한 말씀,
"내가 저번 주에도 홍콩 다녀왔잖니? 50kg 넘더라. 더 챙겨도 돼!"
"엄마 진짜? 선진국이 30 몇 kg쯤 된다고 하던데? 아닌가??"
심하게 자신만만하신 어머니를 믿고 금방이라도 터질 것 같은 가방에다 과자 몇 개를 더 넣고 고추 참치, 야채 참치, 마일드 참치, 추석 선물 세트보다 더 화려하게 온갖 인스턴트 식품들을 집어넣었다.

02 인천 공항에서(미경 대망신살~)

드디어!! 대망의 미경이 출국하는 날!!
9시 출발 비행기라 새벽 4시쯤 기상하여 친척들과 우르르 인천 공항으로 몰려갔다. 3층 출국장에서 공항 수속대에 가보니 벌써 줄은 길게 늘어서 있었다. 한 시간 정도 기다린 후에야 내 차례가 되었다. 여권과 티켓을 보여주자 부칠 짐을 올려놓으라고 했다. 난 엄니의 도움을 받아 젖 먹던 힘까지 다해 짐을 올려놓을 수 있었다. 바로 앞에 있는 디지털 저울은 54kg을 가리켰다.
공항 직원의 상냥한 한 말씀.
"20kg까지만 허용되거든요! 지금 장난하십니까? 이건 뭐, 어떻게 해 볼 수도 없는 초과량이 거든여! 20만 원 추가 수수료를 내시던지, 20kg로 맞춰서 오셈!!"
뜨악!!!!~~ 아니 소주 팩 몇 개로 1~2kg 줄이는 것도 아니고, 자그마치 34kg을 무슨 수로 줄이나 그래.
그때 심정으로는 누가 나에게 '엄마가 가장 원망스러웠을 때?' 를 묻는다면 1초의 망설임도 없이 '1월 6일 오전 7시 인천 공항 카운터 앞에서' 라고 할 것이다. 아무튼 수백 명이 지나다니는 공항 바닥에 앉아 '나는 지금 공항에 없는 사람이다. 나는 투명인간이다. 아무도 날 볼 수도 없다' 를 되뇌이며 엄청난 짐들을 계속 빼내기 시작했다. 소주팩 10개, 참치캔 5개, 청바지 2개.... 신속하게 인천 공항에 미니 매점을 만들어도 될 만큼의 양들이 인천 공항 바닥에 쌓였다.
"아~~, 이게 무신 화려한 내 연수의 Start란 말인가~~."
우리는 어느 정도 무게를 맞춰 짐을 부친 후, 눈물 없이 볼 수 없는 모녀의 원망섞인 작별인사를 거행(!)하고서야 공항 안으로 유유히 사라졌다.

> **TIP**
> **No시행착오 짐 챙기기~!**
> 필리핀은 붙이는 짐 **20kg!!** 기내로 반입하는 짐은 **7kg~**
> 크림, 젤류까지 모두 포함한 **액체류는 절대 기내반입금지!!**
> 〈필리핀 항공은 학생가로 구매할 경우 40Kg까지 허용이 가능하다〉

03 출국 Check List

짐싸기를 미리미리 시작하여 빠트리고 가는 것이 없도록 주의를 요한다.

❶ 해외 출, 입국 관련 준비물

	내 용	필수	선택
여권	유효기간이 6개월 이상 남아 있는지 꼭 확인한 후 안전하게 보관해야 하며, 분실을 대비해 복사본과 사진(1장)도 따로 보관해야 한다.	YES	
항공권	좌석상태가 OK되어 있는지, 영문이름이 여권과 동일한지, 스케쥴은 맞는지 여러 번 확인해야 한다.	YES	
SSP	해당 학원에 물어봐야 한다. 보통은 영문 주민등록 등본 1통과 여권용 또는 반명함 사진 6장 정도를 요구	YES	
환전	환전 시는 US$ 고액권($100)으로 환전을 하고, 필리핀 페소는 비상용으로 최소 5만 원 이상 가져가는 게 좋다(번거로우면 모두 페소로 환전해 가도 된다. 페소는 1만 페소까지만 환전해갈 수 있다).	YES	
신용카드	어떠한 일이 발생할지 모르니 신용 카드를 준비한다. 현지에서 유용하게 쓸 수 있다.(Visa나 Master 카드)		YES
국제직불카드	한국에서 송금 등 번거롭지 않게 하는 최고 좋은 방법은 직불카드를 만들어가는 것이다(시티은행 직불카드 1개＋국민은행 Cirrus카드 1개 각각 1개씩 발급을 하도록 하며, 통장에 목돈을 넣어두지 말자.)	YES	
국제전화카드	현지에 가면 저렴한 선불카드를 구매할 수 있으니, 당장 처음에 쓸 수 있는 카드 정도만 준비해 가자.		YES
유학생 보험	꼭!! 가입하고 가도록 하자.	YES	
픽업자 연락처	해당 학원에 픽업신청을 한 후 직접 메모하자.	YES	

❷ 수업 및 학습 관련 준비물

내 용		필수	선택
노트북	가져가면 편하다고 한다. 단, 분실에 주의를 요한다. 거의 모든 학원들의 기숙사에 랜선이 들어가 있지만, 해당되는 학원에 미리 문의를 요함.		YES
전자사전	최소한 영영, 영한, 한영의 기능이 되는 걸 구입하되, 고가의 전자사전까지는 필요하지 않다.	YES	
휴대용 카세트	강의를 녹음, 반복해서 듣기를 하면 많은 도움이 된다. 요즘에는 카세트보다는 MP3, 아이패드, 스마트폰 등을 많이 사용한다.		YES
책	예전에 공부했던 문법책 한 권만 챙겨도 충분하다 (여행을 좋아한다면 여행책자 한 권도 준비).	YES	
국제직불카드	현지에서 저렴하게 판매는 하고 있으나, 질이 매우 낮다(Made in Korea 제품으로 충분히 구매를 해간 뒤, 나중에 필리피노들에게 선물로 나누어줘도 좋다).	YES	

❸ 의류 및 용품

내 용		필수	선택
속옷	하루에 한 벌 정도 준비(개인에 맞추어 준비)	YES	
양말	면양말로 약 3켤레 정도 준비(개인적으로 필요한 만큼 준비)		YES
반바지	바기오로 간다면 2~3벌 정도만	YES	
긴바지	바기오로 간다면 많이 준비하고, 나머지 분들은 얇은 소재의 긴 바지를 2~3벌 정도 준비한다.	YES	
긴 소매 상의	얇은 카디건이나 얇은 긴팔 (바기오로 간다면 두꺼운 잠바도 필요하다)	YES	
신발 및 샌들	무거운 운동화는 신고가고, 슬리퍼 1개+구두 1개 정도~	YES	
반짇고리 / 손톱깎이	작은 것 하나 준비		YES
귀이개	필수는 아니지만, 가끔 필요할 때가 있다.		YES
크로스백	주말에 여행갈 때 필요하다. 가방끈이 튼튼하고, 넣을 공간에 지퍼가 있는 게 좋다.	YES	
모자	필리핀은 햇빛이 강하므로 패션보다는 얼굴이 많이 가려지는 걸로 준비한다.	YES	

❹ 세면도구

	내 용	필수	선택
세면도구	현지 구입이 가능하나, 3개월 이하의 단기연수는 연수 끝날 때까지의 양을 준비해도 좋다.	YES	
화장품	연수 개월 수에 따라 개개인이 준비	YES	
선크림 / 수영복	열대지방에 가는데 빠져서는 안 된대!! 선크림은 지수 높은 걸로 준비하자.	YES	
타월 / 화장지	수건은 4~5장 이상. 화장지는 현지 구입 가능하니, 여행용 휴지 정도만 준비	YES	
면도기	전기는 220V. 코드 모양은 납작함.		YES
여성용품	필리핀에도 판매를 하고 있지만, 무게가 안 나가니까 3개월치 이상을 챙겨가도 된다.		YES
드라이기 / 매직기	220V, 필요하다면 쓰던 것을 그대로 가져가면 된다.		YES

❺ 기타 준비물

	내 용	필수	선택
안경 및 렌즈	착용하는 학생들은 예비로 챙기자.		YES
구급약	지사제, 감기 몸살약, 해열제, 비타민제, 진통제, 소독약, 물파스, 대일밴드, 연고 등	YES	
우산	접는 우산 하나 (우기 시즌 6~9월 사이에는 비가 많이 내린다)	YES	
카메라	고가의 카메라는 분실의 우려가 있다.	YES	
필름 / 건전지	필름과 건전지는 적당하게 구비		YES
시계	알람이 가능한 손목시계 또는 탁상시계 저렴한 것으로 준비 (핸드폰 알람으로 대체 가능)		YES
선글라스	눈을 보호하기 위해서 필요하다.		YES
선물거리	미니 태극기, 한국노트 등 저렴하고 한국을 알릴 수 있는 것들로 한국에서 준비한다.		YES
튜브	필리핀에서 튜브를 사용하는 사람은 매우 드물지만, 바람 넣기 쉬운 작은 튜브를 가져가도 재미있을 듯하다.		YES
전자모기향	1회용으로 태우는 것은 필리핀에도 많이 판매한다. 전자모기향을 준비		YES

녹차 & 커피	물 섭취량이 많기 때문에 은근히 유용하게 쓰인다.		YES
11자 모양 플러그	우리나라처럼 전압은 220V이지만, 11자 모양의 콘센트를 사용하면서 11자형 모양의 콘센트를 챙기자. 현지구입도 가능		YES
미니 선풍기	학원마다 에어컨시설이 다 되어 있지만, 알뜰한 룸메이트를 만난다면 선풍기가 필요할 것이다(전기세를 룸메이트와 나누어서 내기 때문^^).		YES
샤워 타올	때수건이나, 샤워타월도 챙기는 센스~ㅋ		YES
휴대용 물통	휴대용물통이나, 개인플라스틱 컵 하나 챙기는 센스~ㅋ		YES
비누 곽	비누를 챙겨가도 화장실에 마땅히 놓을 때가 없을 수도 있음..ㅎㅎ		YES
기타	USB, 화장솜, 빗, 치실, 외장형하드, 목베게 등		YES

❻ 현지 도착 후 납부해야 될 비용

	내 용	필수	선택
현지 납부	**납부해야 될 비용** • 비자 연장비용 _ 월 약 10만 원(매월 1회 납부해야 함.) • 기숙사 보증금 _ 약 5만 원(학원마다 다르다.) • 전기세 _ 한 달에 약 2~3만 원(쓰는 만큼 다르다.) • 교재비 _ 한 권에 7천~1만 원(사는 만큼 다르다.) • SSP _ 약 19만 원(1회 납부) • I-card _ 약 10만 원(1회 납부) 처음에 도착하자마자 납부해야 할 돈을 정리한 것들이고, 이것저것 잡비를 쓰다보면 월초에 써야 될 돈이 거의 60만 원 이상이 될 수 있으니, 미리 대비할 것	YES	

02
출국준비
나 진짜 필리핀 가는 거야?

01 출국 전 점검
02 출국 _ 인천공항에서
03 필리핀 입국 _ 마닐라 공항에서

출국준비
나 진짜 필리핀 가는 거야?

어학연수는 90% 이상이 혼자 떠난다. 인천공항이나 필리핀 공항이나 어딜 가더라도 한국 사람들이 많으니 두려워하지 말고 일단 부딪혀보자.

01 출국 전 점검

필자처럼 손에 잡히는 대로 무조건 구겨넣기식 짐싸기를 하면 대략 난감하다. 짐싸기를 할 때는 없으면 안 될 가장 중요한 물품부터 순서대로 체크하고 여유가 있을 때 가져가면 도움이 될 만한 것들을 챙긴다.

필자는 인천공항에서 급하게 자그마치 34kg의 짐을 줄이면서 꼭 필요한 물품들이 참치캔과 함께 사라지는 바람에 필리핀에 도착하자마자 동네 수퍼마켓부터 들러야 했다.

거두절미하고! 언제나 국외로 출국을 할 때는 항상 입국하는 나라의 주의사항을 숙지하고 있어야 한다. 'Part 1. 04 준비물 챙기기'를 참조하여 짐싸기를 끝냈다면 가장 중요한 것들 몇 개만 다시 한 번 체크를 해 보자~~!

01 관광 비자

일단 필리핀은 한국에서 별도의 비자를 받아가는 사람이 아니면 무조건 "관광"으로 입국을 한다. 그러므로 "필리핀에서 머무를 곳?"은 "마닐라호텔"처럼 아무 호텔이름이든 생각나는 대로 쓰면 된다. "방문목적"은 무조건 tour, travel과 같이 "관광"이라고 표기한다.

02 학업허가증 'SSP(Special Student Permit)'

필리핀은 대개 "관광"으로 입국하기 때문에 필리핀 정부로부터 관광비자로 공부할 수 있는 "학업허가증"인 SSP를 발급받아야 한다. 이를 발급하기 위한 준비물은 해당 학원마다 조금씩 차이가 있지만, 보통은 **영문등본 1~2통+여권사진 4장~10장**이다. 해당학원에 문의해서 필요한 서류들을 꼭 챙겨간다~.

03 비상연락망

착오가 있어 공항에서 픽업자를 못 만나게 되었을 때를 대비해서 픽업자의 비상연락망과 학원연락처를 적어가야 한다.(필자는 픽업자 연락처를 가져가지 않았는데 운이 좋게도 그 많은 한국사람 중에 픽업 나온 분이 먼저 나를 알아봐 주어서 다행히 픽업이 되었다.)

04 환전
필리핀에 도착하자마자 현금이 필요할 수도 있으니 환전을 꼭 해서 간다. 약 50만 원 이상은 US $100 고액권으로 가져가고, 약 20~25만 원 정도 필리핀 페소로 환전해가도 좋다. (주의! 1만 페소 이상 가지고 갈 경우 압수당할 수도 있다.)

05 직불카드
가지고 온 현금을 다 쓰게 되면 직불카드로 현지 ATM기를 이용해 돈을 인출해야 되기 때문에 미리 한국에서 **cirrus 직불카드** & **시티은행 직불카드**를 만들어서 가야 한다. 참고로 cirrus를 이용해 현지에서 돈을 인출했을 때 한국 통장에서 빠져나가는 수수료는 약 5~7천 원 정도이고, 시티은행 직불카드를 이용하면 1회 인출 시마다 $1가 빠져나간다.
직불카드훼손이나 분실을 대비해서 2장을 준비하는 것도 센스 만점!!
(해외에서 사용할 직불카드에 대해 은행에서 미리 상담을 받고 마음에 드는 직불카드로 발급하자!)

06 여권체크
본인 여권만료일이 6개월 이상 남아 있는지 확인한다. 모든 여행에 있어서는 여권이 가장 중요하다. 분실되지 않도록 크로스백이나 허리에 차는 색에 단단히 넣어둔다.

07 비행기티켓
비행기티켓, 보험증권 등에 적혀 있는 본인 영문 이름 스펠링이 여권에 적혀 있는 것과 완전히 동일한지 꼭 확인해 봐야 하며, 비행기티켓 스케줄이 맞게 잘 되어 있는지 혹시 "대기자"는 아닌지, 티켓의 기간은 맞게 되어 있는지 꼼꼼하게 확인하여야 한다.

> **TIP 필리핀 입국 주의사항**
> 워킹 비자나 학생 비자가 있는 사람을 제외하고는 앞서 말했듯이 '관광 비자'로 들어가기 때문에 입국신고 시의 입국목적도 두말할 것 없이 '여행(travel or trip or tour)'이고, 머물 곳 역시 'Manila hotel', 'water front hotel' 등의 호텔이름을 말한다.
> 공항을 빠져나오면 픽업자를 사칭하며 아는 척 다가와 짐을 달라고 할 수도 있다. 이런 경우 절대 짐을 주면 안 된다. 반드시 해당 학원의 픽업자가 맞는지 확인을 해야 한다. 그냥 짐을 들어준다 해도 과도한 팁을 요구하는 경우가 많다. 이러한 경우 도움을 거절하도록 한다. 또한 택시를 탈 때 미터기를 켜지 않은 택시는 바가지를 쓸 확률이 크다. 택시 타기 전에 미터기를 켜달라고 말을 하도록 한다. 일반택시보다 비싸지만 필리핀에 처음 왔다면 공항택시를 이용하는 것이 안전하다.

입국시 필요한 기본영어 연습

Let me see your passport and landing card, please.
여권과 입국카드를 보여주시겠어요~.

Here they are.
여기 있습니다.

What is the purpose of your visit?
방문목적이 무엇입니까?

I am just traveling in the philippines.
필리핀에서 여행을 할 것입니다.

How long are you going to stay in the philippines?
필리핀에 얼마나 체류할 예정입니까?

About a week or so.
약 일주일 정도요.

Thank you.
감사합니다.

08 기타 참고사항

❶ 필리핀 어학원 연락처

마닐라	마닐라대학교	http://www.umils.com	63-2-528-1863~4
	EAC 부설 ACE	http://www.aceschool.net	63-2-528-4335
	라살대부설(MK)	http://www.metro-korea.com	63-2-526-5703~4
	마푸아공대	http://www.mapua.co.kr/	63-2-247-5000
	네오필	http://www.neophil.co.kr/t_main.asp	63-2-887-3908
	FLS	http://www.pcfls.com/	63-2-889-3048
	APC	http://www.apcedu.com/	63-2-729-5881
	PPC	http://www.ppcollege.net/	63-2-895-6258/6177
	ECI	http://www.eci.ph	63-2-751-6452
	야베스	http://www.jabezyuhak.com/	63-2-895-9095
	굿모닝잉글리시	http://www.gmenglish.net/	63-2-632-1166~7
	미래파	http://www.mirepaenglish.com/	63-2-687-0596
	예일아카데미	http://www.yale-academy.co.kr/	63-2-636-0995
	파워	http://www.power-ph.com/	63-2-687-7371
	야베스	http://www.jabezyuhak.com/	63-2-632-1704
	MILS	http://www.milsasia.com/	63-2-724-0515
	MLI어학원	http://www.mlischool.com	63-2-374-9973~4
	국제어학원	http://www.ilsc.co.kr/	63-2-434-7915~6
	두솔어학원	http://doosolls.com/	63-2-952-02-02

지역	학원명	홈페이지	전화번호
마닐라	디스커버리	http://www.dilc.net/	63-2-929-7945
	비비어학원	http://www.vivienglish.com/	63-2-929-9673
	삼손어학원	http://www.samsonenglish.com/	63-2-927-3928
	아이비어학원	http://www.okivy.co.kr/	63-2-931-6947
	원어학원	http://www.wonenglish.com/	63-2-925-1585
	월드어학원	http://www.wlcmanila.com/	63-2-427-0580
	이삭어학원	http://www.phisaac.com/	63-2-742-7514
	이지아카데미	http://www.ez-academy.net/index.php	63-2-931-4345
	코렉스어학원	http://www.englishpolis.co.kr/	63-2-411-7208
	탑어학원	http://www.topenglish.co.kr/	63-2-951-5261
	C21어학원	http://www.c21.co.kr/	63-2-435-8277
	CNN어학원	http://cnn-speakers.com/	63-2-433-2432/2437
	JEI-RUN어학원	http://j-run.com/	63-2-431-1755
	JJ어학원	http://www.jjlc.co.kr/	63-2-952-0495
	911어학원	http://www.english911.net/	63-2-433-0455
바기오	MIS 어학원	http://www.haksanila.net/	63-74-447-4030
	디시 어학원	http://www.thebela.com/	63-928-488-3560
	스카이	http://www.skybaguio.com/	63-74-619-0536
	파인스	http://www.pinesschool.co.kr/	63-74-446-8865
	모놀	http://www.infoenglish.net/	63-74-304-2173
	베씨	http://www.beci.co.kr/index.html	63-74-619-0423
	CNS	http://www.cnsphil.com/	63-74-446-9152
	JIC	http://www.cebujic.com	63-74-442-3360
	헬프	http://www.bhelp.co.kr/	63-74-446-4115
	퍼스트클래스	http://www.first-class.co.kr/	63-74-619-2135
딸락	MMBS	http://www.mmbs.co.kr/	63-45-982-2658
다스마리냐스	국제연수센터 IEC	http://www.iec21.com/	63-46-416-4855
바탕가스	임페리얼칼리지	http://www.icollege.co.kr/	63-43-756-0264
산페르난도	PPG	http://www.ppgilc.com	63-45-963-9966
수빅	TEC	http://www.tecsubic.com/	63-47-252-2138
	SLC	http://www.subicslc.com/	63-47-252-5035
	PUP 하버드	http://www.harvardis.com/	63-47-252-2955
바콜로드	스카이21	http://www.letsgosky.com/	63-34-441-1061
	라살대부설(LSLC)	http://www.lslc.info/	63-34-434-5627
	이룸	http://www.e-room.org	63-34-433-4427
	아이러브필리핀	http://www.ilpschool.com/	63-34-441-3641
	오케이잉글리시	http://www.ok-english.com/	63-34-433-4248
가가얀데오로	이앤지아카데미	http://www.engacademy.com/	63-88-858-6173
세부	알타어학원	http://www.altakorea.co.kr	63-32-496-7399
	라이프세부	http://www.lifecebu.com/	63-32-255-6361
	브레인파워	http://www.bpesl.com/	63-32-253-2197
	세부스피치	http://www.cebusp.com/	63-32-412-5925
	CG어학원	http://www.comeglish.com/	63-32-254-0401

세부	ELSA	http://www.cebuelsa.com/	63-32-255-3400
	N.L.S	http://www.cebunls.com/	63-32-254-3003
	피지아이	http://www.pgi.or.kr/	63-906-720-8648
	필인터	http://www.philinter.com/	63-32-341-4681
	CebuStudy	http://www.cebustudy.com/	63-32-422-4398
	CIA	http://www.cebucia.com/	63-32-255-2144
	CILA	http://www.cilacebu.co.kr/	63-917-323-3743
	CPILS	http://www.cpils.com/	63-32-233-3232
	EV	http://www.evenglish.com/	63-32-343-3072
	JIC	http://www.cebujic.com/	63-32-232-4312
	MTM	http://www.mtmcebu.com/	63-32-231-7989
	리전트	www.rceduph.com	63-32-495-2265
	프렌즈	http://www.friendscebu.com	63-918-281-9164
	SUCCESS	http://www.cebusuccess.com/	63-32-201-3520
	UBEC	http://www.ubeccebu.com/	63-32-232-5476
	세부대학 (UC)	http://www.ucesl.com/	63-32-414-7410
	셀라	http://www.bestcella.com/	63-32-412-3545
	SS English	http://www.ssenglish.com/	63-32-232-4387
	잉글리쉬펠라	http://www.englishfella.com/	63-32-343-3902-3
	MLI	http://www.mlischool.com/	63-32-253-6455
	CELI	http://www.celi.co.kr/	63-32-412-8811
	SME	http://www.smenglish.com/	63-32-416-9156
	이글	http://www.cebueagle.com/	63-32-495-1191
일로일로	피코	http://www.piko.co.kr	63-33-335-1552
	네오	http://www.neoya.co.kr/	63-33-320-0138
	메트로코리아	http://www.metro-korea.com/	63-33-335-1824
	다솜	http://www.dasomy.co.kr/index.htm	63-33-338-0345
	드림	http://www.dreamys.com/	63-33-320-7283
	무한	http://www.baronow.co.kr/	63-33-335-1568
	보람	http://www.boram-edu.com/academy	63-33-335-8646
	일로일로스파르타	http://www.isparta.co.kr/	63-33-335-1655
	엘리트	http://www.eliteline.co.kr/	63-33-320-9049
	우리	http://www.worie.com/	63-33-320-0512
	타스	http://www.tasenglish.com/	63-33-329-7906
	한필	http://www.hanfil.co.kr/	63-33-508-1100
	헬로우잉글리시스쿨	http://www.helloiloilo.com/	63-33-320-6077
	EIP	http://www.eipworld.co.kr/	63-33-508-9424
다바오	E&G 어학원	http://www.engdavao.com	63-82-234-6839
	EKA 어학원	http://www.ekastudy.com	63-82-299-0682

❷ 기내에 반입할 수 없는 물품들

구 분	내 용	기내반입여부
발화 및 인화성 물질	부탄가스, 캠핑용 가스, 라이터가스, 라이터기름, 성냥, 휘발유등유, 아마인유, 70도 이상 주류, 물과 접촉시 가연성가스 발생물질, 기타 가연성이 있는 물질	반입 불가
	1회용 라이터, 성냥	2개 한도 휴대가능
	석유버너, 램프 등 캠핑장비	연료없으면 가능
	페인트, 신나, 본드, 솔벤트	수성허용, 유성불가
	화가용 물감	유성 튜브형만 허용
고압가스	가연성 물질 내포 캔	반입불가
	산소통, 산소캔, 온도계	적정 의료용만 허용
	이산화탄소 실린더	라이프 재킷용(2개)
	기타 불활성 가스류	40psi 이하 허용
	액체질소, 산소	40psi 이하 허용
	향수, 화장용품, 헤어스프레이	0.5리터 이내 2개 허용
무기 및 폭발물유	총기류(위장무기 포함), 스포츠용 총기 및 실탄	반입불가
	장난감총기, 도검류, 장난감뇌관, 권총, 딱총알	위탁수화물 처리
	도검류, 가위류, 도끼, 4인치 이상 뾰족한 물건, Letter Opener	위탁수화물 처리
	최루가스, 전기충격기류, 폭죽, 탄약, 화약, 폭약류	반입불가
	자동톱	가스, 배터리제거
	공구 및 연장류	위탁수화물 처리
	유사시 무기사용가능 물품	반입불가
기타 위험 품목	골프채, 낚싯대, 야구배트, 스키세트, 하키스틱, 다트	위탁수화물 처리
	당구큐대, 우산, 소화기, 볼링공, 수예바늘	위탁수화물 처리
	독극물, 방사능, 부식성, 자기성물질, 유해, 자극적 물질	반입불가
	유황, 산화제, 표백제 등 화학물질	반입불가
	수은온도계, 수은기압계	누설방지장치 후 반입가능
	가스포함 Hair Curler	1인 1개한도
	건전지, 건습식 배터리	별도보관
	배터리구동 휠체어	배터리제거 양극절연시 반입가능
	심장박동기	의료용으로 착용시

기타 위험 품목	알람장치, 리튬배터리, 불꽃생성물질 가방(IED)	반입불가
	Life Vest	개당1개 카트리지
	고체이산화탄소, 드라이아이스	1인당2kg, 위탁
	예비용 타이머	압력제거 후 가능
	수은, 오토바이	반입불가
	수중토치, 램프	연료제거 후 위탁수화물 처리
	산소발생기, 휴대용 발전기, 가솔린엔진, 가스 쇼버	연료제거 후 위탁수화물 처리
	Painball Guns, 잔디깎기	연료제거 후 위탁수화물 처리
	부동액, 연색제, 에테르, 질산암모늄 비료	반입불가
	Dry Shipper	유해물품없으면 가능

❸ **액체 / 젤류 제한 품목**

용기 1개당 100㎖(cc) 이하의 액체, 젤류 및 에어로졸을 가지고 항공기에 타는 것은 허용하지만, 1리터 이하의 투명한 비닐 지퍼락 봉투(Zipper Lock, 규격 : 20㎝×20㎝)를 초과하지 않도록 포장하여 보안검색요원에게 보여주어야 하며, 비닐봉투는 1개만 가지고 탈 수 있다.

02 출국 _ 인천공항에서

야호~~. 언제 어느 때 와도 설레게 된다는 웅장하고도 자랑스러운 우리나라 인천공항에 도착했다~! 나는 공항이 처음이기 때문에 마중 나온 이모를 따라 3층 출국장으로 갔다~.

사실 난 사진을 찍느라 정신이 없었기 때문에 도착한 곳이 3층인 줄도 몰랐다~ㅋ; 3층에 도착하자마자 필리핀항공 카운터를 찾았는데, 이렇게 이른 아침인데도 불구하고, 정말이지 상상 이상으로 사람이 많았다. 우리는 인원수가 좀 많았고 한 명씩 돌아가면서 교대 줄서기를 하고 있었다. 3시간이나 일찍 왔으니 다행이지, 1~2시간 정도 여유를 두고 왔다면 비행기를 아슬아슬 하게 타거나 놓쳤을 것이다.
(요즘은 티켓팅도 기계로 하기 때문에 2시간만 일찍 나가도 괜찮다)

34kg이나 무게를 줄인 홀쭉해진 내 가방을 붙이고, 승무원 언니가 건네주는 보딩패스를 받았다. 난 영문도 모르고 그냥 받아 들었는데, 다년간의 해외출장 경험이 있는 이모의 한 말씀, 여기 씌어진 17:45분은 그때까지 늦지 말고 gate로 오라는 것이고, 그 옆에 씌어진 45K는 나의 좌석번호라는 것이다. 여기 있는 "ICN"은 "인천"을 말하는 것이고, "MNL"는 "마닐라"를 말하는 것이란다.
마지막으로 여기 있는 "PR 479"은 "필리핀항공 469편"으로서 내가 타고 갈 비행기 편명이라고 했다.
음..~~I got it!! 완전히 이해됐음!

고가의 물건이 있으면 출국장 입구에서 휴대품을 신고하라고 한다. 난 저가의 물품만 아주 잔뜩 가지고 있었기 때문에 그냥 무시하고 들어갔다.~;;

친척들과 어머니와 작별인사를 하고 안으로 들어와 보니 뭔가 무시무시해 보이는 기계들이 날 기다리고 있었다~.
이제 진정한 독립이구나~! 벌써부터 머리털이 쭈뼛쭈뼛 서는 것을 느끼며 조심히 가방을 엑스레이 안으로 넣었다. "설마 초코파이 몇 봉지 때문에 연행되는 건 아니겠지?"

무시무시한 기계들을 무사히 통과했다면 두 번째로 당신을 기다리고 있는 것은 냉소주의의 지존을 보여주는 것. 멋있긴 하지만 약간 근엄한 표정의 출국심사원님들을 통과해야만 한다. 그러나 살며시 여권을 내밀고 살짝 웃어만 주면 바로 통과할 수 있으니 여기선 큰 주의할 점이나 노하우 같은 건 공개할 것이 없다.ㅋㅋ;
(여행을 자주하는 당신이라면 자동출입국심사를 등록해서 지문만 찍고 통과하면 더욱 빠르고 편리하다)

출국심사까지 무사히 마친 나는, 눈앞에 펼쳐져 있는 잘 정돈된 깨끗하고 럭셔리한 면세점들을 보고 감탄을 금할 수 없었다. ㅋㅑ~~ 역시 난 대한민국 체질이야~
하지만 각종 명품들과 면세품목들에 관심이 전혀 없는 나는 그냥 구경만 하고 나왔다~ㅋ.

면세점 구경을 실컷 하고, 깨끗한 화장실까지 들렀다가 시간에 맞추어 gate까지 왔다. 아직 gate 문이 오픈되지 않아, 10분 정도 앉아서 이런저런 생각을 하면서 기다렸다.

그때 갑자기 사람들이 일어나더니 줄을 서기 시작했다.
"오~, 뭐야 이건~."
그렇다 gate가 오픈된 것이다. ㅋ 사람들이 일어나는 것을 보고 바로 일어나서 줄을 섰지만 난 거의 맨 뒤였다.:; 줄 서 있으면서 먼저 3층 필리핀항공 카운터에서 티켓팅할 때 받은 "보딩패스" 정도는 꺼내놓는 센스~!

gate 입구에서 공항직원에게 보딩패스를 보여주었더니, 보딩패스 옆구리를 아무렇지도 않은듯 북 찢어서 가져간다.
"어.. 그거 비싼 보딩패스인데 막 찢어버리면.. 어.."
조금 당황스러웠지만 일단 내 앞에는 생에 처음 타보는 비행기가 위엄있게 기다리고 있었기 때문에, 여기 상황은 그냥 무시해버리고 통로를 지나 비행기에 덥석 탑승했다.

탑승하자마자 승무원 언니가 내 보딩패스를 보더니 친절하게도 "이쪽으로 가세요~." 한다. 한순간 한순간이 신기하기만 한 나는, 일단 내 보딩패스에 적혀 있는 좌석번호를 확인하며 고속버스를 탄 느낌으로 내 좌석번호와 일치하는 좌석에 짐을 풀고 앉았다.

'윽, 그러나 난 윈도측이 아니라 복도측이다.'
나중에 알았지만 원하는 좌석은 처음 출국장에서 티켓팅할 때 "윈도측으로 주시렵니까?" 하고 먼저 요청을 해야 한다고 한다.:;;(아니면 여행사에서 티켓발권을 할 때 윈도쪽으로 달라고 미리 좌석배정을 요청해도 된다~)

탑승객들이 모두 타고 비행기가 이륙하려고 하자, 승무원 언니가 복도 중앙으로 나와 위급상황 때를 대비하여 몇 가지 주의사항을 설명하고, 안전벨트를 착용한 뒤, 비행기는 천천히 이륙을 하기 시작했다.
"으... 뜬다..뜬다!!! 야호~!"
드디어 멜로영화에서 남자친구랑 헤어지고 해외로 유학갈 때만 탄다는 그 멋진 비행기가 하늘을 날게 된 것이다.~
필리핀이여, 4시간만 기다려라! 미경이가 간다! ㅋ;;;

공항에서의 간단 기본영어 연습

Can I have something to drink, please?
뭐 마실 것 좀 있나요?

Yes, What would you like?
네. 무엇을 드릴까요?

Can I have a cup of coffee, please.
커피주세요.

Can I have another one, please?
좀더 마실 수 있을까요?

03 필리핀 입국 _ 마닐라 공항에서

마닐라 공항은 인천 공항과 비교하면 초라할 만큼 매우 작아서 길을 잃거나 출입구를 찾는 것이 큰 문제가 되는 일은 없을 것이다. 그래서 마닐라가 최종 목적지이면 비행기에서 내린 후 사람들을 따라 줄을 선 다음, 여권에 관광비자 도장을 받고 바로 앞에서 가방을 찾은 후 공항을 빠져나가면 끝이다.

마닐라를 거쳐서 다른 지역으로 가는 사람들이라면, 가방을 찾고 국내선 공항으로 이동을 하여야 한다.
필리핀항공을 이용해서 마닐라로 왔고, 다시 필리핀항공을 타고 다른 지역으로 가는 사람들은 가방을 찾은 뒤 같은 건물 2층으로 올라가면 된다.

그러나 필리핀항공이 아닌 타 항공사를 이용해서 마닐라로 왔다면 무료셔틀버스나 택시를 이용해서 국내선 공항으로 약 10분~20분 정도 이동을 하여야 한다. 교통체증이 심하면 30분 이상 지체될 수 있다.

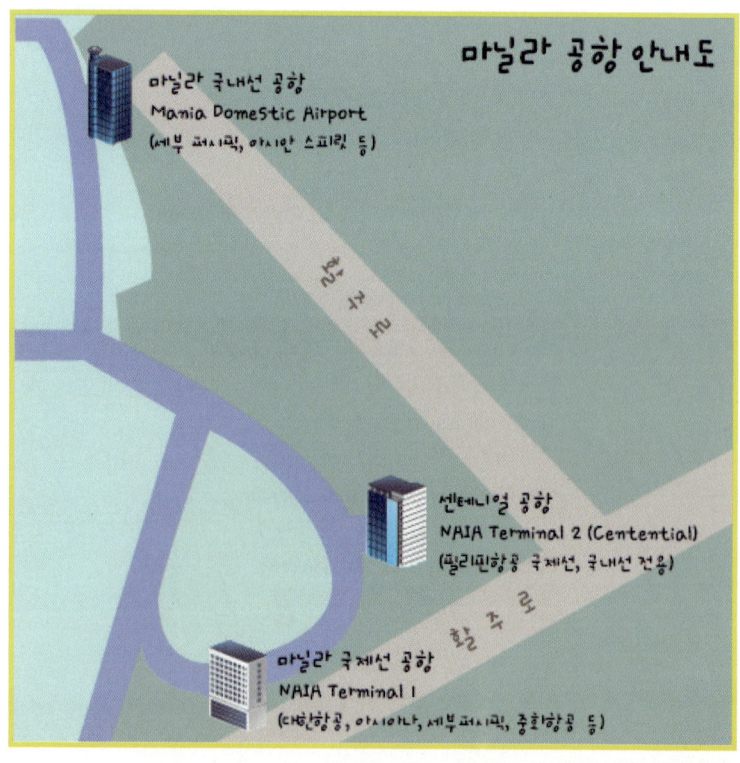

[입국신고서 양식 이미지]

비행기가 활주로에 착륙을 했을 때의 느낌이 난 아직도 잊혀지지 않는다. 한국에서 그리 멀지 않은 나라이지만, 뭔가 미지의 세계에 도착한 것 같은 느낌이 아주 강했기 때문이다.
무언가 한 개 이상은 이루고 갈 수 있을 것 같은 생각과 함께, 꼭 그렇게 하고 싶었다. 아무래도 나라 선택을 잘 한 것 같았다. 두리번 두리번 이런저런 생각을 하다가, 비행기를 빠져나와 사람들을 따라서 오다보니 길게 줄을 서는 곳이 있었다. 줄이 그렇게 긴 것도 아닌데, 어찌나 오래 걸리던지, 내 느낌으로는 한 시간 정도 기다린 듯하다. ㅠ;
이제 더 이상 못 기다리겠다는 비명이 나올 만큼이나 기다렸을 때쯤 내 차례가 다가왔다.;;

근엄하게 앉아있는 필리핀공항 직원에게 여권과 입국신고서를 내밀었다. 이것은 비행기에서 작성을 하면 되는데, 영어라서 잘 모르겠다면 승무원들에게 물어보면 된다. 직원은 느릿느릿한 행동으로 입국신고서에 도장을 찍고 컴퓨터에 무언가를 입력했다. 그리고는 내 얼굴도 보지 않고 성의 없이 여

권을 건네준다. "I will stay here about a week or so."라고 계속 웅얼웅얼 거렸는데, 질문은커녕 눈도 못 마주쳤다.

거의 지친 상태로 입국심사대를 빠져나와 바로 앞의 짐 찾는 트레일러에 가만히 서서 내 짐이 내 앞으로 지나가기를 기다렸다~. '음… 짐도 느릿느릿 오는군.'
한 10~20분 기다렸을까~, 드디어 내 짐이 모습을 보이기 시작했다.
"응~차!!"
짐을 덥석 들어 바닥에 내려놓고 짐텍(인천공항 3층 출국장에서 티켓팅을 할 때 수화물을 위탁하게 되면 짐텍을 준다)을 꺼내서 출구 쪽에 서 있는 공항직원에게 갔다.

공항직원은 내가 가지고 있는 짐텍과 내 가방을 확인했다. "한국사람 이쁘다~."라고 말하면서 "안녕~." 인사를 건넨다. 이런~ 내가 필리핀에서는 먹히는 얼굴인가보다.
역시 나라를 잘 선택한 것 같다 ^^;; 사실 필리핀 사람들은 한국 사람을 다 예쁘고 멋지다고 생각하고 있는 듯하다.
짐텍을 보여주고 공항을 빠져나오니 횡단보도가 있었다. 그러나 필리핀 항공 전용 공항인 "신공항, Naia Centennial Terminal"은 공항을 나오자마자 바로 픽업나온 사람들을 만날 수가 있고 바로 택시를 잡을 수 있게 되어 있다. 역시 구공항보다는 신공항이 나은 것 같다.^^
(세부 퍼시픽 공항이 생기고부터는 필리핀 항공 전용 공항이 빛을 잃기는 했다)
"윽.. 그나저나 왜 이렇게 더운 거지. ㅠ"

횡단보도를 건너가니 양쪽 갈림길이 나왔다. 이때 침을 뱉어 갈 길을 정해야 한다면 대략 난감해질 수 있다. 한국에서 픽업자와 약속한 곳이 오른쪽인지 왼쪽인지를 알아왔어야 한다. 나는 오른쪽으로 내려가야 픽업자를 만날 수 있다고 미리 듣고 왔기 때문에 주저하지 않고 아주 조금 가파른 오른쪽으로 내려갔다. 픽업나온 사람들이 각종 피켓들을 들고 서 있었다. 어찌나 사람들이 많던지 하마터면 픽업나온 사람을 못 찾을 뻔했다.^^

용케도 픽업나온 사람이 먼저 "미경 씨, 아니세요?"라고 말을 걸어 너무도 반가웠다. 생전 처음 본 사람인데도, 먼저 날 알아봐주니 이렇게 반가울 수가 없었다. ㅋ 픽업자가 타고 온 신 스타렉스(그 사람말로는 스타렉스 타고 다니는 사람은 흔치 않다고, 나름대로의 부의 상징이라고 자부심이 굉장히 넘쳐보였다)에 내 거대한 짐들을 모두 구겨 넣고, 차량에 올라탔다.

'음, 드디어 이제부터 뭔가가 시작되는군.'
난 비장한 각오를 다 잡으며 차량 밖으로 빠르게 스쳐가는 필리핀의 거리를 하나하나 내 기억 속에 넣기 시작했다.

> **TIP**
> 필리핀 공항에서 본인 가방을 찾지 못하는 경우가 가끔씩 있다. 눈에 띌 수 있는 표시를 가방에 해 놓는 게 좋으며, 인천 공항에서 수속할 때 받은 짐텍을 분실하지 않게 여권에 붙여 놓는 게 좋다. 혹 가방을 분실하였다면, 해당 공항에 짐텍 넘버와 본인 가방을 자세히 묘사해 준 후, 인천 공항에도 연락해서 가방의 위치를 신속히 파악해야 한다. 물론 수속한 유학원에 도움을 요청하는 것도 좋다.

03
숙박시설과 연수유형

미경이는 필리핀에서 이렇게 살았다!!

01 기숙사
02 하숙
03 자취
04 홈스테이

숙박시설과 연수유형
미경이는 필리핀에서 이렇게 살았다!!

호주나 캐나다 등등 선진국에서의 연수는 먼저 학원이나 학교를 선택한 후에도 매달 본인이 숙박하며 머무를 곳을 바꿀 수도 있지만, 필리핀 연수는 처음 학원을 선택하게 되면 연수유형도 함께 결정되는 것이 일반적이다.

01 기숙사

01 규칙적인 기숙사(미경이의 독한 평일 버티기~)

❶ 기상

지금은 아침 7시~.
"삐리리~ 삐리리~." 핸드폰 알람이 울린다.
'윽.. 벌써 7시야. ㅠ 별로 잔 것 같지도 않는데..' ㅠ
룸메이트도 옆에서 눈곱이 잔뜩 낀 얼굴로 일어나더니, "야!~ 스파르타 어학원은 5:30분에 일어나야 된대~, 그래도 우리는 양호한 거야."
내가 만약 스파르타어학원으로 연수를 갔다면 영어와의 싸움이 아니라 잠과의 싸움이 되었을 뻔했다.^^;; 아무튼 난 잠을 깨기 위해 세면을 깨끗이 하고 아침 식사를 하러 갔다.
난 잠에서 깨어남과 동시에 허기를 느낀다. 때문에 가끔 빵이나 죽이 아침식사로 나오면 이별의 아픔도 넘어서는 슬픔이 밀려온다. 아침에 삼겹살은 못나올망정 최소한 따뜻한 국과 밥, 반찬 3~4개 정도는 나와야 하는 거 아닌가 ㅋㅋ;;
덩치 큰 남자들도 놀랄 만큼 양껏 아침을 먹고, 1교시가 시작되기 전에 수업준비를 좀 한 후 1층 1 : 1 강의실로 수업하러 들어갔다.

❷ 수업

"Hey, francis! How are you today? Great?"
몇 주 공부 좀 했다고 이제 내가 아는 영어들은 자신감 100%를 자랑하며 이야기할 수 있었다. 하지만 한 줄을 넘어가는 긴 문장의 영어들은 중간 중간에 휴식을 좀 가지며 이야기를 해야 했다. ㅋ;;
1교시가 끝난 후 10분 동안은 그 다음 수업준비를 하려고 했는데, 책 한권을 놓고 와서 3층 내방에 다녀오니 7분 쉬는 시간만 남았다. 7분 동안 다음 수업에 배울 topic을 3번 읽고 2교시에 들어갔다. 쨱각... 쨱각...
오후 5시가 되어 주어진 수업들을 모두 종료하고 빈 강의실로 들어가 숙제를 하기 시작했다. 2시간 동안 집중해서 4개나 되는 숙제를 모두 끝냈다. 음하하, 이 깔끔하고 시원한 기분! 숙제를 모두 끝내고 저녁식사를 하니 꿀맛이 따로 없었다.

❸ 식사

오늘 메뉴는 불고기! 푸하하... 근데 줄이 너무 길다~ 학생은 많고 식당은 크지 않아서 수업을 일부러 5분 정도 일찍 끝내고 뛰어가야 가장 먼저 먹을 수 있고, 수업종료 후 질문 몇 개하다 5분만 지나도, 불고기같은 메인음식이 다 떨어져서 야채볶음으로 대체되는 경우가 있다. 이럴 땐 얼마나 화가 나던지 학원에 가끔 컴플레인을 한 적도 있다~. "반찬을 넉넉히 만들어 달라~~! 식당을 넓은 데로 옮기자~!"
자유배식이었기 때문에 반찬이 그릇 밖으로 떨어지지 않으려고 그릇 모서리를 붙들고 있어야 할 만큼 잔뜩 담아서 30분 동안 즐겁게 식사를 했다. 내 방으로 올라가 샤워를 하니 벌써 8시다.

❹ 방과 후 study

후다닥 1층으로 내려와 빈 강의실에서 복습을 하기 시작했다. 10시까지 복습을 마친 후 11시까지는 내일 배우게 될 수업에 대비하여 예습을 하였다. 11시에는 30분 동안 남자친구에게 영어로 편지를 썼다. 왜 공부는 안하고 연예편지를 쓰고 있냐고 하겠지만, 매일 똑같은 하루를 영어일기로 쓰다 보니 "I got up 7 : AM and I studied until 1 : AM and I went to a bed 1 : AM."이 전부였기 때문에 뭔가 재미있는 writing을 해보고자 영어편지를 쓰게 된 것이다. 크크.
이건 꽤 좋은 아이디어였다. 쓸 때도 재미있고, 선생님이 체크해 줄 때도 "왜 남자친구랑 싸웠니?"라든가, "남자친구 성격 진짜 좋네~." 등등의 대화가 이어질 수 있다. 짧지 않은 1:1 시간이 지루하지가 않았고, 선생님과도 금방 친해질 수 있었다. 영어편지를 좀 길게 쓰면 12시까지도 쓰고, 빨리 쓰면 11:30 분까지도 쓰는데, 잠을 몇 시에 자느냐는 이 영어편지에 달려 있었다. ㅋ
영어편지를 다 쓰면 1시간 동안 "받아쓰기"를 했고, 받아쓰기가 끝나면 본문 10번 읽기 (리딩)와, 책상정리를 한 뒤에 잠을 잤다.

02 즐거운 주말(너만을 기다렸어~)

토요일에는 내가 가장 좋아하는 산미구엘(필리핀 맥주)과 씨즐링감바스(새우볶음 요리)를 간단히 먹으러 번화가로 나갔다~. "원샷~!! 여기 맥주 세 짝만 더 갖다 주세요~."

평일에는 통금시간이 12시이지만 주말에는 새벽 2시까지 통금시간이 허용되기 때문에 가능하면 통금시간에 맞춰서 기숙사에 들어갔다. 새벽 2시를 넘기게 되면 24시간 학원을 지키고 있는 '가드'가 'Sylvia(내 영어이름 ㅋ), 새벽 3시에 들어왔음' 이라고 친절히 메모를 해서 학원 매니저에게 넘기기 때문에 간혹 2시를 넘기게 되면 007 제임스본드를 뛰어넘는 치밀함으로 학원에 몰래 들어가야 한다. ㅋ ;

일요일은 '7일만의 달콤한 늦잠'이라는 영화를 찍어도 될 만큼 행복하게 늦잠을 자고, 1층 식당으로 내려가 점심을 먹는다~.

"우리 학원에 사람이 이렇게 적었었나?"

아침도 아니고, 점심을 먹으러 왔는데 학생들이 보이지 않는다~.;; 아마 아직까지 자고 있거나 부지런한 친구들은 아침부터 놀러 갔을 것이다. 점심을 언제나처럼 양껏 먹은 뒤 일주일동안 배운 걸 정리해 나갔다. 문법, 리스닝, 라이팅, 딕테이션, 리스닝 파트별로 정리를 하고 쭉~ 읽어내려 갔다. 저녁시간까지 복습을 하고 오후에는 문제풀이를 좀 하다가 11시쯤 잠이 들었다.

03 압도적인 선택, 기숙사

기숙사는 필리핀에서 어학연수생들의 가장 보편적인 숙박유형이다. 필리핀에서 연수하는 학생이 1,000명이라면 900명 이상이 기숙식학원에서 생활을 하고 있다. 필리핀 연수 유형 중에서 가장 비싸지만 가장 효과가 큰 방법이라고 할 수 있다.

필리핀 연수는 외부의 현지에 나가서 실제로 부딪히며 생활영어를 배운다거나, 다국적 친구를 사귀고, 멋진 레스토랑에서 아르바이트를 하며 손님과 영어로 대화하는 모습을 상상하면 절대로 안 된다.

❶ 학업

필리핀 연수는 스스로 본인과의 전쟁을 하러 간다고 생각하면 된다. 필리핀이 영어권 국가임에는 틀림이 없지만, 길거리에서 쉽게 마주치는 일반시민들은 우리의 멋진 대화파트너가 될 수 없다. 그렇기 때문에 학원 내 선생님과 친해져서 수업시간 동안만 열심히 듣고 열심히 이야기하면 충분하다.

필리핀 어학원들은 하루 평균 1:1 수업이 4시간에 그룹수업이 2시간 이상 제공되어 주어진 수업만 열심히 들어도 체계가 딱 잡힌 영어를 최소 6시간 이상, 확실히 공부하는 셈이다.

❷ 기숙식어학원 장점
- 기숙식어학원은 통금시간 및 외박금지 등, 어느 정도의 규율과 간섭으로 규칙적인 생활을 할 수 있다. ―오전 8시부터 오후 5시까지 정규수업을 듣고 저녁을 먹은 후에 방에서 샤워를 하고 도서관이나 본인방에서 숙제와 예습, 복습, 영어일기 등 스스로의 영어 실력에 부족한 모든 면을 본인 스스로와 싸우며 공부하는 것이다.
- 기숙사 생활을 하게 되면 학원 시스템에 따라 체계적으로 공부를 할 수가 있다.
- 하루 3식이 모두 제공되며 청소, 빨래로부터 자유롭다.
- 학원 내부에 기숙사가 있거나 학원 근처에 기숙사가 있어 강의실, 도서관과의 이동거리가 짧기 때문에 24시간 영어에만 집중할 수 있는 환경이 이루어진다.
- 기숙사에는 한국인 매니저가 상주하고 있어, 비자연장 문제나 선생님들의 출결문제로부터 해방될 수 있다.
- 한국 사람에게 많이 맞춰져 있는 환경이기 때문에, 자취나 홈스테이에 비해서 시설도 좋고 편리한 편이다.
- 외국인들도 있기 때문에 한국어를 덜 사용할 수 있다.

❸ 기숙식어학원 단점
- 기숙식어학원은 한국 사람이 운영을 하기 때문에 가격이 비싸다.
- 통금시간 및 외박금지 등, 어느 정도의 간섭과 규율로 인해 학생들이 답답함을 느낄 수 있다.

> **TIP** 연수비용의 절약과 자유로운 개인생활의 보장보다도 어느 정도의 규율이 있는 곳에서 체계적으로 24시간 영어공부에만 집중하고 싶은 사람에게 추천하는 유형이다!!
> (지금은 필리핀 연수를 준비하는 95% 이상의 학생들이 필수적으로 선택하고 있는 유형이다)

하숙

01 하숙집의 일상

❶ 기상

지금은 아침 6시~!!
"삐리리~ 삐리리." 알람이 또 울린다.ㅋ;
방금 침대에 누운 것 같은데 벌써 알람시계가 울리다니.. 이런 현실을 받아들이기가 힘들었다..ㅠ
학원 수업은 9시까지로 똑 같은데 공용화장실이 하나 밖에 없었기 때문에 씻는 시간을 나누어야 하는 사태가 벌어진 것이다.. 나는 6 : 00~6 : 20분, 201호는 6 : 20~6 : 40분, 202호는 6 : 40~7시, 203호는 7시~7 : 20분, 204호는 7 : 20~7 : 40분, 205호는 7 : 40~8시.
이 시간대는 일주일에 한 번씩 교대가 되는데 만약 일어나는 순서대로 화장실을 썼다면 잠은 잠대로 못 자고, 계속 화장실 앞에서 기다리게 되었을 것이다. 아무리 생각해도 간단하지만 일사분란하게 합리적인 아이디어다. 푸ㅎ~ (요즘엔 하숙집 시설이 더욱 좋아졌다고 한다.)

❷ 학업

6시에 기상 타임이 걸렸을 때면 시간이 많이 남기 때문에 학원 셔틀버스가 오기 전에 학원까지 걸어간다(다행히 우리 하숙집은 셔틀버스를 운영했지만, 다른 하숙집은 본인 돈으로 대중교통을 이용해야 한다). 학원에 도착하면 대략 8시다.
개인적으로 수업 시작하기 전인 8시30분까지 간단히 예습을 하고, 1교시 1 : 1수업에 참여를 한다. 1 : 1 2시간이 끝나고, 리스닝 수업 2시간이 끝나면 내가 가장 좋아하는 점심시간이다.
혹시 셔틀버스가 떠나지 않을까 수업이 끝나자마자 차에 올라 자리를 잡고 하숙집에 도착하자마자 가방을 던지고 밥을 먹는다. 수업도 1시30분에 시작할 뿐더러 셔틀버스도 1시20분에 오기 때문에 빨리 먹지 않으면 두 번째는 배식받기가 힘들어진다. ㅋ;
점심을 정신없이 맛있게 먹고 다시 학원으로 가자마자 오후 수업에 들어간다. 2시간 동안 선생님과 재미있게 공부를 하고 수업이 3시30분에 종료를 한다.

❸ 강의 후

수업이 끝나면 셔틀버스를 타러 간다. 늦게 가면 가차없이 출발하기 때문에 나는 항상 제일 먼저 자리를 잡고 학생들을 기다린다.ㅋ;
그냥 트라이시클이라는 대중교통을 이용해서 가면 되는데 한 달 용돈 5만 원 이상을 쓰지 않았던 나로서는 힘든 일이었다. '100원에도 벌벌 떨어주는 센스~. ㅎㅎ^^;'
하숙집에 도착해서 씻고 메일 확인을 좀 하고 나니 오후 4시가 넘었다. 4시 이후부터 방에서 숙제를 하기 시작했다. 항상 그렇지만 저녁 먹기 전에 내 할 일들을 모두 끝내 놓아야 마음이 편하다. '혹시 난 결벽증?ㅋ;;

6시가 저녁 시간이기 때문에 1층 거실로 5 : 50분까지 가서 미리 기다렸다. 늦게 가면 맛있는 음식이 떨어지는 경우가 종종 있고, 우리 하숙집에는 15명이 살았기 때문에 15번째로 줄을 서면 1~5번째로 줄을 선 사람들은 이미 식사가 끝난다.
아무튼 난 맛있게 식사를 끝내고 세면을 한 다음에 방으로 가 복습을 하려고 일발장전중이었다.

❹ 유혹

"똑똑~, 미경아. 나다! 오늘 사이먼 송별회할 거야. 7 : 30분까지 대문 앞으로 모여!"
"어.. 나는.. 지금.. 복..습..알았어! 이따 봐."
한국으로 간다는데 차마 A형인 내가 거부할 수가 없었다. 그래서 새벽 3시까지 술을 마시고 방에 들어오자마자 잠들었고, 그 다음 날 예습을 안 해가서 1 : 1 시간 내내 계속 이해를 못하고 수업이 너무 어려웠다.
그래서 오늘은 평소보다 2배로 집중해서 공부를 시작했는데, 밀린 걸 다 끝내려니 시간이 너무 부족했다.
".....제발 헤어지자는 소리만 하지 말아줘~ 앞으로 내가 더 잘할게......" 이 무슨 소리....
공부에 집중하려는데 룸메이트가 TV의 한국영화에 빠져 시청 중이다.ㅠ;
처음엔 그냥 무시하고 공부를 했지만, 100% 나무랄 데 없이 완벽한 한국어 리스닝 실력을 가진 필자이기에, 한국 말소리에 자꾸 눈이 TV로 갔다. ㅠ
짹깍짹깍. 2시간, 3시간....... "오~ 신이시여, 오늘도 공부 못하면 이틀치 공부가 밀립니다. 제발~~."
3시간 동안 공부를 반도 못 끝내고 있던 나는, 있는 데로 볼륨을 올리고 TV를 보고 있는 룸메이트가 원망스러웠다. 그때 룸메이트가 화장실 때문에 방을 나갔다. 난 때를 놓치지 않고 조용히 TV 모니터 있는 부분을 바닥에 향하게 TV를 뒤집어 놓았다. 몇 분 뒤 룸메이트가 들어오더니 조용히 본인 책상에 앉아 영어공부를 하기 시작했다. ㅋㅋ;;
이러다 하숙집에서 암살이라도 당하는 건 아닐지 조금 걱정이 된다.;; 아무튼 난 무사히 공부를 마치고 잠을 잤다. "으~, 피곤타."
그래도 오늘은 금요일이니까 크게 부담이 없다. 어떤 학원은 금요일에는 오전 수업만 한다고도 하는데 다행히 우리 학원은 금요일도 똑같이 오후까지 수업을 한다. 하지만 수업이 끝나고 하숙집으로 가는데 오늘이 crazy friday라는 게 좀 걸린다.
'왠지 모를 이 불안감은 모지?'
역시나 저녁을 먹고 방으로 들어오기가 무섭게 102호로 모이라는 명령?이 떨어졌다. 명령불복종이라는 건 상상도 하지 못하고 102호에 가니까 맥주와 과자들이 이미 방을 가득 메우고 있었다. 기숙사에서는 주류 반입이 안 되고, 통금시간이 있고, 사람들이 많아서 개개인 왕따처럼 공부하기는 좋았는데, 하숙은 어떠한 규정도 없는데다가 사람들이 뭉치기 딱 적당한 인원이므로, 이런 날 빠지면 눈에 튀게 된다.
여간 심지가 곧고 딱 부러지는 성격이 아닌 이상, 행사에 불참하는 건 조금 불가능할 것이다. 특히나 나는 100% 오리지널 A형이다.ㅠ ㅋ
아무튼 여기 하숙집에서의 생활이 가장 재미있었고, 추억이 많이 남았지만, 학업에 집중하기는 많이 힘든 분위기인지라, 한 달을 머물다가 홈스테이로 이동했다....
하숙은 네 가지 방법 중 가장 장점이 많지 않은 숙박형태의 하나라는 생각이다.

02 하숙의 장단점

❶ 하숙의 장점
- 하숙은 기숙사처럼 식사, 빨래, 청소 등 모든 게 제공이 되기 때문에 편하다.
- 기숙사와 달리 어떠한 규율도 없기 때문에 자유로울 수가 있다.
- 기숙사처럼 100% 한국 사람을 위한 환경이기 때문에 자취나 홈스테이에 비해 편리한 시스템이다.

❷ 하숙의 단점
- 자취처럼 비용이 저렴하지도 않다.
- 기숙사처럼 규칙도 없다.
- 학원과 떨어져 있어 대중교통 or 학원버스를 이용하거나 도보로 학원통학을 해야만 한다.
- 시설도 기숙사에 비해 열악한 편이고, 친절하지 않은 주인이라도 만나게 되면 생활하는 내내 불편함을 느낄 수 있다.
- 하숙은 기숙사처럼 규모가 크지 않아 한국 학생이 10명 남짓으로 적당히 소규모이기 때문에 단기간에 친해지기 쉽고, 공부만 하려는 학생에게도 옆방의 각종 소음으로 공부에 집중하기 위한 조용한 환경을 기대하기 어렵다.
- 하숙을 하면서 선택할 수 있는 어학원이 매우 한정적이다.
  (기숙사 필수인 어학원이 대부분이기 때문에)

> **TIP** 저렴하지만 많은 걸 신경 써야 하는 자취는 좀 꺼려지고, 또한 학원 내부에 있고 모든 게 제공되는 기숙사가 편하기는 하지만, **많은 규칙과 제약으로 컨트롤 받고 싶지 않은 사람들에게 추천**한데!! 영어연수가 아닌 목적으로 필리핀을 방문하는 사람들의 숙박으로 이용하기에도 적절하다.

03 자취

01 정신없이 바쁜 시간(바쁘다~ 바빠~)

"으악, 벌써 9시네."
어제 7시로 알람을 분명히 맞춰놓고 잤는데 나도 모르게 꺼버리고 다시 잤나보다.
"내일은 꼭 제 시간에 일어나야지.^^;"
일어나자마자 세면을 하고 쌀을 씻고 밥을 하니 벌써 10시다. 부랴부랴 김치에 대충 밥을 먹고 설거지를 한 다음 11시부터 공부를 하기 시작했다.
"아~, 더워."
너무 저렴한 방이다보니 방에 에어컨도 없고 먼지 쌓인 선풍기만 툴툴 돌아가는데, 너무너무 더워서 집중이 잘 안 된다.
한 달에 35만 원이 넘는 방은 나름대로 깨끗하고 에어컨도 빵빵하게 나오는데, 무조건 덮어놓고 '아껴 살자' 주의인 나는, 시설은 아예 배제를 해버리고 가장 싼 집을 골랐던 것이다.

02 자취를 선택하는 이유

❶ 비용절감, 자유로움

실질적으로 자취를 하고 있는 사람들은 보통 두 가지 이유가 있다.
하나는 연수비를 많이 절감하고자 하는 것, 나머지 하나는 타인에게 신경 쓰이거나 어떠한 규정도 지킬 필요가 없는 100% 자유로운 생활 때문이다. 나는 전자 때문에 멀쩡히 다니던 학원을 그만두고 나왔다.

❷ 개인튜터

그건 그렇고 벌써 3시닷!
공부에 조금만 집중을 해도 시간이 이렇게 빨리 가니, 기쁘기 이를 데가 없다. 푸하하..
4시에 맥도날드에서 1 : 1 수업이 있기 때문에 수업준비를 한 시간하고 우리 집 바로 앞에 있는 맥도날드로 수업을 하러 갔다. 필리핀에 있는 학원들은 보통 기숙사가 필수이기 때문에 자취나 하숙을 하게 되면 수업만 들을 수 있는 단과 학원을 가던지 집에서 개인과외를 해야 한다. 난 연수비를 아끼는 게 최고의 목표이기 때문에 후자를 선택했고, 필리핀 사람도 놀랄 만큼 집이 누추해서 집 앞 맥도날드를 공부하는 장소로 선택했다.
4시부터 6시까지 두 시간을 공부했는데 맥도날드가 의외로 시끄러워서 학원에서 하는 1 : 1 과는 분위기가 많이 달랐다. 또 왠지 뭔가에 얽매여 있지 않고 놀러온 것 같은 느낌이 자꾸 들어 장난꾸러기 기질이 다분한 나는, 선생님을 재밌게 해줘야 한다는 납득할 수 없는 본능이 자꾸 일어났다.
"선생님~, 잘 생긴 부처님을 보고 뭐라고 하는지 아세용?"
"음..You are very handsome이라고 하겠지." "Put your handsup~ ➡ 부처핸섭이라고 한대용."

"그건 그렇고 오늘은 무슨 공부를 해볼까?^^;"
"일본인 중에서 가장 구두쇠인 사람의 이름은 뭘까요?" ㅠㅠ....
맨날 이렇게 장난만 1시간 반을 하다가 수업이 끝났다. 그래도 영어로 농담하는 거니까 오히려 딱딱한 수업보다는 낫다고 생각할 수 있겠지만, 영어가 제대로 향상되려면 1시간 수업을 위해 2~3시간의 수업준비시간이 필요하고, 주어진 수업시간에는 제대로 잘된 커리큘럼으로 잘 교육받은 선생님과 함께 집중해서 수업을 해야만 한다.

그러나 존재하지도 않는 커리큘럼과 경쟁의식 없이 막무가내 수업을 하다 보니 의미 없는 장난만 치게 되었다.

❸ 자취시작의 발단

6시에 수업이 끝나고 집으로 돌아오면 룸메이트 선생님이 돌아와 있었다. 사실 그전에 다녔던 학원에서 1:1 시간 때 같이 자취하자고 설득했던 선생님이다.
"선생님 한국요리 좋아해요?"
"안 좋아하는 게 없지, 사실 내 남자친구가 한국 사람이야."
뚜악, 선생님 나름대로 일급비밀을 나한테 털어놓고 보니, 더욱더 친해졌고 방세는 50 대 50으로 하되, 내가 한국음식을 자주 해주고 선생님은 집에서 영어만 쓰기로 하고 같이 방을 쓰기로 했던 것이다.

그래서 한국 사람들은 근처에도 오지 않는 현지인들만 사는 달동네 비슷한 곳에 방을 구했고, 학원다닐 때보다 2~3배 이상 연수비를 아낄 수 있게 되었다.

03 자취생활의 슬럼프

하지만 하루하루가 가면서 영어가 향상된다기보다는 자꾸 제 자리 걸음을 하고 있는 것 같았다. 그리고 최고 인기선생님과 한방에서 같이 살고 있는데도 불구하고, 6시에 퇴근해서 오는 선생님과 밥 먹을 때 빼고는 대화를 나눌 기회가 거의 없었다. 주말은 선생님 댁에서 자야 한다며 금요일 학원이 끝나면 마치 도망가는 사람처럼 본가로 가버리면 월요일에 바로 학원으로 출근을 하니 자취하기 전에 상상했던 것과는 많이 달랐다.

첫째 달, 둘째 달은 1:1이 매우 중요하며 1:1로 인해 본인도 놀랄 만큼 영어실력이 향상된다. 그리고 어느 정도 실력이 쌓인 상태에서는 1:1보다는 1:4 같은 소규모 그룹수업이 훨씬 더 도움이 된다. 그런데 지금 나는 얼마만큼 향상되었는지 알 수도 없고, 커리큘럼, 시스템도 없는 개인과외는 크게 능률적인 것 같지가 않았다.

❶ 손수 해결하는 의식주
"으악~, 비 온대!"
힘들게 빨아서 앞마당에 늘어놓았던 옷들이 비로 다 젖어버렸다.
비 한 방울이라도 덜 맞게 하려고 눈썹이 휘날리도록 옷을 다 걷었건만, 화장실 빨래 통에 다시 던져 넣어야 했다.
귀찮은데 빨래는 내일 다시 하고 저녁준비를 했다. 오늘의 메뉴는 "카레라이스!"
(아까 맥도날드에서 수업이 끝나고 집으로 돌아오는 길에 노점상에서 파는 돼지고기를 조금 사왔다. 필리핀에서는 냉장고 있는 정육점을 보기는 어렵고, 보통 그날그날 잡은 돼지를 길거리에다 놓고 팔고 있다.)
돼지고기와 양파만 넣고, 카레를 만들었고, 400페소(1만 원)에 배달시켜 먹는 김치를 놓고 선생님과 함께 밥을 먹었다. 한국 음식을 한국 사람보다 더 잘 먹고 좋아하는 선생님이라 음식쓰레기 걱정은 크게 할 필요가 없다.. 깨끗하게 비워진 그릇을 그대로 선반에 놓고;;; 선생님과 공부를 하기 위해 책상에 앉았다.

▲ 맨손으로 김치 담궜다가 손이 퉁퉁부은 문제의 김치 담근날~ ▲ 한국 음식이라면 가리지 않고 다 잘먹는 선생님.

❷ 메이트의 개인교습
선생님은 맥도날드에서의 개인튜더처럼 '어떤 공부를 하고 싶냐'고 물었고, 난 '팝송을 배우고 싶다'고 했다. 필리핀 사람들은 거의 예외 없이 노래를 너무도 잘 부르기 때문에 우리나라 가수가 부럽지 않을 정도다.

팝송공부는 받아쓰기 방식으로 노래를 듣고 한 문장씩 쓰고, 쓰고 나면 선생님이 체크를 해주신다. 20개의 문장이라면 19개 문장을 틀리게 썼다.

역시 노래를 듣고 알아들을 실력은 되지만 제대로 맞게 받아쓴다는 건 아직까지는 무리인가 보다. 그래도 받아쓰기 방식으로 노래를 배우니까 뜻을 더 명확히 알 수 있었고 매우 재미있었던 것 같다.

이것저것 공부를 하다 보니 벌써 2시간이 지났고 수업이 끝난 다음에도 난 책상에서 계속 혼자 공부를 했고, 선생님은 침대에 누워서 책을 읽었다.

❸ 야식!

한 11시쯤 되었을까 슬슬 출출해지기 시작했다. 근데 여기서 내가 배고프다고 하면 간식을 만들고, 치우는 건 또 내 차지가 되기 때문에 그냥 조용히 공부했다.

바로 그때 "Are'nt you hungry? Why don't we have 신누들?"

신라면 중독자인 선생님이 먼저 말씀을 하신다. 조금 귀찮았지만 신라면에 신김치를 푸짐하게 넣고 고춧가루까지 왕창 뿌려 라면 두 개를 끓였다. 둘 다 마치 저녁을 굶기라도 한 듯, 서로 질세라 5분만에 다 먹어치우고 난 또 설거지를 해야 했다.

재료 제공에 음식 만들기에, 청소 담당까지 선생님은 고맙다는 말도 안 한다.

그렇다고 공부를 공짜로 가르치는 것도 아니고 적합한 과외비를 매일매일 지불하고 있는데 말이다..흑..ㅠ 5개월 넘게 필리핀 생활을 하면서 느낀 것이지만 필리핀 사람들은 매우 친절하고 활발하지만, 우리가 생각하는 오고가는 '정'이란 게 없어, 너무 이것저것 배려를 한답시고 제공을 하면 그냥 그대로 당연한 것이라 생각을 한다. 그 덕분에 선생님과 자취하는 30일 동안 29일을 딸 키우 듯 모든 걸 내가 다 해야만 했다.

04 알찬 주말 보내기

❶ 토요일, 시내에서 문화생활 즐기기

아무튼 이렇게 평일을 보내고 나면 금요일에 선생님이 집으로 간다. 그리고 나는 토요일 아침에 집 앞 슈퍼마켓에서 우유, 음료수, 과자들을 넉넉히 사들고, 슈퍼마켓 앞에서 지프니를 타고 10분 정도를 붕붕 달려 내가 가장 좋아하는 SM 백화점으로 놀러간다.

SM에서 한 주 동안 사용할 물품들을 구매하고, 이것저것 옷도 좀 구경한 다음, 내가 가장 좋아하는 5천 원 짜리 모둠돈가스집에서 즐겁게 식사를 한다. 그 다음 영화관에서 재미있어 보이는 미국영화 한 편을 골라 상영관으로 입장을 한다. 물론 지금까지 계속 혼자 쇼핑하고, 혼자 점심을 먹고, 그것도 모자라 혼자 영화를 보러 온 것이다.

필리핀에는 어딜 가나 한국 사람들이 매우 많다. 그리고 외국이라는 특성상 하루, 이틀만 봐도 금방 언니, 동생이 된다. 본인이 자제하지 않으면 마치 정말 좋은 친구를 얻은 것 같은 행복감에 항상 붙어 다니게 되고, 정말 친해지게 되면 공부는 뒷전, "필리핀에서 인맥 쌓아가기 대작전"이 되어버린다.

우와, 같은 영화를 세 번씩 보니(필리핀은 지정좌석제가 아니고 상영관 안에 화장실도 있어서 본인이 원하는 만큼 반복해서 영화를 볼 수 있다), 벌써 7시가 되었다. 상영관에서 나오자마자 다시 지프니를 타고 집으로 왔고, 미역국을 끓여 김치와 간단히 먹고, 내가 가장 좋아하는 팝송 받아쓰기와 리딩을 한 뒤 내일을 위해 일찍 잠을 청했다.

❷ 일요일 알차게 보내기

삐삐~삐삐~ 짜파게티를 먹어야만 하는 일요일 아침 7시!!ㅋ 알람을 듣고 기상해서 간단히 아침을 먹고 집 앞 맥도날드로 나갔다.

5분 뒤 맥도날드에서 1:1 수업을 하고 있는 AJ 선생님이 도착했고 같이 지프니를 타고 up대학교 내에 있는(우리나라 서울대학교와 같은 필리핀 최고의 명문대) 교회로 갔다.

사실 난 무교이지만 필리핀 교회는 어떤지 궁금하기도 했고, UP출신의 지성 넘치고 인자하신 선생님과 같이 있고 싶은 마음에 교회를 다니기로 결정했다.

교회에 들어가기도 전에 AJ 선생님의 부모님이 교회 앞에 계셨고 날 반갑게 맞아주셨다. 아무리 못해도 중상류층 이상이었던 선생님 댁 부모님은 아주 인자해보였고 교양도 넘쳐 보였다.

"Hey, AJ! Who is her? Is she your girlfriend?"
"No, No, No!!!!!!!!!~ She is my student."
어찌나 부정을 강하게 하는지... ㅋ;

난 교회에 들어가서 자리를 잡을 때까지 내 소개만 20번을 넘게 한 듯하다. :: 이제 자리를 잡고 내 장난 끼 많은 표정은 좀 접어두고 엄숙한 표정으로 앉아있었다. 그러나 남녀 구별 없이 20명 이상의 사람들이 무대로 올라가더니 춤과 노래를 부르는 것이 아닌가.

그것도 모자라 앉아있는 사람들이 한 명의 예외도 없이 모두 일어나 다 같이 옆에 있는 사람들과 춤을 추는 것이다.

'이것이 문화 충격인감?!'
너무도 신기한 장면이었지만 음악이 너무 신나서 나도 모르게 엉덩이를 흔들었다.^^;;
한참 땀을 흘리고 나서 자리에 앉으니 목사님으로 보이는 분께서 기도를 하는 것이다.
'으.. 도대체 어느 장단에 맞춰야 하는 거지?'
그 난리법석을 떨며 춤추던 사람들이 내가 언제 그랬냐는 둥 지그시 눈을 감고 다들 기도를 하는 것이다.

그렇지 않아도 처음 와서 정신이 하나도 없는데 우리나라와 너무도 다른 시스템?에 계속 혼자 놀라고 있었다. 그래도 딱 하나 똑같은 건 '헌금상자' 였다. 한국 사람이 나 혼자밖에 없었기에 많은 사람들이 자꾸 아까부터 쳐다보고 있어서 50페소나 헌금을 했다;;
아무튼 오늘의 특별히 기분 좋은 경험이 교회는 정말 졸린 곳이라고 생각해왔던 나에게 매주 일요일마다 빠지지 않고 교회를 나오게 되는 즐거운 계기를 준 것 같아 아주 뜻 깊은 일요일이 되었다.

05 자취의 장단점

❶ 자취의 장점
- 가격 면에서는 가장 메리트가 있는 숙박형태이다.
- 특히나 연수비용이 크게 넉넉지 못한 학생들이 가장 많이 선택하는 유형으로 잘만 구한다면, 한 달에 20만 원도 채 안 되는 숙박비용을 지불할 수도 있다. 다시 말해, 기숙사에서 연수하는 학생보다 월 40~50만 원 이상을 아낄 수 있다.

❷ 자취의 단점
- 하숙과 마찬가지로 인지도 높은 학원에는 다닐 수 없다.
- 원하는 수업만 들을 수 있는 단과학원이나 본인이 살고 있는 집으로 선생님이 직접 와서 공부하는 과외를 해야만 한다.
- 공부에 전념할 수가 없다.(청소, 빨래 등의 집안일도 공부와 함께 병행해야 하기 때문에 24시간 공부에만 전념할 수 있는 환경이 조성되기는 어렵다.)

> **TIP**
> 가사 도우미를 구할 수도 있지만, 이 경우에는 도우미로부터 발생되는 문제가 있다. 임금문제, 기물파손 문제, 물건분실 문제, 사소한 분쟁 등이 그것이다.
> 따라서 연수비용이 많이 부족하여 특별한 선택의 여지가 없거나, 하숙보다 더 자유로운 개인공간을 원하는 사람들에게 추천한다!!

※ 판순이 대마왕 미경이의 한 달 용돈 소비내역 ※

- 매주 토요일마다 영화보기 (3,500원 × 4번 = 14,000원)
- 매주 토요일마다 SM 백화점에서 외식하기 (일식 6,000원 × 4번 = 24,000원)
- 2주에 한 번 술집에서 술 마시기 (맥주 4병 : 8,000원 + 새우볶음 안주 6,000원 = 14,000원 × 2번 = 28,000원
- 한 달 치 과일값 (500원 × 망고 30개 = 15,000원)
- 교통비 (매주 토요일 SM백화점 : 300원 × 왕복 = 600원 × 4번 = 2,400원)
  (매주 일요일 교회 : 300원 × 왕복 = 600원 × 4번 = 2,400원)
  (2주에 한번 술 마시러 다른 동네가기 : 300원 × 왕복 = 600원 × 2번 = 1,200원)
- 챠우킹 or 졸리비에서의 일주일에 두 번 외식하기 (3,500원 × 8번 : 28,000원)

➡ 토털 : 115,000원

여기에다가 내가 한 달 동안 집에서 해 먹고 있는 밥값을 더해도 얼마 추가되지 않는다. 한 달에 50만 원 넘게 쓰는 사람들은 학원에서 밥이 다 제공되는 기숙식어학원에서 연수하고 있는 학생들이 많기 때문에 정확히 비교하기 위해서 밥값을 빼고 계산하였다.

홈스테이

01 홈스테이의 실상

❶ 환상

선진국 홈스테이가 아니기 때문에 미국영화처럼 멋지게 잔디가 깔려 있거나, 키 크고, 코 높은 노랑머리의 그림들을 상상하지 않아서 그런지 내가 온 집은 어느 정도 마음에 들었다. 내가 지냈던 곳은 나름대로 방도 넓었고, 도우미 아주머니도 두 분이나 있었다. 난 왠지 하숙이나 기숙사에 있을 때보다 제대로 된 외국생활을 하게 될 것 같은 느낌에 아침부터 설레었다.

"WoW, It is really delicious!! I love it!!"(와~, 정말 맛있어요! 내 스타일이에요.)
"땡큐~, 유 캔 이뜨 어 라쁘 벗 디스원 이즈 노 모얼 ~."
잠깬!! ㅠㅠ 내가 모르는 영어였던가... 알아들을 수가 없다..ㅠ
"What do you mean?"(무슨 말씀이신지?)
음.. 다행히 주인아주머니가 여러 번 말씀을 해 주셔서 겨우 통했지만, 내가 생각했던 거와 너무 달라서 대략 당황스러웠다.ㅋ;;
홈스테이를 하게 되면 영어를 조금이라도 더 쓸까 싶어 일부러 편한 기숙사 놔두고 옮겨 온 거였는데, 홈스테이 식구들의 영어실력은 나와 비슷했다..ㅠ;;

❷ 식사

아무튼 아침밥이나 먹고 보자!라는 생각으로..밥을 계속 먹고 있는데,
"왜, 배가 안 부르지?..;"
그렇대!! 필리핀 쌀이었던 것이다. 필리핀 쌀은 우리나라 쌀처럼 속이 알차고, 찰지지가 않아, 한국 밥으로 한 공기를 먹었다면 필리핀에서는 두 공기를 먹어야 배가 찬다.ㅠ (혹...시 필리핀에서 나만 두 공기 먹는 건가??;;;)

쌀은 그렇다 치고 반찬도 기숙사에서 먹던 것과는 차이가 많이 났다. 반찬투정은 잘 안 하는 편이지만 배불리 먹기가 좀 힘들다는 게 속상했다.^^; 그래서 식사가 끝나고 학원에 가면서, 과자하고 우유를 또 사먹었다. 차비도 아끼고, 운동도 할 겸 학원까지 걸어가고 있는데, 과자랑 우유를 사먹으니 왕복 차비보다 비싸다.ㅋㅋ;;

학원에 도착해서 수업을 받고 어느덧 점심시간이 되었다. 기숙사에서 생활하는 학생들은 맛있는 냄새가 심각하게 나고 있는 학원식당으로 뛰어갔고, 나는 홈스테이집에서 싸준 도시락을 다른 홈스테이에서 살고 있는 몇 명의 학생들과 같이 휴게실에서 먹었다.

어떤 학생은 한국식 도시락을 싸왔는데, 나는 거의 필리핀식 도시락이고, 김치만 몇 조각 더 있다.;; 거기에다가 우리 집 도우미 아주머니의 요리솜씨가 크게 뛰어나지 않은지, 일반 필리핀 쌀보다 더 날라가는 것 같다. ㅠ 그래서 난 은근히 눈치를 보며 다른 학생들 음식만 먹었다..푸훗 ~

❸ 수업

점심을 나름대로 90% 부족하게 먹고, 오후 수업을 시작했다.
"와~, 선생님들의 친절한 설명들~, 아무래도 내가 학원선택은 참 잘한 것 같다. 음하하."
필리핀에 오기 전에는 선생님들의 질에 대해서는 전혀 기대를 안 하고 왔는데, 생각보다 너무 발음도 좋고, 박식해서 배울 게 많다.
1:1 수업을 하면서 처음에는 준비해 온 멘트로 마구마구 이야기를 했지만, 2시간 종료시간이 가까워짐에 따라 점점 한계에 다다랐다. 그래서 필리핀에는 혹시 놀이동산 같은 게 없냐고 물어봤다. "Of course!! We have it.^^"
"그럼~, 이번 주 주말에 놀이동산 갈래요?" 푸' ㅎ ~
선생님은 매우 좋다고 했고, 우리는 남은 수업시간을 놀이동산에서 어떻게 놀고, 몇 시에 어디서 만날 건지에 대해서 의논하기 시작했다.~
항상 이런 이야기할 때만 눈에서 스타워즈의 광선검도 부서트릴 것 같은 레이저가 나온다. ㅋㅋ 수업이 다 끝나고 집에 가려는 찰라 "수다를 사랑하는 모임"의 카페 방장이라도 하고 있을 것 같은 학원친구를 만나 한바탕 이야기를 나누고, 가던 길을 재촉해서 갔다.

02 홈스테이생활

❶ 자기통제력

홈스테이를 하려면 자기통제력이 있어야 한다. 집에 가서 씻고 책상에 앉으니, 벌써 저녁 먹을 시간이 되어버려 맛있게 필리핀식 식사를 마치고 숙제를 하기 시작했다. 숙제를 하다가 모르는 게 생겨서 옆방 언니에게 물어보려고 건너갔는데 내가 가장 좋아하는 "몬스터 주식회사" 애니메이션을 노트북으로 보고 있었다.
난 이미 이것을 6번 이상을 봐와서 대화까지 외울 지경인데 침대에 주저앉아서 다시 화면에 눈을 고정시켜버렸다 ㅋ;;
한국자막 없이 영화를 보는 재미에 푹 빠져서 물어보러 간 문법숙제는 옆에 팽개쳐 놓고, 영화만 열심히 본 후 언니가 맥주 한 잔 가볍게 하러 나가자고 해서 또 거부를 못하고 따라나섰다.
"으… 가볍게 한 잔 하자는 게 제일 무서버~~."
우리는 가장 가까운 라이브카페에서 자리를 잡고 난 또 산미구엘을 시켰다. 가끔 레드홀스를 먹기도 하는데 레드홀스는 은근히 독한 맥주여서 평일에는 산미구엘 라이트 한 병 정도만 먹는다. 대신 주말에는 레드홀스 한 짝씩 먹어주는 센스??;ㅋ;
언니와 함께 말 그대로 가볍게 한 시간 정도 음악을 즐기고 홈스테이로 돌아왔다.

❷ 예습, 복습

규칙적인 예습복습을 통해 그날의 공부를 소화한다. 우리 홈스테이 집에는 나까지 5명이 사는데(한 명은 1인실, 4명은 2인실에서 산다), 마당에서 7살짜리 아들하고 오신 아주머니가 줄넘기를 하고 계셨다.
나는 공부하는 건 재밌는데 이상하게 운동하는 건 너무 귀찮아서 항상 밥 먹고 앉아서 공부하고, 나갔다 들어와서 공부하고가 반복되다 보니까 벌써 필리핀에 와서 5kg 넘게 몸무게가 불어났다. ㅠ
이렇게 가다간 10kg 이상을 늘어나는 건 문제도 아닐 것이다. Oh my god!!
암튼 나는 책상에 다시 앉아서 아까 궁금했던 문법숙제는 그냥 체크해 놓고 내일 선생님께 직접 물어보기로 하고, 예습?복습을 했다. 오늘 따라 이상하게 공부가 손에 잘 안 잡힌다. 그래도 공부가 밀리면 내일이 더 고달파지기 때문에 그냥 오늘 억지로라도 하고 자는 게 나을 것 같다. 후훗~ 기특한 미경~;;ㅋ;; 공부가 너무 더뎌서 새벽 2시까지 겨우 오늘 분량을 끝내고 잠자리에 들었다.

03 홈스테이는 신중하게

자~, 필리핀에서의 홈스테이는 선진국과 너무 많이 다른 것 같다.
선진국은 호스트 눈치도 많이 봐야 하고, 너무 늦게 들어오면 안 되고, 저녁을 먹고 오면 꼭 연락을 해줘야 하고, 빨래도 직접 해야 되고, 가사도우미가 없기 때문에 집도 지저분한데, 필리핀은 그냥 한국인 하숙집에서 생활하는 것과 크게 다르지가 않은 것 같다.
딱 하나 호스트가 한국말을 못한다는 것과 식사가 필리핀식이라는 것이 다른데, 어

차피 호스트하고는 크게 이야기를 나눌 기회가 없기 때문에 하숙과 홈스테이를 다 체험해 본 결과 식사에 대한 차이점 말고는 다른 걸 느끼지 못했던 것 같다. 그러나 자취나 하숙을 하게 되면 탄탄하고 인지도 높은 어학원에 다닐 수 없기 때문에 (기숙이 필수이기 때문), 집에서 약 10~20분 정도 가야 하는 단과학원이나 집으로 선생님이 오는 개인튜터를 할 수 밖에 없다. 홈스테이같은 경우는 몇몇 어학원이 기숙사 대체 숙박으로 믿을 만한 곳을 소개해주는 경우가 있어 홈스테이를 하면서 기숙식어학원에도 다닐 수가 있는 것이다.

그리고 홈스테이라고 특별한 건 없지만 성격이 활발하고 긍정적이라면 필리핀가정에서 생활을 하면서 색다른 문화도 경험할 수 있다고 본다. 또한 홈스테이에서 생활하는 사람들은 호스트를 빼고는 다 한국인이지만 그래도 호스트하고라도 영어로 이야기할 수 있다는 것도 장점 중 하나라고 볼 수 있다. 단, 한식이 아닌 필리핀식 식사로 인해 따로 밥을 사먹는 학생이 많고 필리핀 가정집이라서 상류층이 아닌 이상 시설이 열악한 편이다.

❶ 홈스테이 장점
- 홈스테이는 몇몇 어학원이 기숙사 대체 숙박으로 믿을 만한 곳을 소개해주는 경우가 있어 홈스테이를 하면서 일부 기숙식어학원에도 다닐 수가 있다.
- 필리핀 홈스테이는 그냥 한국인 하숙집에서 생활하는 것과 크게 다르지가 않은 것 같다.
- 홈스테이라고 특별한 건 없지만 성격이 활발하고 긍정적이라면 필리핀 가정에서 생활을 하면서 색다른 문화도 경험할 수 있다.
- 홈스테이에서 생활하는 사람들은 호스트를 빼고는 다 한국인이지만 그래도 호스트하고라도 영어로 이야기할 수 있다.
- 선진국은 호스트 눈치도 많이 봐야 하고, 너무 늦게 들어오면 안 되고, 저녁을 먹고 오면 꼭 연락을 해줘야 한다. 필리핀은 그것보다는 자유롭다.

❷ 홈스테이 단점
- 호스트가 한국말을 못한다는 것 (생각보다는 영어로 이야기할 대상이 많지 않다.)
- 식사가 필리핀식이라는 것 (한식이 아닌 필리핀식 식사로 인해 따로 밥을 사먹는 학생이 많다.)
- 필리핀 가정집이라서 상류층이 아닌 이상 시설이 열악한 편이다.

> **TIP** 한국 사람과 많이 다른 필리핀 사람들의 문화와 성격을 긍정적으로 이해할 수 있고, 성격이 활발하여 먼저 다가가 호스트와 친하게 지내면서 많은 걸 배우고 단점도 장점으로 승화시킬 수 있는 사람에게 추천한다!!

알아두면 유용한 필리핀친구 사귀기

1. 필리핀사람들은 누구나 자존심이 강한 편이다. 상대방의 장점을 찾아내어 많이 이야기해주고, 칭찬을 아끼지 말자.
2. 필리핀사람들은 약속을 잘 지키지 않는 편이다. 약속시간 전에 미리 재차 확인하고 나가는 게 좋다.
3. 사소한 거짓말을 잘 하는 편이다.
   너무 철석같이 믿으면 나중에 실망감이 클 수 있다.
4. 가무를 사랑하고 가무에 능하다. 같이 즐길 줄 알면 금방 친구가 된다.
5. 매너를 잘 지키자.(ex : 기침하면 sorry를 해주는 센스~!)
6. 상류층의 상징~ 긴바지 & 긴팔을 가끔 입어주는 센스!
   호감형으로 보이면 친구사귀기도 쉬운 법이다.(ex 깔끔한 긴팔 남방같은 거 입으시면 연예인 대접을 받을지도 몰라요~~)
7. 필리핀사람들은 쌍거풀 진한 큰 눈과, 검은 피부색, 곱슬머리를 선호하지 않는다. 그래서 필리핀사람들에게 "눈 커서 부럽다" "머리 파마했냐" "흑인같다" 등의 이야기를 하면 그 사람과 좋은 관계를 맺기는 힘들다.

04
지역별 어학연수
적을 알고 나를 알면 백전백승!!

- 01 마닐라
- 02 세부
- 03 다바오
- 04 바콜로드
- 05 일로일로
- 06 바기오

지역별 어학연수
적을 알고 나를 알면 백전백승!!

2~3개월의 짧은 연수나 6개월 이상의 장기연수나 학원 선택보다는 지역 선택이 더 중요할 수 있기 때문에 가장 좋은 지역과 가장 나쁜 지역을 찾기보다는 각 지역의 특징을 잘 파악해 본인 성격과 잘 맞는다고 생각되는 지역으로 선택을 하고 그 지역에서 메리트가 있는 학원 또한 장단점을 잘 파악해서 선택을 하는 게 순서이다.

■ 주요 도시

필리핀은 약 7,107개의 섬으로 이루어져 있는 나라이며, 루손(Luzon) 섬을 중심으로 한 북부지역, 비사야(Visayas) 섬을 중심으로 한 중부 지역, 민다나오(Mindanao) 섬을 중심으로 한 남부 지역으로 나뉜다. 마닐라는 필리핀의 수도로서 루손 섬에 있다. 11개의 도시와 5개의 마을로 이루어진 거대한 마닐라는 필리핀의 가장 유명한 회사들과 최신 여가시설들이 자리잡고 있다. 현대풍의 호텔, 레스토랑, 음악이 흐르는 술집, 부티크 등의 전문 트랜드를 갖는 상가들이 세련된 아얄라 거리와 올티가스 센터 주위에 모여 있다. 이외에 주요 도시로는 정부 센터이자 엔터테인먼트 중심지인 퀘존 시티, 필리핀의 신발중심지인 마리키나 시티, 건조식품과 해산물시장 및 레스토랑으로 알려진 파라냐케 시티 등이 있다.

발음을 확실하게 하고 싶으세요? 강사의 퀄리티가 높은 **마닐라**입니다.

더운 날씨가 싫으신가요? 365일 시원한 곳이 **바기오**입니다.

시설이 걱정되신다구요? 리조트식 어학원이 많은 **세부**가 딱 입니다.

경제적인 것이 좀 문제가 되나요? 저렴한 어학원들이 많은 **일로일로**입니다.

기숙사가 싫으세요? 괜찮은 홈스테이가 많은 **바콜로드**입니다.

시끄러운 주변이 신경쓰인다구요? 깨끗하고 아름다운 **다바오**입니다.

〈지역별 항목 평가〉

평가항목/지역	마닐라	세부	일로일로	바기오	다바오	바콜로드
현지인의 영어 구사 능력	최상	상	하	중	중	중
현지인의 영어 사용 빈도수	상	상	중	중	중	중
한국인에 대한 친화성	중	중	상	상	최상	상
면학 분위기	중	하	상	최상	중	상
선생님의 퀄리티	최상	상	하	상	중	중
커리큘럼의 퀄리티	중	상	중	최상	중	중
학교 시설	하	최상	중	상	중	상
물가	최상	최상	중	하	하	하
주말 Activity	중	최상	중	중	최상	중
항공편의 편리성	최상	상	중	하	중	중
도시 내의 교통	하	하	상	중	최상	상
유흥 시설	최상	최상	중	하	하	하

01 마닐라

01 지역 특징

마닐라는 필리핀의 수도이기 때문에 어학연수지로서 우리나라 사람들이 가장 선호하는 지역이며, 많이 찾는 곳이기도 하다.

대한항공, 아시아나, 세부 퍼시픽, 필리핀 항공 등의 직항 비행기를 비롯하여, 홍콩을 경유하는 케세이 퍼시픽, 일본을 경유하는 일본 항공, 타이페이를 경유하는 에바 항공 등 많은 비행기가 마닐라로 취항한다. 특히 연계연수 항공권을 이용하여 서구권국가로 연계연수를 떠나는 사람들이 짧게 들려가기에 편한 곳이 마닐라이다.

어학연수 학원들이 마닐라에는 헤아릴 수도 없이 많아 선택의 폭이 매우 넓고, 역사가 깊은 곳들이 많아 학원 시스템이 비교적 안정적이고, 체계적이다.

필리핀의 수도이므로 명문대도 몰려 있고, 이곳을 졸업한 학생들은 랭귀지 스쿨 강사로 흡수되어 선생님들의 수준이 높고 커리큘럼도 우수하다.

즉, 평일에는 우수한 선생님들과 정규수업을 하고, 주말에 명문대학인 UP, 아테네오, 라살레 등을 방문하여 현지 대학생들과 이야기를 나눌 수 있는 것도 좋은 요소이다. 그러나 우리가 생각하는 것만큼 대학생들의 영어구사능력이 그리 높은 수준은 아니어서, 필자의 경험상 가끔 만나면 그 나라 사람들의 사고방식과 문화를 경험하는 정도로 만족해야 할 것이다. 마닐라에는 각종 유적지, 박물관, 공원 등 가볼 만한 곳이 타 지역에 비해 무수히 많아 어학연수 외에도 누릴 수 있는 것들이 많다. 다만 마닐라에 있는 어학원들은 새로 생기는 신생어학원을 제외하면 어학원시설들이 비교적 열악하고, 타 지역에 비해서 학생편의시설들이 잘 되어 있지 않아 쾌적한 환경을 기대하기는 힘들다.

> **TIP**
>
> **장점**
> 1. 필리핀의 수도로서 누릴 수 있는 장점이 많다.
> 2. 일류대학 출신으로 강사진들의 수준이 높다.
> 3. 유명한 대학교들이 많아 유학까지 생각하는 사람에게 다양한 기회가 제공된다.
> 4. 한국에서 바로 가는 직항이 있으며, 직항지역 중 항공료가 가장 저렴하다.
>
> **단점**
> 1. 대도시의 교통체증과 많은 인구는 번잡하다.
> 2. 평균적으로 어학원들의 시설이 열악하다.
> 3. 인심이 각박하다.

〈어학원의 규정들 (학원마다 다르니 미리 확인할 것)〉
1. 통금시간(평일 밤 12시, 주말 밤 2시)
2. 이성의 기숙사 출입금지
3. 지각, 결석시 벌금(or 벌점 부여)
4. 무단외박금지
5. 학원 내 주류는 반입금지다.
6. 외부인은 기숙사방의 출입 제한(학원 외부나 로비 등에서 만남가능)
7. 고성방가, 시비 등 싸움을 했을 경우 경고 없이 퇴교
8. 화재의 원인이 되는 모든 용품의 사용이 규제된다.
9. 공휴일로 인하여 빠진 수업에 대해서는 환불되지 않는다.
10. 흡연은 지정된 장소에서만 가능하다.

〈마닐라 지역별 연수비용〉

구분	퀘존 시티	마카티 or 올티가스
학비	70–80만 원	80–100만 원
1인실	70–85만 원	85–100만 원
2인실	60–70만 원	70– 80만 원
3인실	55–65만 원	65– 70만 원
4인실	50–60만 원	60– 70만 원

> **TIP**
>
> 마닐라는 영어공부를 하기에 좋은 도시이기도 하지만 수도이다 보니 쇼핑 및 밤 유흥문화까지도 발달이 잘 되어 있다. 본인의 최초 목적과 맞지 않는 행동은 자제하도록 하자!!
>
> 1. 마닐라는 영어발음이나 어학원의 커리큘럼, 전반적인 퀄리티 등을 고려하는 사람들에게 적합하다.
> 2. 마닐라 시내를 다닐 때는 어깨에 매는 배낭식 가방보다는 대각선으로 매는 크로스백을 매고 다니도록 하고 본인의 소지품 관리에 주의한다.
> 3. 금, 목걸이 팔찌, 시계 등 값비싼 물품은 애초 한국에서 가져가지 않는다.
> 4. 마닐라에서 오랜 전통을 가지고 있는 어학원들은 퀘존 시티에 많고, 시설 좋고 깨끗한 어학원들은 부자 동네인 마카티나 올티가스 지역에 많다.
> 5. 어학원 규정을 꼭 지키도록 한다!! 사소한 어학원 규정을 하나라도 어기게 되면 자신의 체계가 무너지기 십상이다!!

02 추천 어학원

01 CNN

- **학원주소** : 4Th Floor Claretian Communication Bldg, #8 Mayumi St UP Village Diliman Quezon City
- **홈페이지** : www.cnn-speakers.com
- **규모** : 약 130명
- **특징** : 마닐라에 있는 전통있는 어학원으로서 강사진이 특히 우수하다.
  외부 기숙사를 사용하고 있기 때문에 학원에서 운영되는 무료 셔틀버스로 통학을 해야하며,
  Junior 및 성인 모두 등록이 가능하다.
- **장점**
  - 강사진이 우수하다
  - 오래된 전통
  - 커리큘럼이 다양하다 (아이엘츠, 비즈니스, 토익, 토플, 스파르타프로그램등)
  - 영어 기숙사가 구비되어 있다.
- **단점**
  - 외부 기숙사라 통학이 다소 불편할 수 있다.
  - 시설이 비교적 평범하다
- **학원비** : 71만원 / 월
- **숙박비** : 1인실 75만원 / 2인실 68만원 / 3인실 65만원 / 월

02 필에이스

- **학원주소** : 039 Barangay Zambal, Tagaytay, Philippines
- **홈페이지** : www.phil-ace.com
- **규모** : 약 130명
- **특징** : 마닐라에서 차량으로 1시간 정도 떨어진 곳에 위치해 있는 이곳은 마닐라 사람들이 즐겨찾는 주말 여행지이다. 바기오 다음으로 선선한 지역이며, 지역적으로 마닐라에 비해서 한가로운 느낌이다. 따가이따이에는 연수할 수 있는 연수기관이 거의 필에이스가 유일하다.
- **장점**
  - 날씨가 마닐라, 세부에 비해서 선선한 편이다.
  - 3천평 규모로 학원 부지가 매우 넓어서 가족 연수에도 적합하다.
  - 스파르타형 프로그램, 일반형 프로그램이 모두 공존한다.
  - 캠퍼스가 2개라 일반 학생들과 가족 단위 연수생들과 분리가 되어 편하다.
  - 부대시설이 잘 되어있다.(수영장, 골프 연습장, 농구장, 배드민턴장, 족구장, 산책길, 헬스장 등)
- **단점**
  - 비교할 수 있는 학원들이 주변에 거의 없어서 경쟁력이 다소 떨어질 수 있다.
  - 전통이 깊지는 않다.
  - 대도시에 비해서 우수강사가 많지않다.
  - 도시 외곽 지역이라 문화생활의 폭이 넓지 않다.
- **학원비** : 73만원 / 월
- **숙박비** : 1인실 75만원 / 2인실 60만원 / 3인실 55만원 / 4인실 50만원 / 월

03 MLI 마닐라 센터

- **학원주소** : #23 Panay Ave. Quezon City, Philippines
- **홈페이지** : www.mlischool.com
- **규모** : 약 120명
- **특징** : 마닐라에 있는 전통있고 오래된 어학원으로서 커리큘럼이 우수하고, 타이트한 전문 스파르타식 어학원이다.
- **장점**
  - 지리적으로 좋은 위치에 있다.
  - 강사진이 우수하다.
  - 모든 학생이 예외없이 스파르타 형식의 수업을 받게 된다.
  - 내부 기숙사, 외부 기숙사를 모두 보유하고 있다(1~4인실 모두 구비).
  - 팔라완에도 센터가 있어서 멀티 등록이 가능하다.
- **단점**
  - 중심 지역에 위치해 있어서 학원 주변이 매우 번화하다.
  - 시설이 다소 낙후되어 있다.
  - 식사에 대한 만족도가 낮다.
- **학원비** : 70만원 / 월
- **숙박비** : 1인실 75만원 / 2인실 60만원 / 3인실 55만원 / 4인실 50만원 / 월

04 APC

- **학원주소** : 960 Aurora Blvd, Quezon city, Philippines
- **홈페이지** : http://www.apcedu.com/
- **규모** : 약 70명
- **특징** : SM 과 IBM 필리핀이 설립한 대학부속 어학원으로서 관리형 조기 유학 프로그램이 잘 발달되어 있는 편이다.
- **장점**
  - 마닐라에 많지않은 대학부설 유형 중 하나이다.
  - 일부 국내 대학교에서 학점 인정 가능
  - 일정수준의 레벨이 되었을 때 대학교 내에서 청강 수업이 가능하다.
  - 조기유학 프로그램 신청이 가능하다.
- **단점**
  - 타 대학부설과 달리 캠퍼스가 없다.
  - 성인들을 대상으로 한 프로그램 종류가 다양하지 않다.
  - 학원 인지도가 높지 않다.
  - 기숙사 1인실이 없다.
- **학원비** : 78만원 / 월
- **숙박비** : 2인실 60만원 / 2인실 50만원 / 3인실 45만원 / 월

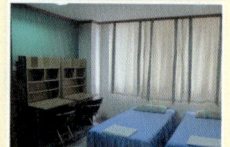

03 마닐라의 이모저모

❶ 공항

마닐라에는 세 개의 공항이 있다. 필리핀 항공 전용 국제 & 국내 공항(신공항), 필리핀 항공을 제외한 모든 타 항공사들의 국제 공항(구공항), 필리핀 항공을 제외한 타 항공사들의 국내 공항이다.

처음 필리핀에 왔을 때는 아시아나를 이용했기 때문에 구공항을 이용했는데, 말 그대로 구공항이기 때문에 우리나라 고속버스 터미널 같이 좁고 지저분했다.

필리핀으로 출발하기 전에는 혹시 국제미아가 되는 건 아닐까 하여 긴장을 하며 공항지도를 보고 또 보고 공항 이동코스의 설명을 들었다.

그러나 막상 도착을 하고 보니 유학원에서 왜 그렇게 성의를 보이지 않고 대충 설명을 해줬는지 바로 이해가 된다. 워낙에 공항이 작아 길을 잃어버릴 일이 없었던 것이다.

그냥 비행기에서 내려 사람들을 따라가면 입국수속이 다 끝나고 공항을 빠져나오자마자 픽업나온 사람의 차를 타고 마닐라 퀘존 시티로 향했다. 공항에서 퀘존 시티까지는 약 30~40분이 걸리는데 이동하는 동안 계속 창밖을 정신없이 관찰했다.

❷ 퀘존까지 가는 길

열대지방의 필리핀 날씨는 많이 더울 거라는 것쯤은 알고 왔기 때문에 전혀 신기할 것이 없었지만, 제일 먼저 눈에 확 들어오는 것이 이 나라의 대중교통이었다.

일단 오토바이에 두 사람 정도 탈 수 있는 좌석을 만들어 오토바이에 연결시켜 놓은 '트라이시클'이라는 것이 눈에 들어왔는데, 우리나라 마을버스와 같은 역할을 하는데, 소음이 꽤 심해서 동네소음의 주범이라고 한다.

두 번째로 눈에 들어온 것은 "지프니"였다. 우리나라 군대에서 볼 수 있는 군인 아저씨들이 가끔 타는 서로 마주보고 일렬로 앉아있는 지프차와 비슷하다. 다만 지프니 주인들의 개성에 따라 매우 다양하게 꾸며져 있는 것이 색다르다. 이 지프니는 우리나라 버스처럼 city와 city를 연결하는데, 우리나라처럼 정거장이 정해져 있지 않다. 아무곳에서나 "빠라뽀~(세워주세요)"를 외치면 태워준다. 물론 필리핀에도 우리나라 버스처럼 버스, 고속버스도 운행된다. 그러나 멀리 갈 때만 이용하고 보통은 트라이시클, 지프니, 택시, FX(합승전용택시)를 이용한다. 넋을 놓고 여기저기 훑어보니 어느새 퀘존에 도착을 했다. 퀘존까지 올 때는 정말 후진국같이 차도 많고, 사람도 많고, 아주 시끄러웠는데, 퀘존시티에 도착하니 좀 사람사는 곳 같다. 숙소에 짐을 풀자마자 바로 여기저기 동네구경을 했다.

❸ 동네구경

여기저기를 기웃거리는 나를 보며 필리핀 사람들은 "안녕하세요. 이쁘다."라고 한다. 정말 한국 사람을 좋아하는 것 같다. 한국에서는 듣기 어려운 '이쁘다'는 말을 10분 사이에 3~4번을 듣고 보니 필리핀이라는 나라에 참 잘 온 것 같은 생각이다.

오늘은 동네를 둘러보고 한국식품점, 대형 슈퍼마켓을 구경했을 뿐인데 공항에서 퀘존까지 오는 길에서 본 것들과 마찬가지일 것이라니 대충 마닐라 분위기가 짐작된다.

나중에 연수를 하면서도 틈틈이 마닐라 도시 구석구석을 꼼꼼히 방문해 봤지만, 우리나라보다도 더 현란하고 번화하고 가볼 곳이 끝이 없는 곳이다. 그리고 어디를 가나 정말 따뜻한 환대를 받아서 기분좋게 여행을 할 수 있었다.

❹ 마닐라 사람들의 성향

마닐라 사람들은 거짓말을 자주하는 편이고, 바가지요금이 매우 많아 필리핀 사람들과 친구 정도하는 건 좋지만, 가까이 하는 것은 잘 보고 사귀어야 하며, 항상 조심하도록 한다.
마닐라 어학원에 있는 선생님들은 콧대도 꽤 센 편이다. 일반적으로 UP, 아테네오, 라살대학의 졸업생들이 많기 때문에 지성도 다 갖추어져 있는 편이다.(우리나라에서는 대학을 나왔다고 해도 크게 대단하다고 볼 순 없지만, 필리핀에서 대학을 나왔다고 하면, 일반 필리핀 서민들보다는 훨씬 상류층 삶을 사는 사람들이다.)
한국 학생들이 필리핀 선생님과 친해지기 위해 외식을 할 때 한국학생들은 당연한 것처럼 비용을 다 내고 택시비까지 주는 경우가 많다.
가끔 주말에 놀러갈 때도 한국 학생들끼리는 4~5천 페소(12~15만 원)를 걷어서 여행경비를 한다. 그러나 필리핀 선생님은 1페소도 내지 않게 하고 필리핀 선생님은 그걸 또 당연하게 받아들인다.
"선생님, 콜라 드세요."
"겨우 콜라??"

> **여기서 잠깐 부탁한 말씀!**
>
> "연수비가 충분하지 않은 이 다음 한국 유학생들을 위해서라도 놀러갈 땐 더치페이를 꼭 하고, 정도껏 사고 무조건 퍼주기보다는 합리적으로 행동하자!"
>
> 한국에서는 정말 고마웠던 은사님들께도 이렇게까지 안 하면서 필리핀에만 가면 선생님들에게 왜 그렇게 돈을 많이 쓰는지 가끔 너무 안타깝다.

❺ 마닐라의 운치있는 곳들

마닐라에는 가볼 곳이 참 많다. 만약 마닐라를 한눈에 보고 싶다면 "안티폴로"를 추천한다. 퀘존 시티에서 cubao까지 간 후 거기에서 안티폴로까지 가는 지프니를 탄다. 약 40분 정도 가면 마닐라를 내려다보기 좋은 가파른 언덕이 있고, 레스토랑들이 많이 있을 것이다. 가장 좋아 보이는 곳으로 들어가면 꽤 분위기 있는 곳도 많고 음식 맛도 일품인 곳들이 많다.
"경치는 기본으로 따라온다는 거~."
이런 경치를 보며 식사하는 것을 즐긴다면 '마닐라 베이'도 한 번쯤 가보면 좋다.
바닷가가 깨끗해서 추천하는 것이 절대로 아니고(오히려 많이 더럽다. 우리나라 한강 분위기^^;), 그곳에 길게 늘어져 있는 작은 Bar에서 맥주 한 잔을 하며, 야경을 바라보면 꽤 운치가 있기 때문이다.(지금은 Bar가 없어져서 근처 레스토랑을 이용한다.)
경치하면 또 떠오르는 바닷가로 '빅토리아 라이너'가 있다.
버스를 타고 '바탕가스'에 내리면 여러 개의 섬으로 갈 수 있는 다양한 종류의 배가 있고, 그 중 섬 하나를 선택했다면 바탕가스에서 약 1시간을 배로 다시 이동해야 한다.
선택한 섬에 도착을 하면 투명한 바닷가에 한 번 놀라게 되고, 조용하고 작은 섬에 또 한 번 놀랄 것이다. 우리나라 해운대처럼 각종 상점들이 즐비하고 사람들로 넘쳐나는 광경을 상상하지 말라. 민도로는 적막할 정도로 조용한 해안선을 따라 늘어져 있는 작은 Bar들과 음식점들이 전부이고, 여행객들이 많지 않아 상점들이 많아도 굉장히 조용한 편이다. 민도로 외에 '코코비치', '화이트비치'도 가볼 만하다.

❻ 마닐라에 있는 재미난 곳들
민도로처럼 조용히 휴식하는 곳이 아니라 좀더 특별한 체험을 하고 싶다면 '헌드레드 아일랜드'가 적합하다.
이곳에는 차를 렌트하여 여러 명이 함께 가면 좋다. 마닐라에서 차로 약 6시간 이상이 소요되는 곳으로, 섬으로 들어가기 전 부두에서 이것저것 먹을 것을 준비하고, 텐트를 포함한 야영도구를 빌려 섬으로 떠난다.
이름처럼 여기는 아주 작은 100개의 섬으로 이루어져 있고, 100개 중 한 개의 섬을 통재로 빌려 1박을 하는 것이다.
섬 끝과 끝이, 뛰어가면 10분도 채 안 걸리는 작은 섬이라 같이 온 일행들만의 공간이 되는 것이다. 1박하지 않고 당일로 다녀올 수 있는 교외로 나가고 싶으면 카비떼에 있는 '따가이 따이'나 라구나에 있는 '팍상한'을 추천한다.

❼ 팍상한 여행
"야! 일어나! 벌써 새벽 5시야!"
새벽부터 부랴부랴 미리 빌려놓은 렌트카를 타고 8명이 팍상한으로 출발했다. 먼저 동네 슈퍼에 들러 오며가며 먹을 간식거리를 준비했다. 우리 8명 모두 국제면허증이 없어서 아는 필리핀 친구 한 명을 소개받아 운전을 맡겼다.
도착한 팍상한에는 호객행위하는 사람들이 거의 봉고차 전체에 매달릴 정도로 많았다. 헌데 운전한 그 친구는 한 호객꾼과 바로 1인당 1천 500페소(약 3만 9천 원)에 별다른 흥정도 없이 가이드 낙찰을 보았다. 거기에 무엇 무엇이 포함이 되는 건지 제대로 확인도 받지 않고, 무조건 1천 500페소에 낙찰을 보았다.
나중에 가족들과 팍상한에 다시 갔을 때는 내가 흥정을 했는데, 1인당 300페소(약 8천 원)이었다(원래는 이 가격에 보트이용료+구명조끼+폭포를 지나는 맨 마지막 코스인 폭포 이동시켜주는 비용까지 포함). 그런데 그날은 처음에는 포함한다고 했다가 마지막코스 폭포 이동비용이 포함되지 않았다고 막무가내 돈을 요구했다. 그러므로 처음에 최대한 깎고 확실하게 흥정해야 한다.ㅋ)
팍상한은 이렇게 사람마다 엄청난 차이가 난다. 그래서 필리핀사람이 부른 금액의 5/1의 돈을 지불하면 바가지를 조금 덜 쓸 것이다. 대충대충 필리핀 사람들의 말을 믿고 11,000원에서 1,000원을 깎았다면 팍상한에서 기분 "팍" 상해서 돌아올 것이다.
아무튼 잘 흥정을 해서 배를 거꾸로 타고 올라가면 돌이 많을 때는 뱃사공이 배를 들어 옮기고, 최상류에 도착하면 약간 규모 있는 폭포가 있는데 뗏목을 타고 통과한다. 폭포수가 그대로 떨어져 조금 아프긴 하지만, 정말 시원하고 짜릿한 추억이 될 것이다.
재미있는 추억을 만들고 마닐라로 돌아가는 길에 잠시 카비떼에 들러 '따가이 따이'로 가면 1석 2조이다. 물론 하루에 이 두 곳을 모두 가기에는 일정이 아주 빡빡하다. 좀 여유 있게 구경을 하고 싶으면 따가이 따이는 다음에 다시 찾는다. 엄청나게 큰 기대는 하지 말 것이며, '따가이 따이'를 찾을 때는 반드시 날씨가 화창한 날을 고르도록 한다. 그래야 화산 섬과 따알 호수를 선명하게 볼 수 있다.

❽ 가볼 만한 곳
이제 이렇게 즐기는 곳보다는 좀 뜻깊은 역사적 명소를 찾고 싶다면 '인트라무로스'를 선택하라. 여기는 리잘 공원을 먼저 들러 사진촬영을 하고, 그 앞에서 마차를 타고 인트라무

로스를 한 바퀴 돌아보고, 필리핀에서 가장 오래된 산 어거스틴성당까지 보면 거의 볼만한 것은 다 둘러보았다. 마지막으로 수공예품과 각종 생활용품을 파는 상점에 가서 쇼핑을 한다.

여기서의 쇼핑이 충분하지 않다면 필리핀에서 가장 유명한 SM백화점, 로빈슨, 아얄라에서 알뜰쇼핑을 해도 좋다. 처음 이 백화점에 가면 한국에서 상상했던 것보다 화려하고 상품들이 괜찮아서 충동구매를 할 수도 있다. 꼭 필요한 물건인지 생각해본 후 구매를 하자.

자~, 쇼핑이 다 끝났다면 마닐라에서 가장 유명한 레메디오스 서클, 마카티, 아얄라센터, 포트, 띠목, 토마스모라토거리, 올티가스 등의 번화가에서 분위기 있는 레스토랑을 찾아 맛있는 음식에 산미구엘 맥주를 한잔 마시는 것도 좋을 것 같다.

04 마닐라의 여행지(가볼 만한 곳들)

❶ SM백화점(SM north Department)

우리나라 롯데백화점처럼 필리핀에는 SM이라는 백화점이 매우 유명하고 많다. 소문에 의하면 중국인 소유라는 말이 있다. 여기 우스갯소리로 필리핀사람은 죽어라 일만하고, 한국사람은 죽어라 돈만 쓰고, 중국사람은 죽어라 돈을 벌어들인다는 말이 있다. 그래서 한국사람의 결론은!! 쇼핑중독은 금물~!^^)

❷ 아얄라 쇼핑몰

필리핀에는 SM백화점이 가장 유명하지만, 쇼핑몰의 종류는 다양한 편이다.

❸ 인트라무로스(Intramuros)

인트라무로스는 오랜 스페인의 식민지배로 인한 스페인 유적지와 성당들을 볼 수 있는 곳이다. 크게 흥미로운 곳은 아니지만, 필리핀 사람들에게는 매우 역사 깊은 곳이고, 한 번쯤은 좋은 곳이다.

④ 마카티(Makati)

항상 퀘존시티에만 있다가 마카티에 가보면 "아~, 이런 곳도 필리핀에 있구나~." 하고 놀랄만큼, 경제발전의 중심지로 높은 건물들이 아주 많다. 물가도 한국과 비슷해서 "마카티에서 살면 돈 좀 들겠군.." 하는 생각이 든다.ㅋ 그래서 필자처럼 생활은 퀘존하고, 가끔 외식할 때만 마카티로 나오는 것도 좋을 것 같다. "아껴야 잘 살죠!!" ㅋ

⑤ 이스트우드(EASTWOOD)

인공적으로 만들어진 거리로 매우 청결하고 거리가 잘 정돈되어 있으며, 젊은이들과 외국인들이 많고, 우리나라 대학로처럼 공연과 유명한 클럽도 몇 곳 있다. 퀘존시티에 있다가 마카티에 갔을 때 꽤 놀랐는데, 이스트우드도 그에 뒤지지 않는다. 선진국에 온 듯 착각할 만큼 고급스러운 분위기. 데이트 장소로 안성맞춤이다.^^ㅋ

⑥ 마닐라베이(MANILA BAY)

처음에 마닐라베이에 도착했을 때는 환한 대낮이라 바닷가를 보고 적지 않게 실망을 했었다. "윽.. 뭐야.. 한강보다 더럽자나??ㄱ!..." 하지만 밤이 되자, 왜 마닐라베이에 오는지 알 수 있었다~. 베이를 끼고 길게 늘어져 있는 작은 Bar에 앉아 저렴하고 맛있는 바베큐에 맥주한잔, 야경을 지켜보며 여유있는 시간을 즐길 수 있다.^^

❼ 화이트 비치(WHITE BEACH)
1박2일로 가기 알맞은 조용하고 깨끗한 비치이다.

❽ 라이브카페
마닐라에서는 가수보다 노래를 더 잘하는 라이브카페를 쉽게 찾을 수 있다. 노래를 좋아한다면 무대로 뛰어올라가 추억을 만들어보는 것도 좋을 것이다.

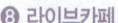

❾ 팍상한폭포
마그다피오 강을 거꾸로 타고 올라가는 관광지로 꽤 알려져 있는 곳이다. 물이 깊은 곳은 노를 저어서 가고, 물이 얕고 돌이 많으면 남자 두 명이 앞과 뒤에서 배를 들고 가는 점이 포인트! 하지만 배를 드는 시점에서는 무리한 팁을 요구하는 경우가 많다. 팍상한은 특히 여러 가지로 바가지가 심하니 돈을 한꺼번에 지불하지 말고, 그때그때 부분별로 지불하는 것이 낫다.

❿ 안티폴로
우리나라 남산타워처럼 마닐라 시내를 한눈에 볼 수 있는 곳으로, 분위기 있는 레스토랑도 많고 경치도 좋아서 마닐라에서 연수를 하는 동안 주말에 가끔씩 놀러가기 좋다.

⑪ 따가이따이

필리핀의 역사적인 도시 카비테에 위치하고 있는 따가이따이는 해발 2,500피트의 고산에 있으며, 커플들과 가족단위 여행객들이 즐겨 찾는 곳이다.
따가이따이에는 여러 종류의 열대과일과 유기농재배의 채소들을 저렴한 가격으로 구입할 수도 있다. 또한 날씨가 화창할 때를 골라서 이곳을 찾아와야 따알호수와 화산의 장엄한 전경을 따기아따이 정상에서 즐길 수가 있다.

⑫ 바탕가스

쿠바오 고속버스터미널에서 바탕가스라고 적혀진 버스를 타고 바탕가스 터미널에서 내리면 된다. 버스에서 내린 후 배를 타고 민도로 같은 섬으로 가거나 그냥 바탕가스에 짐을 풀어도 된다. 바탕가스에 내려서 많은 호객꾼들과 잡상인들을 지나 지프니를 타고 30분 1시간을 가면 아주 조용하고 깨끗한 진정한 바탕가스가 나오게 된다. 마치 한국의 시골 같은 분위기이다.

⑬ UP대학

필리핀최고의 대학이니 한번쯤 방문해보면 좋을 것 같다.
UP캠퍼스 내에 교회도 있으니 주말마다 다니게 되면 현지인들과 친분도 쌓고, 다양한 문화경험도 할 수 있다. 우리나라와는 사뭇 다른 교회분위기를 느껴보자.

05 관광 숙박시설

소고호텔 (Hotel Sogo Drive-in)
2880 FB Horrison St,Brgy 075
EDSA Pasay City
T. 02-834-7646 / 02-834-7446

렘브렌트 호텔(Hotel Rembrant)
26 Tomas Morato
Ave,cor,SCt,Bayoran St,Q.C
T. 02-373-3333 / 02-372-0415

마닐라 페닌슐라 호텔
(The Peninsula manila)
Corayala & Makati Ave,Makati City
T. 02-812-3456 / 02-815-4825

유로텔(Eurotel)
Lot 7B Alabang Zapote Rd,Almazan,
Las Pinas City
T. 02-806-7646 / 02-800-3876

마닐라 마카티 샹그릴라
(Makati Shangrila-Manila)
T. 02-813-8888 / 02-813-5043

트라이 플래이스 호텔
(Tri-place Hotel and Apartelle)
2 Alabama St. E,Rd,Brgy Kristong Hari Q.C
T. 02-4100-525 / 02-721-67513

리치몬드 호텔(The Richmonde Hotel)
21 San Miguel Ave,cor,Lourdes
St,Pasig City
T. 02-638-7777 / 02-638-8567

로얄 벨라고 호텔(Royal Bellago Hotel)
5010 P.Burgos St,Poblacion Makati City
T. 02-899-5555

비베레 스위트(Vivere Suites)
51028 Bridgeway Ave,Alabang,
Muntinlupa City
T. 02-771-7777 / 02-771-0158

마카티 시티 가든 호텔
(City Garden Hotel Makati)
7870 DurbanSt,Cor,Makati City
T. 02-899-1111 / 02-899-1415

마닐라 공항호텔
(Manila Airport Hotel 128 inc)
999 Pa Drive Airline vill Paranaque City
T.02-854-7549 / 02-854-7549

마닐라 트레이더스 호텔
(Traders Hotel Manila)
2001 roxas Blvd, Pasay City
T.02-523-7011 / 02-527-9156

02 세부

01 지역특징

세부는 관광지역으로 필리핀 내에서 유명한 곳이고, 어학연수지역으로도 인기가 만점인 곳이다. 세부에서 어학연수를 해본 사람들이 주변사람들에게 추천을 많이 하고, 또한 해외에 갈 기회가 생기면 즐겨 찾는 곳이어서 한국사람들이 아주 많다. 세부 섬 자체가 크지 않기 때문에 어학연수원이나, 각종 상점들, 레스토랑들이 모두 모여 있어 주말에 시내로 나가면 같은 학원 class-mate들과 쉽게 만날 수 있다. 언젠가 술 좋아하는 친구가 술 마시러 가자고 하는데, 이 친구는 술을 한번 마시기 시작하면 잘 일어날 줄을 모르기 때문에 공부 핑계를 대고 같이 가지 않았다. 그러나 주말인데 막상 공부도 되지 않아서 룸메이트와 가볍게 맥주 한잔하러 펍에 들렀다가 그 친구를 만나 당황했던 기억이 있다.

> **TIP**
>
> **장점**
> 1. 다양한 엑티비티가 가능 (다이빙, 골프, 스노우쿨링, 승마 등)
> 2. 평균적으로 고급스런 어학원들의 시설
> 3. 활기찬 도시 분위기
>
> **단점**
> 1. 발달된 유흥문화
> 2. 어학원 밀집현상으로 인한 높은 한국인 비율

인터넷에 보면 '세부는 유흥이 발달된 지역이라 학업을 소홀히 하게 될 수 있다' 라고 되어 있는 것을 볼 수 있다. 그러나 실제로는 마닐라가 한층 더 발달되었다고 할 수 있지만 세부 자체가 마닐라에 비해 월등히 작기 때문에 한 곳에 몰려있어 많아 보이는 것이다.

그래서 이런 유흥문화만 조금 멀리한다면 세부는 최적의 어학연수지역이 될 수 있다. 시설도 타 지역의 연수원들보다 뛰어난 곳이 많고, 세부에 있는 학원들은 몰려있어 경쟁이 치열하고 어학원 발전속도가 타 지역보다 빠르다. 여러 면에서 학생들의 만족도가 높은 편이다.

> **TIP**
>
> - 세부지역에서 어학원을 고를 때는 너무 시설에만 focus를 맞추게 되면 아직 체계도 잡히지 않은 신생어학원으로 가게 되거나, 더 중요한 다른 것들을 놓칠 수도 있다.
> - 카지노 및 기타 유흥시설들은 처음부터 멀리하는 게 좋다
> - 세부는 '세부 섬'과 '막탄 섬' 두 개의 섬으로 이루어져 있고, 두 섬은 다리로 연결되어 있다. 공항은 막탄 섬에 있고, 어학원들은 보통 세부 본섬에 있다. 막탄 섬에 있는 어학원학생들은 세부 본섬까지 택시로 약 20~30분을 가야 한다.
> - 관광지역이기 때문에 외국인들을 상대로 한 바가지요금이 많다. 사전에 어학원 선배나 학원선생님을 통해 요금을 알아두면 편리하다.

02 추천 어학원

01 필인터

- **학원주소** : Mustang, ceniza street pusok, Lapu Lapu City Cebu 6015 Philippines
- **홈페이지** : http://www.philinter.com/
- **규모** : 약 200명
- **특징** : 세부 공항이 있는 막탄 지역에 위치하고 있으며 필리핀에서 가장 국적 비율이 좋은 유일한 학원이다. 세부에서 몇 안되는 전통있는 어학원이며 시설과 커리큘럼 모두가 우수하다.
- **장점**
  - 국적 비율이 좋다 (한국인 쿼터제 30%시행)
  - 리조트형 어학원으로서 시설이 우수하다.
  - 토요일에도 수업이 있다.
  - 비교적 조용한 막탄에 위치해 있어서 학원 주변 환경이 좋다.
  - 바닷가 및 리조트가 매우 가깝다.
  - Junior 코스가 있다.
  - 오래된 전통
- **단점**
  - 스파르타식 프로그램이 없다.
  - 학비가 다소 비싸다.
  - 막탄섬에 위치하고 있어 세부 본섬까지 이동이 불편할 수 있다.
- **학원비** : 94만원 / 월
- **숙박비** : 1인실 98만원 / 2인실 62만원 / 3인실 50만원 / 월

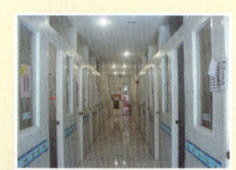

02 라이프세부

- **학원주소** : 4th floor, Tower 2, Winland Towers, Juana Osmenia ext., Cebu city, Philippines
- **홈페이지** : http://www.lifecebu.com/
- **규모** : 약 280명
- **특징** : 세부에서 가장 먼저 OPIC 코스를 도입한 곳으로서 스피킹 전문 어학원이다. 콘도 형태의 어학원이며, 세부 Up 타운에 위치해 있어서 주변 환경이 비교적 조용하다.
- **장점**
  - 스피킹 향상을 위한 프로그램이 잘 되어있다.
  - 스파르타형 프로그램, 일반형 프로그램이 모두 공존한다.
  - 학업 중인 학생들에게 특히 만족도가 높다.
  - 토익 / OPIC 등의 시험 대비반 과정이 잘 되어있다.
- **단점**
  - 일반형 프로그램을 듣는 학생들이 간혹 면학 분위기를 흐릴 때가 있다.
  - 라이프세부 학생들만 사용하는 건물이 아니라서 다소 불편할 수 있다.
  - 최신식 시설은 아니다.
- **학원비** : 77만원 /월
- **숙박비** : 1인실 78만원 / 2인실 63만원 / 3인실 54만원 / 4인실 47만원 / 5인실 47만원

03 CDU

- **학원주소** : 2/F Northgate Center, Gov. Cuenco Avenue Kasambagan Banilad Cebu city
- **홈페이지** : http://www.cduesl.com/
- **규모** : 약 200명
- **특징** : 세부에서 의과대학으로 유명한 Cebu Doctor's University 부속 어학원으로서 교수들의 특별한 강의 CELO 프로그램을 제공하고 있으며 현지 대학생과 함께 할 수 있는 다양한 프로그램들을 제공하고 있다.
- **장점**
  - 세부에 많지 않은 대학부설 중 하나이다.
  - 일부 국내 대학교에서 학점 인정 가능
  - 기숙사 시설이 깔끔하다.
  - 독특한 프로그램들이 많다 (봉사활동 프로그램, CELO 프로그램, 코칭 프로그램 등)
  - 스파르타형 프로그램, 일반형 프로그램이 모두 공존한다.
- **단점**
  - 모든 학생들이 캠퍼스를 이용할 수 있는 것은 아니다.
  - 인지도나 만족도가 다른 메이저 학원에 비해 비교적 높지 않다.
- **학원비** : 65만원 / 월
- **숙박비** : 1인실 78만원 / 2인실 63만원 / 3인실 54만원 / 4인실 47만원 / 월

04 CPILS

- **학원주소** : Benedicto Bldg., M.J. Cuenco Avenue, Cebu City, Philippines
- **홈페이지** : http://www.cpils.com/
- **규모** : 약 400명
- **특징** : 세부에서 가장 오래된 연수기관으로서 축적된 노하우를 가지고 있는 어학원이다.
- **장점**
  - 가장 오래된 전통의 어학원
  - 국적 비율이 좋다.
  - 학원 시스템이 모든 면에서 체계적이다.
  - 스파르타형 프로그램, 일반형 프로그램이 모두 공존한다.
- **단점**
  - 번화가에 위치해 있어서 학원 주변이 번잡하다.
  - 시설이 다소 낙후되어 있다.
- **학원비** : 85만원 / 월
- **숙박비** : 1인실 79만원 / 2인실 63만원 / 3인실 58만원 / 4인실 52만원 / 5인실 45만원 / 월

03 세부의 이모저모

❶ 세부공항

세부에 도착을 하면 마닐라처럼 차도 많고 사람도 많지만 뭔가 다른 분위기가 느껴진다. 아무래도 관광지역으로 유명한 곳이다 보니 가방을 찾아 나가기도 전에 각종 호텔로고들을 들고 호객행위를 하는 필리핀사람도 많고 커플룩을 예쁘게 차려입은 신혼여행객도 많아 약간의 들뜬 분위기가 연출되는 듯하다. 하지만 이런 분위기가 싫지 않게 뭔가 모를 미지의 세계처럼 살며시 다가오는 것이 있다. 마지막으로 본인가방이 맞는지 짐텍 검사를 받고 마닐라에서처럼 공항직원들의 "한국사람 이쁘다"라는 말을 들으며 공항을 빠져나왔다. ㅋ; 공항을 나오니 워터프론트호텔이 가까이 보이면서 택시탑승을 권유하는 "택시호객행위자?"가 있었다. 우리나라에서는 달리는 택시를 세워서 타거나 서있는 택시에 알아서 탑승을 하면 되는데 필리핀에서는 종종 택시기사에게 손님을 데려다주고 일정수수료를 택시기사나 손님에게 받는 경우가 있다. 아무튼 나는 짐이 너무나 많고 지쳐있는 상태에서 정신없이 택시기사에서 손님을 데려다 주고 있는 사람들 중 가장 착해 보이는 사람에게 세부 city까지 얼마냐고 이 세상에서 내가 가장 잘하는 "합의보기"를 시작하였다. 이에 얼핏 봐도 16살 정도밖에는 보이지 않는 소년이 "500페소 (1만3천 원 정도)라고 했고, 나는 200페소(5천 원 정도) 아니면 됐다고 뒤돌아서 가는 척했다. 16살의 인생의 노련미가 묻어나 있는 소년이 세계 제일의 알뜰쟁이 나에게 졌다는 표정을 지으며 내 짐을 들고 부지런히 택시기사가 있는 곳으로 갔다. 나는 택시를 타기 전에 "난 200페소밖에 없고 분명히 택시값은 200페소라고 했으니 딴소리 하지 말라" 하고 엄포를 놓았고 여러 번 약속을 받은 후 부드럽게 택시는 출발을 하였다.

> **여기서 잠깐!!**
> 필자처럼 필리핀방문 경험이 많고 합의를 잘 보는 스타일이 아니라면 그냥 미터기를 켜고 가는 게 좋다.

❷ 세부 본섬

막탄공항에서 막탄과 세부 본섬을 연결하는 다리를 건너 약 20~30분을 달리니 세부 본섬에 있는 번화가가 나타났고, 내 목적지인 cross road에 도착하게 되어 200페소를 지불하고 하차했다. "미경~, 여기야 여기!!" 미리 길 한켠에서 기다리던 친구를 만나 친구 집에 짐을 가져다 놓고 바로 저녁을 먹으러 시내로 나왔다. 마닐라처럼 넓은 지역에 걸쳐 많은 레스토랑과 수많은 갈 곳들이 넘쳐나는 건 아니지만, 세부에는 갈만한 곳들이 모두 한 곳에 모여 있어 활발하고 생동감 넘치는 거리 분위기를 느낄 수 있다. 게다가 분위기 좋고 유흥문화도 잘 발달되어 있으므로 지나치게 휩쓸리지 않도록 한다.
우리는 번화한 시내를 두어 바퀴 돌아서 음식점으로 들어갔고, 먼저 자리를 잡고 카운터 옆에 뷔페처럼 주욱 진열되어 있는 날 재료들을 쟁반에 담아 카운터에 가져가 계산서를 주고 그 음식재료들은 주방으로 보내어졌다. 우리는 준비된 아이스티를 마시며 친구와 이야기를 나누는 도중에 완성된 음식들이 하나씩 배달되었다. 정말 딱 우리가 고른 재료들만 요리되어 서빙되었다. 4명이 배불리 맛있게 먹었는데 500페소(만3천 원 정도)가 나왔다. 계산을 마치고 여기저기를 둘러보고 내일의 스케줄을 위해 일찍 잠자리에 들었다.

❸ 말라파스꾸아 여행

아침 8시에 8명이 모여 봉고차를 타고 "말라파스꾸아"를 향해 떠났다. 원래 세부는 마닐라보다 바다가 가까워서 3시간 이상 가는 곳이 거의 없지만, 우리의 목적지는 세부 다운타운에서 차량으로만 3시간 이상 걸렸다.
"저기… 우리.. 오늘 중으로 갈 수는 있는 거져??"
원래는 3시간 거리지만 워낙 발달이 덜 된 관광지라서 찾아가는 길을 좀 헤맸더니 거의 4~5시간이 걸려 선착장에 도착을 했다. 내리자마자 "Where the hell is restroom?(= Where is restroom?)"을 외치며 화장실로 뛰어갔고, 그 사이에 일부는 음료수와 간식거리를 사고, 가지고 온 차는 믿을만한 곳에 주차를 잘 해둔 다음, 다 같이 배를 타고 말라파스꾸아 섬으로 약 30분 이상 이동했다.
햇빛이 너무 강해 비치타월로 얼굴과 몸을 다 가리기도 했다. 드디어 목적지에 도착을 했을 때 눈앞에 펼쳐지는 풍광들은, 아침부터 오후 2시가 넘도록 달려온 고생스러움을 날려주기에 충분했다.
물이 투명한 건 기본이고, 인적이 드문 섬이라 한국인은커녕 필리핀사람들도 드문드문 보였다. 인상 좋은 현지 필리피노 가이드가 섬 안쪽에서 모습을 보였고 가이드를 따라 숙소로 이동했다. 바닷가에서 걸어서 5분도 채 걸리지 않는 곳에 수영장을 둘러싸듯 아담하게 지어져 있는 팬션형식의 숙소로, 시설은 열악했지만 우리일행만 쓸 수 있는 비밀의 장소같은 그곳이 마음에 쏙 들었다.
우리는 두 명씩 한방에 들어가 짐을 풀고 수영복 위에 간단한 복장을 입고 다시 배를 타고 30분 가량을 달리다가 바다 한가운데에서 사다리를 내렸다.
"설마… 이 퍼런 바닷속을 사다리타고 내려가라는 건가?^^;;"
사다리가 바다 안에 내려지자마자 구명조끼를 던져주었다.
"이거 무슨 배경음악으로 베토벤의 '운명' 이라도 깔아줘야 하는 거 아니야?";;
너무도 한적한 바다 한가운데에서 썩 마음에 들진 않아도 여행와서 남들 다하는 거 안 하는 건 용납이 안 되므로, 제일 깨끗해보이는 구명조끼를 단단히 입고 바들바들 몸서리를 치는 연약한 사다리를 조심스럽게 내려가다가 '에라, 모르겠다' 바다에 몸을 던졌다.
구명조끼 덕에 바로 물위로 몸이 떠올랐고, 바다에 누워서 바닷속을 보니 정말 깊은 바다는 알록달록 생선?들과 예쁜 돌들… 식물들이 모두 한눈에 들어왔다.
너무 선명해서 두려움을 느끼기도 했지만, 5분 정도 지나자 바다 한가운데라는 사실도 잊을 정도로 신나게 헤엄을 치며 배 주변을 맴돌며 놀았다.
헌데 수영을 못하는 친구가 발버둥을 치길래, "엎드리듯 바다에 누웨!!"라며 다가가자 10년지기 그녀는 순식간에 내 머리를 바다에 깊숙이 잠수시키고 내 머리위에서 열심히 숨을 쉬는 것이 아닌가!!
'아… 필리핀까지 와서 믿었던 친구한테 이렇게 당하는 건가?? ㅠ'
거의 삶의 끈을 놓으려는 찰라 다른 한사람이 내 목숨을 구해주었다.
"야!! 정신차례!! 힘빼고 나 붙잡어!!"
"휴우.." 그 후 난 젖 먹던 힘을 다해 도망가 혼자놀기 시작했다.
"역시 난 혼자노는 게 젤루 재밌어. 푸훗.."
일행이 10명이었는데 그중 절반은 수영을 잘했고 나머지는 거의 울기 직전이었다.ㅋ
특히나 비까지 내리고 파도가 너무 강해서, 처음 호핑을 하고 수영도 못하는데다 물을 무서워했던 일행의 50%는 얼마나 힘이 들었을지..ㅋㅋ

그래도 수영을 조금 할 줄 안다는 사람들도, 수영 못하는 사람들의 무자비한 매달리기 폭격으로 힘이 쭉 빠진 상태라 다들 사다리를 타고 배에 다시 올라 해변으로 돌아왔다.
한적한 해변에서 미리 준비해온 밥과 치킨 바비큐에 김치, 소주를 꺼내놓고, 투명한 바닷가를 배경으로 한손으론 바비큐를, 다른 한손은 세부의 바다처럼 투명한 소주를 조개껍데기에 채워 거의 음미하듯이 마셨다.
"키야~~, 천국의 맛이로다~~. 내 주량의 두 배는 마실 수 있겠구나. 키야~~"
준비해온 음식들을 양껏 먹은 뒤, 주변사람들의 불편해보이는 시선은 아랑곳하지 않고 화보촬영을 하듯 각기 다른 포즈로 사진을 찍어댔다.
다행히 바비큐 냄새와 술 냄새까지 카메라에 잡히지 않아 나름 예쁜사진 몇 장은 건질 수 있었다. 푸훗
"자~~, 이제 배에 타시기를.... 느그들 노는 거 구경하는 것도 지쳤습니다~~~."
우리는 다시 30분 가량 배를 타고 처음에 배를 탔던 곳에 내렸다. 숙소에서 옷을 갈아입고 근처 레스토랑에다 신라면 10개를 주고 끓여달라 부탁했다.
"30분...경과....10분 더 경과..."
3분만 끓여도 충분한 라면 아니었나? 1시간을 푹푹 삶아야 하는 백숙을 주문한 것인가..,?
이거 이거 슬슬 불안함이 엄습하고 드디어 그릇에 담긴 라면이 나왔다.
새빨간 국물에 오동통한 면발!!! 젓가락으로 들어올릴 수 있는 최대한의 면발을 집어 올려 입속으로 빨아들이는 순간!! 이거 뭐야!...
아! 무! 맛! 도! 안! 났! 다! 커엑!!!
국물이 이렇게나 빨간데 이 어찌된 일인지...10명의 친구들과 긴급회의를 한 결과 필리피노들이 스프를 넣지 않았다는 결론이었다. 도대체 30분동안 주방에서 무슨 일이 있었는지가 매우 궁금했다. 어찌 되었건 그 맵다는 신라면도 아무맛이 안 날 수도 있다는 놀라운 사실을 필리핀에서 알았다.
그 다음 날 오토바이를 빌려서 말라파스꾸아섬을 한바퀴 돌면서 사진을 찍었다. 신나게 오토바이를 타고 섬 주민들의 환대를 받으며 섬을 질주하는 건 흥이 절로 났다.
"안녕~.", " 그래그래~~. HELLO~", "어, 그래 너도 너도!! 반갑다. 난 미경이야...어, 그래." 안녕을 50번 정도하면 섬 한바퀴를 돌았다.ㅋ 점심때쯤 배를 타고 섬을 빠져나왔다.

❹ 울랑공 여행
세부 시내에 들러 졸리비 패스트푸드점에서 2천 원짜리 치킨&라이스 세트메뉴를 먹고, 다시 세부와 가까운 섬인 울랑공으로 또 다시 배를 타고 들어갔다.
그곳에서 바다를 배경으로 라이브 음악과 함께 SEA FOOD를 먹었는데, 말라파스쿠아 해변에서의 맛과는 또 다른 멋과 맛이 있었다.
바다음식을 우아하게 모조리 먹어치우고 서울랜드 코끼리 열차같은 버스를 타고 시내 투어를 했다. 섬이 매우 작은 것 같은데 섬에 사는 주민들은 그 수가 꽤 많아 보였다.
"꼬레아~, 꼬레아~~."
매연방귀를 뀌는 버스 엉덩이 뒤를 섬마을 아이들이 계속 따라 다닌다.
"애기들아! 미경이 언니가 이따 손 한 번씩 잡아줄게~~. 해변에 모여서 줄서 있거라~~!!" 난 크게 소리쳤다. 그러나 다시 제자리로 돌아왔을 때 줄서 있는 아이들이 한명도 보이지 않았다.
"줄이 너무 길 것 같아 안 왔나보군....:::"

"미경! 서서재!! 언능 타셰!!"
호핑중독자 서너명 때문에 우리는 수영복도 없는데 다짜고짜 배를 타고 또 바다 한가운데로 갔다. 이번엔 좀더 좋은 장비로 오리발도 신고 사다리를 타고 바다로 내려갔다.
"오~~, 파도도 없이 할 만한데~~."
어제 날 바다 안으로 밀어 넣던 친구도 그새 적응이 되었는지 신나게 바닷속을 들여다 본다!
"휴우..오늘은 친구한테 죽임을 당하는 일은 없겠군."
그때 갑자기 다리와 팔이 심하게 따갑고 빨갛게 부어오르기 시작했다.
"아따거 아따게!! 다들 빨리 올라와!!" 이유도 모른 채 사다리를 타고 배위로 올라왔다.
"미경!! 얼음찜질해!!"
"으아!! 사람 살례!! 아, 따가. 아. 따게!!"
얼음주머니를 받자마자 사정없이 팔다리를 문지르고 고통스러워하고 있는 사이에 나머지 일행도 한명씩 배위로 모습을 나타내며 얼음을 찾느라 바빴다.
"해파리가 왜 이렇게 많에!! 빨리 가쟤!!"
그랬던 것이다... TV에서만 보고 들었던 해파리에게 내가 물렸던 것이다.
워낙에 보이지도 않을 만큼 작은 해파리여서 그나마 이 정도지 TV에서 보았던 어른 키 반 만한 해파리였다면 아마 세부에서 생을 마감했을지도 모른다. ㅋㅋ
오늘은 정말 호핑할 만했는데 해파리의 방해로 우리는 맥주를 마시며 낚시를 했다. 난 한국에서나 필리핀에서나 남들 다 건져 올리는 물고기를, 환경보호 단체장이라도 되듯 꼭 쓰레기만 부지런히 건져 올렸다.ㅋ
아이스박스에 있던 산미구엘도 다 마시고 대충 바다에 있는 쓰레기도 건져 올렸다 싶으니 슬슬 피곤이 몰려왔다.
"자~, 이제 돌아가입시더~."
바다를 멋지게 가로질러 세부에서 1,000페소(약 2만5천 원 정도)짜리 럭셔리 전신오일마사지로 피로를 풀고 일찍 잠자리에 들었다.

❺ 세부의 가볼 만한 곳
그 다음 날 친구차를 타고 세부 관광책자에는 빠지지 않고 나와 있는 명소들을 잠깐씩 돌아보았다.
"와~, 완전 골동품인데? 여기가 어디라고 했지?"
"아즈나르 알폰소 전시관이야."
"뭐? 아르아르?"
도자기부터 시작해서 그리 큰 규모는 아니지만 이것저것 구경할 게 많았다.
우리는 짧게 구경하고 나와서 차창 밖으로 라푸라푸 기념비를 보았다. 우리나라의 유관순 언니같이 스페인 침략자들에 항거했던 필리핀 사람들의 존경을 받는 아주 훌륭한 분의 기념비란다.
"마젤란의 십자가", "마젤란의 표지", "카사고로로 박물관", "산페르도 요새"...
하나씩 명소들을 둘러보니 초등학생 때 수학여행 온 것같은 느낌이다.
"근데, 필리핀에는 왜 이렇게 성당이 많아?"
"필리핀사람들은 거의 다 천주교이거든."
"아.. 그래서 교회는 잘 안 보였구나."

"이따가 300~400년 된 성미카엘 대천사성당, 성녀카테리나 알렉산드리아성당, 성파트로 시니오데 마리아성당까지 다 가볼 거야."
필리핀에서 좀 지냈다고 자기가 필리핀사람이라도 되는 양 필리핀에 대한 자부심과 긍지를 느끼고 있는 친구여서 세부 곳곳을 거의 하루 종일 돌아다니다가 겨우 집으로 왔다.
내일은 멋지게 바다로 뛰어들 수 있는 카와산폭포와 세부시 전체를 볼 수 있는 우리나라 남산같은 "탑스"를 들를 생각이다.
시간이 되면 다이빙과 스노우쿨링으로 유명한 모알보알까지 가볼 생각인데, 짧은 일정에 세부에 있는 거의 모든 곳을 다 보려니 몸이 너무 지친다.
"이제 그만~~! 좀 쉬재!!"
"야!! 지금 초콜릿힐과 세계에서 가장 작은 원숭이를 볼 수 있는 보홀도 안 갔거든. 아, 맞다! 연인과 가면 조용하게 쉬다올 수 있는 반타얀도 안 갔잖아!! 아.. 어떡하지?.. 너 3일만 더 세부에 있어라."
"ㅡ_ㅡ;;"

❻ 친근한 세부

세부는 마닐라처럼 번화하고 마닐라처럼 사람들이 매우 많지만 섬이 작아서 그런지 모든 사람들이 서로서로 다 아는 것 같았고 최소한 사돈의 팔촌 정도는 되보이는 것처럼 친해 보였다.
아무래도 거대한 마닐라에 비해서는 클럽이나 유흥시설이 적은 편이지만, 관광지역이라 섬 크기에 비해 각종 유흥문화들이 많은 편이고, 어딜 가나 아는 사람을 한명 이상 만나는 경우가 흔해서 뭔가 뭉치는 분위기가 강하고, 맛집도 많고 샹그릴라나 힐튼, 워터프론트 호텔처럼 멋진 곳이 많다. 세부에서 몇 년간 김떡순 분식집이나 하면서 살아보고 싶다는 생각도 문득 해보았다.ㅋ;

세부는 필리핀에서 가장 오랜 역사를 가진 도시이며 때로는 신나는 엑티비티, 때로는 조용한 휴식, 때로는 즐거운 쇼핑을 모두 즐길 수 있는 매력 넘치는 도시다.
또한 동남아시아의 대표적인 관광지로 깊은 역사와 전통을 자랑하며 한번쯤은 꼭 가볼 만한 멋진 리조트들이 많다.
세부시에는 우리가 흔히 알고 있는 "세부"라 일컫는 "세부 본섬"이 있고 세부 본섬과 다리로 연결되어있는 "막탄 섬"이 있다. 보통 어학연수생들은 세부 본섬에 있는 기숙식어학원에서 공부한다. 막탄 섬에는 여행객들을 포함한 신혼여행객들이 많다. 세부는 필리핀 제2의 도시답게 규모로 보았을 때는 마닐라 다음이지만, 세부시민의 자부심은 대단하다. 세부는 스페인 침략자들과 싸워서 이긴 거의 유일한 승전지인 것이 첫 번째 이유일 것이다.
하지만 유명한 관광지이고, 공부와 관광을 동시에 목적으로 둔 단기연수생들이 많은 탓에 유흥문화도 많이 발달되어 있다.

04 세부의 여행지(가볼 만한 곳)

❶ 플란테이션베이 리조트

동양 최대 규모의 수영장 시설을 자랑하고 있으며, 리조트 전역에 걸쳐 인공해수풀장이 마련되어 있고, 또 다른 수영장도 있다. 리조트의 분위기는 유럽에 온 것 같은 느낌이 들고, 수영장은 바다 느낌이 나도록 꾸며져 있어 리조트 전체가 워터 파크처럼 독특한 분위기이다.

❷ 카모테스 아일랜드(Camotes Island)

세부 북쪽에 위치해있으며 다나오 시티를 가로지른 곳에 위치해 있다. 이 섬에 가려면 다나오시티로 가거나 세부 시티에 있는 페리를 타고 이동해야 한다. 다나오와 카모 테스 섬에서 매일 운항되는 2개의 작은 보트도 있다.

❸ 마르코 폴로(MARCO POLO PLAZA CEBU)

세부 산중턱, Nivel Hills에 자리잡고 있는 마리코폴로 호텔은 비싸지 않으면서도 고급스러움이 느껴지는 곳으로 세부국제공항과 인접해 있다. 세부 시내 중심가로의 거리도 10분 정도로 아주 가까운 거리에 위치해 있고. 이곳에서 호텔 뷔페를 먹으며 라이브 음악을 듣고 경치를 구경하기에 괜찮다.

❹ 말라파스꾸아(MALAPASCUA)

다른 관광지들과 다르게 아직 발달이 될 된 관광지라 찾아가기가 용이하지 않고, 차가 없으면 더욱 더 가기가 힘들기 때문에, 이곳을 전에 가본 적이 있거나 잘 아는 사람과 같이 가는 게 좋다. 세부 시내에서 차량으로 2-3시간을 간 후 배를 타고 20-30분을 가면 나오는 섬으로 한국관광객 수도 매우 적고, 자연이 훼손되지 않은 곳이라 특별한 휴식을 취할 수 있다. 다만 깨끗하고 고급스러운 숙박은 찾기 힘들다.

❺ 발리카삭 섬

훌륭한 다이빙 명소이다. 많은 산호초들이 낭떠러지나 바라쿠다(barracuda)에서 서생하며, 상어를 가까운 거리에서 볼 수 있다. 이곳은 "해양 생물의 보고"로 지정되었다.

❻ 보홀(BOHOL)

보홀은 삼각형모양의 초콜릿을 한 곳에 모아둔 것 같은 초코릿 힐(chocolate Hills)과 세계에서 몸이 가장작고 눈만 큰 타르시어스 원숭이, 일명 안경원숭이로 매우 유명한 곳으로 세부에 왔다면 한번쯤은 배를 타고 보홀로 짧게는 당일로 또는 1박2일로 지내다 올 수 있는 필수 관광코스이다.

❼ 샹그릴라 리조트(SHANGRI-LA'S RESORT)

샹그릴라 막탄 아일랜드 리조트는 필리핀에서 규모면으로 가장 거대하고 가장 고급스런 리조트로 세부를 찾는 손님들에게 더할 수 없는 지상 최고의 열대 낙원에서의 휴일을 제공해 주고 있다. 세부 막탄 사이드에 위치하며 아름다운 개인 해변을 가진 이 전원적인 리조트는 흥미로운 레크리에이션 활동과 화려하고 눈부신 식사를 제공한다.

❽ 화이트 비치 리조트

필리핀에서 가장 아름답고 긴 바다로서 보홀에 위치한다. 다양한 해양 스포츠를 즐길 수 있는 것은 물론 세계최고의 리조트들이 밀집해 있는 지역이기도 하다.

❾ 반타얀

이 섬은 세부 시티에서 북서쪽으로 110km떨어진 곳에 위치하고, 비사야의 달걀 바구니로도 알려져 있으며 매일 100톤에 다다르는 계란들을 전 지역으로 배달하고 있다. 또한 백사장 및 크리스탈처럼 투명한 바닷가, 평화롭고 조용한 리조트를 이 섬에서 즐길 수 있다.

❿ 새벽 어시장

우리나라 노량진 수산시장 같은 곳이라고 볼 수 있다. 필리핀서민들의 생활을 엿볼 수 있는 좋은 곳이다. 허나 사람도 많고 복잡하니 가방은 항상 앞쪽으로 감싸안듯이 매는 게 좋다.

⓫ 라푸라푸 기념비(Lapu-Lapu Monument)
스페인 침략자들에게 항거했던 추장이자 영웅 라푸라푸를 기념하기 위해 만든 동상기념비이다.

⓬ 카사 고로르도 박물관(Casa Gorordo Museum)
세부시티에 있는 세부 최초의 필리핀인 주교, 주안 고로르도의 자택이다. 현재 회화, 정원, 가정용품 및 가구 등이 전시되어 있다.

⓭ 산 카르롤스 대학교(University of sancarlos)
세부시티에 있는 필리핀에서 가장 오래된 전통을 자랑하는 학교로서 1948년에 종합대학으로 변모했다.

⓮ 산 페드로 요새(Fort San Pedro)
필리핀에서 가장 오래된 작은 요새이다. 미국식민지 시대에 군막사로, 일본 식민지 시대에는 포로수용소로 쓰였지만, 1950년 세부 정원 클럽으로 바뀌었고, 시간이 더 흘러 세부시티 동물원으로 바뀌었다.

05 관광 숙박시설

워터프론트 세부 시티 호텔 & 스파
(Waterfront cebu city hotel & casino)
세부 시내에 위치한 워터프론트호텔은 562개의 게스트룸과 럭셔리한 레스토랑들이 많고, 카지노도 연계되어 있다.
T. 032-232-6888
www.waterfronthotels.net

마르코 폴로 플라자 세부
(Marco Polo Plaza Cebu)
고급스러운 룸과 현대적인 특별룸, 최고의 편의시설과 서비스를 제공한다.
T. 032-417-2978
Mail : mpplaza@macropolohotels.com

플랜테이션베이 리조트 & 스파
(plantation bay resort&spa)
막탄섬에 위치해 있으며, 세부도시로부터 차량으로 약 30분 거리에 위치한다. 우리나라 캐리비안베이와 비슷한 곳으로, 리조트 전체가 여러 개의 수영장으로 이루어져 있다. 약 2만 원 정도로 라이브음악을 들으며 즐길 수 있는 뷔페음식도 추천하는 바이다. 숙박을 하지 않고도 오전에 와서 수영을 하고 음식을 먹고, 저녁에 나가는 사람도 많다. 전화예약을 미리 하고 가는 게 좋다.
T. 032-340-5900
www.plantationbay.com

힐튼 리조트(Hilton Cebu Resort & SPA)
개별 발코니, 초고속 인터넷, 미니바를 제공하고 있으며, 고급스런 스파와 헬스 서비스, 수영장, 야외 테니스장 수중 스포츠, 잠수 시설, 비즈니스 센터, 놀이방, 해물요리 전문식당 등이 완비되어 있다.
T. 032-492-7777
www.hilton.com/worldwidersorts

마리바고 블루워터 리조트
(Maribago Bluewater resort)
플랜테이션베이처럼 수영장이 여러 개 구비되어 있는 리조트로서 플랜테이션베이보다 조금 더 저렴하고, 시설이나 수영장이 플랜테이션베이보다 조금 더 아담하고 규모가 적다고 보면된다. 블루워터 리조트도 막탄섬에 있고 플랜테이션베이와 가까운 곳에 위치한다.
T. 032-232-5411
www.bluwateresort.com

샹그릴라 막탄섬 리조트 & 스파
(Shangri-la Mactan Island Resort&spa)
막탄섬에 위치해있으며, 세부에서 가장 비싼 최고급 리조트라고 볼 수 있다. 하루 숙박비는 시즌별, 객실별로 많은 차이가 있지만, 비쌀 때는 1박에 30-40만 원 정도한다.
T. 032-231-0288
www.shangri-la.com/cebu

03 다바오

01 지역 특징

필리핀 어학연수라 하면 바기오나 세부를 가장 먼저 떠올리게 되고, 그 다음이 일로일로나 마닐라, 바콜로드 등이다. 인터넷에서도 다바오에 대한 지역 정보를 찾아보면 타 지역보다 힘이 들 것이다.

그래도 요즘에는 연수준비생들의 지식이 워낙 폭넓어 다바오 지역도 인지도가 많이 높아진 상태이다. 일반적으로 마닐라나 세부같은 유명 대도시에는 한국 사람들이 찾는 어학원이 몇 백 곳이나 되지만, 다바오는 갈 만한 학원이 세네 곳밖에 되지 않아 어학원 선택의 폭이 매우 작다.

또한 다바오가 '위험하다' 라는 말도 많은데 그것은 다바오와 멀리 떨어져 살고 있는 반군 세력의 잔존을 예민하게 여기는 것이다. 현재도 많은 학생들이 다바오에서 공부를 하고 있고, 반군으로 인해 다바오가 피해를 입었다는 말은 7년 전부터 지금까지 들어본 적은 없다. 결론적으로 필리핀답지 않은 아름답고 깨끗한 지역에서 조용히 연수생활을 하고 싶다면 다바오가 적합할 것이다.

❶ 쓰레기 및 담배꽁초를 버리면 곤란한 일을 당할 수 있다.(경찰서 조사 및 추방)
❷ 흡연은 꼭 지정된 곳에서만 가능하다.(길거리나 택시, 버스, 금연 구역에서 했을 경우 추방될 수 있다)
❸ 평일에는 레스토랑 및 pub이 12시면 거의 다 문을 닫는다. 평일에 외출을 해도 특별히 갈 곳이 없다.

> **TIP**
> **장점** 1. 다양한 액티비티가 가능하다(다이빙, 골프, 스노우쿨링, 승마 등).
> 2. 한국 사람 비율이 매우 낮고, 자체 인구도 적은 편으로 조용한 분위기다.
> 3. 지역 주민들이 한국인에게 매우 호의적이다.
> 4. 치안이 잘 되어 있다.
> **단점** 1. 어학원이 많지 않아 선택의 폭이 좁다.
> 2. 국내선을 또 이용해야 되는 번거로움이 있다.

02 추천 어학원

01 EKA

- **학원주소** : Juna Subdivision Matina Davao city
- **홈페이지** : http://guide.ekastudy.com/dorm.dx
- **규모** : 약 75명
- **특징** : 다바오에서 가족적인 소규모 분위기에서의 스파르타 프로그램을 시행하고 있는 타이트한 어학기관
- **장점**
  - 학원관계자들이 오래된 경력자들이고, 강사진이 젊어 학원에서 이루어지는 모든 일처리가 빠르고 신속하다.
  - 공부량이 매우 많아 단기간에 영어 실력 향상을 기대 할 수 있다.
  - 정원이 작아 스파르타식으로 적합하고 학생 관리가 철저하다.
  - 다바오 시내에 위치하고 있어 편리하다.
- **단점**
  - 시설이 열악한 편이다.
  - 역사가 깊지 않다.
  - 학생들의 휴식 공간이 많지 않다. (휴게실 및 넓은 카페테리아 등)
- **학원비** : 80만원 / 월
- **숙박비** : 1인실 75만원 / 2인실 65만원 / 3인실 55만원 / 4인실 50만원 / 월

02 E & G

- **학원주소** : Mary Knoll Road.,BO.,Vicente Hizon,Davao city
- **홈페이지** : http://www.engdavao.com/main/
- **규모** : 약 100명
- **특징** : 바닷가 바로 앞에 위치하고 있는 리조트식 스파르타 어학 기관이다.
- **장점**
  - 골프 프로그램이 있어 영어&골프 모두를 연계할 수 있다.
  - 학원 시설이 규모있고 깨끗하게 잘 되어있다.
  - 바닷가 바로 앞이 학원이라 바닷바람으로 크게 덥지 않고, 경치도 좋다.
  - 원장님이 학원에 24시간 거주하기 때문에 여러 사건, 사고로부터 비교적 안전하다.
  - 학원 학생 수가 적당하고 시내와 떨어져 있어서 주변이 매우 조용하다.
- **단점**
  - 프로그램 종류가 다양하지 않다.
  - 역사가 깊지 않다.
  - 스파르타 기관중에서는 비교적 덜 타이트하다.
- **학원비** : 70만원 / 월
- **숙박비** : 1인실 75만원 / 2인실 62만원 / 3인실 48만원 / 월

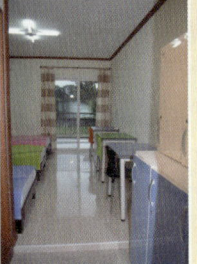

03 다바오의 이모저모

❶ 다바오의 첫인상

"디바오? 다기오? 어디라고?" 요즘은 활발한 다바오 지역의 홍보로 인해 꽤 많은 사람들에게 알려지고 있는 곳이지만, 이곳은 마닐라, 세부 바기오 처럼 인지도 높은 지역은 아니다.
"국내선은 기내식을 안 주네~!" 마닐라 공항에서 내린 후 국내선으로 갈아타서 다바오까지 가야 하며 마닐라에서 다바오까지는 비행기로 약 1시간 반 정도 걸린다 .
"와, 여기 필리핀 맞어? 잘못 내린 것 같은데?" 여기가 필리핀이 맞다면 트라이시클, 지프니 등에서 내뿜는 매연과 소음으로 정신이 없어야 되는데, 마치 한국의 분당이나 일산에라도 온 듯이 도로도 잘 다듬어져 있었고 필리핀 사람들도 타 지역에 비해 좀더 평온하고 여유로워 보였다.
"왜 이렇게 두리번두리번 거리세요? 다바오에 처음 와본 것 같아요."
"안녕하세요. 원장님. 저… 여기 처음 와 봤는데요."
"아…, 아무튼 짐 주시고 앞에 타세요."
"어학연수는 마닐라에서 했지만 A형답지 않은 들이대기 친구 만들기 권법으로 필리핀 전 지역에 아는 사람들이 조금씩 있고, 지금 현재는 필리핀 전국 투어도 많이 했고, 필리핀 카페도 운영했었기 때문에 친분이 있는 어학연수원 관계자님들이 많아요."
"다바오가 정말 깨끗하고 좋네요."
"아이고, 그럼요!!! 다바오는 길거리에 쓰레기가 하나도 없고요, 다바오는…"
괜한 말을 꺼내서 학원에 도착할 때까지 다바오 자랑을 들어야만 했다. 필리핀에서 어떤 분을 만나건 본인이 살고 있는 지역에 대한 애정이 모두 각별하다.

❷ 다바오 학원에 도착

"다 왔습니다. 자~, 여기 짐 받으시고요. 싸게 뛰어가서 방 열쇠 가져오겠습니다욧!"
세계 최고 짠순이인 나는 숙박비를 아끼기 위해서 다바오에 있는 학원 원장님의 양해를 구해, 이렇게 학원기숙사에서 얼마간 지내기로 하고 XXX 학원으로 오게 된 것이다.
"열쇠 대령했습니다. 따라 오셈!"
방그레 웃으면서 총총 걸음으로 뒤를 따라가 내 방으로 점 찍힌 곳으로 들어가 가방을 대충 던져놓았다. 나름대로의 체면이 있으니 대놓고 뛰어가지는 못했지만, 학원 식당으로 은근히 빨리 갔다. 왜냐하면 아까 학원 매니저님이 식사시간이 거의 끝나간다고 했기 때문이다.
"역시, 학원밥이 최고야!"
밥을 먹자마자 주방으로 식판을 건네주고 내가 가장 좋아하는 마사지를 받으러 학원에 계시는 매니저님과 함께 갔다.

❸ 다바오 마사지 샵

"1시간짜리 오일 마사지 얼마죠?"
"300페소(약 9천 원)입니다."
"뜨억… 왜케 싸요?" "네? 저희는… 원래 싸지요. 좀만 기다리세요."
마닐라, 세부에서는 사물함 키를 받아서 바로 입실한 후에 샤워를 하고 오일이나 스톤, 마사지를 받는 게 일반적인데, 여기 다바오는 바로 마사지를 시작했던 점이 신선했다.
"먼저 샤워는 안 해요?"

"샤워요?? 음.. 원하시면 여기서 하세요." 마닐라, 세부에서 봐왔던 깨끗하고 넓은 목욕탕 수준의 샤워실과는 사뭇 다른 그냥 화장실겸 샤워실로 쓰는 몸집이 큰 사람들은 샤워할 때 약간 불편할 것 같은 그런 샤워실이다. 그래도 씻지 않고 마사지를 받는 것보다는 훨씬 나으니 5분 안에 샤워를 마치고 마사지를 시작했다. 필리핀에서 받는 마사지는 그 방법과 느낌이 매우 비슷한 것 같다. 아무래도 모두들 '같은 교육센터를 나온 게 아닐까' 라는 생각이 든다. 1시간이 다 되어가니 젖은 수건으로 전신을 닦아주며 끝났다고 했다.
"오~~, 좋은데?" "여기에 샤워실만 제대로 갖춰져 있다면 좋았을 텐데."

❹ 다바오 시내(베뉴)
마사지센터 앞에서 택시를 타고 베뉴라는 번화가로 갔는데, 분명 내 핸드폰 액정에서는 9시 전을 가리키는데, 나름대로 번화가라는 이곳은 태풍이라도 지나간 듯 레스토랑들에 손님이 거의 없었다.
"산미구엘 필센 주세요." "전 산미구엘 라이트요."
안주를 시키지 않아서 맥주는 금방 서빙이 되었다. 얼음통, 잔 2개, 맥주 2병,,
필리핀에서는 특이하게 맥주에 얼음을 넣어 마시는데 처음에는 그게 익숙치 않아 얼음을 넣지 않고 마시니까 같이 있던 필리핀친구가 잔에 얼음을 넣어 줬었다. 그래서 그 다음부터는 그냥 얼음을 넣어마신다는 슬픈 전설이 있었다!..;;;ㅋ
"매니저님, 다바오는 이 시간부터 원래 이렇게 사람이 없나요?"
"오늘이 평일이기도 하고 요즘 베뉴가 많이 죽었나 봐요.."
청소하고 있는 직원들만 있는 텅 빈 식당에서 눈치를 보며 친구와 밥을 먹고 있는 것같은 기분이 들어 다른 곳으로 옮기자고 했다.
"매니저님... 혹시 다바오에서는 여기 말고 다른 번화한 곳은 없나요?"
"아.., 그럼 오토샵으로 갑시다."
남은 맥주를 모두 들이키고는 바로 택시를 타고 오토샵으로 갔다.

❺ 다바오 시내(오토샵)
택시 기본요금이 800원 정도이니까 웬만큼 움직여도 5천 원 이상은 나오지 않는다.
"자, 여기 30페소 받으세욧!(약 800원 정도)"
아까 베뉴는 밀리오레 맨 꼭대기층에 있는 식당가와 같은 분위기였는데, 여기 오토샵은 우리가 일반적으로 생각하고 있는 한국의 번화가와 같은 모습이다.
하지만 여기도 역시나 10시 정도인데 베뉴보다는 많았지만 지나가는 사람이 거의 없었다. 어디로 갈지 주변을 두리번거리는데, 술집마다 사람들이 너무 없어서 딱히 발걸음이 확 갈 곳이 없었다. Bar 안으로 들어가니 손님은 한 테이블에 딱 두 명이 있었는데 가만히 서 있는 종업원은 대충봐도 10명 이상은 되었다. 필리핀이 인건비가 매우 저렴하다 보니 직원을 많이 채용하는 경향이 있다.
"여기, 레드홀스 한병이랑 산미구엘 라이트 한병 주세요."
아까 산미구엘을 먹었으니 이번에는 좀더 강한 레드홀스 맥주를 시켰다.
"아! 그리고 여기 시즐링 감바스 있죠? 그것도 주셈~."
"매니저님, 세부에서 바로 와서 비교가 돼서 그런지는 몰라도 세부는 우리나라처럼 밤 10시부터 유흥이 시작되는데, 여기는 확실히 틀리네요~."
"여기는 주말에만 늦게까지 시끌시끌하지 평일에는 거의 이래요."

"레드홀스, 어느 분이시죠?"
"저요, 저요!" 레드홀스는 30대 이상의 필리핀 남자들이 선호하는 맥주로서 10~20대 층에서는 크게 인기가 있는 맥주는 아니다.

❻ 문화 차이
"Are you korean?"
역시나 예상했던 대로 할 일이 없어 서성대는 한 명의 종업원이 말을 걸어왔다.
한국에서는 아주 가끔 손님이 직원에게 말을 거는 경우는 있어도, 직원이 손님에게 사적으로 말을 거는 경우는 매우 드물다. 그러나 필리핀에서는 말을 안 걸면 '오늘은 이상하다' 싶을 정도로 매우 흔한 일이다. 사실 나는 전혀 모르는 연예인이지만, 필리핀에서 활동하고 있는 한국인 '산다라박'(지금은 한국에서도 너무 유명하기 때문에 더욱 죄송을 많이 닮았다고, 산다라박 언니나 동생 아니냐는 질문을 많이 받았다. 혹시… 산다라박을 알고 계시거나, 그럴 일은 없겠지만 산다라박이 이 글을 본다면 죄송하다는 한 말씀을 마음속으로 드린다.
"Yes. I am korean." 이라고 직원 질문에 대답을 했다.
몇 마디 말을 주고 받으니, 아예 내 옆 테이블에 자리를 잡고 계속 질문을 던진다.
"다바오 어디에서 살아요?"
"저는 지금은 그냥 잠깐 놀러 온 여행객이에요." 길거리에 지나가는 차들만 바라보고 있던 한 직원도 우리 테이블로 오더니 은근슬쩍 자리를 잡고 앉았다. 점점 흩어져 있던 직원들이 삼삼오오 몰려들기 시작하니 가만히 있기도 그래서 이것저것 이야기를 해 봤다.

❼ 엄격한 다바오 시장님
"다바오는 다른 지역보다 많이 깨끗하고 좋아요."
"다바오 시장님이 좀 엄격하시거든요. 여기서는 길거리에 쓰레기를 버리던가 담배를 피우면 구속되거나 추방을 당해요." 헉… 그냥 딱히 할 말이 없어서 해 본 말인데 충격적인 정보를 얻게 된 것이다. 나는 한국에 있을 때도 길거리에 쓰레기를 버리는 사람이 있으면 얼른 가서 주어올 정도로 오지랖이 넓은 A형, 깔끔한 척하기 스타일이라 이 정보를 못 들었더라도, 구속될 가망성은 희박했을 것이다. 그러나 혹시 다바오가 좋다고 친구라도 데리고 왔다가 그 친구가 외국에서 구속되는 걸 목격해야 되는 것 아닌가??
이 직원이 혹시 내가 외국인이라 괜히 오버하는 건 아닌지 매니저에게 다시 물어봤다.
"저분 이야기가 진짜에요?"
"ㅋㅋ, 네 맞아요. 저도 길거리에서는 담배 절대 안 펴요. 레스토랑에서도 흡연 구역인지 아닌지를 확인하고 피는 게 좋지요."
음… 아주 좋은 정보를 얻었군. 역시 이래서 외국에서 여행할 때는 현지인들과 가능한 이야기를 많이 나누는 게 도움이 꽤 된다.

❽ 다바오 외곽(봉구안)
"저기 직원분! 제가 지금 메뉴도 다녀왔는데, 여기처럼 사람이 없더라구요. 그럼 평일에는 진정 아무도네 사람 많은 번화가가 없나요?"
이쯤 되면 내가 무슨 노는 거에 목숨 걸고 유흥을 즐기는 사람으로 보일 테지만, 지금은 여행을 잠깐 왔기 때문이고, 사실 어학연수할 때는 절대 이러지 않았다는 것을 알아주시길!

"음… 봉구안이라고 있어요. 거기는 지금 이 시간에도 사람이 좀 있을 거예요. 원하시면 저 곧 퇴근하니까 제가 데려다 드릴게요."
친절한 필리핀 사람에게 경의를 표하고는 싶지만, 데려다 주는 것까지는 부담스럽기도 하고, 어딘가 가기도 무섭기 때문에 괜찮다고 정중히 사양을 했다.
매니저님도 봉구얀은 잘 몰랐기 때문에 우리는 그저 직원 말만 듣고, 즉흥적으로 어딘지 모를 그곳으로 달리고 있었다.
택시를 타고 달리면서 보이는 현재 시각 11시 30분의 길거리는 한 새벽 4~5시는 족히 되어 보이는 무서울 정도로 적막함이 감도는 분위기였다. 마치 금방이라도 택시 앞을 머리 길고 창백한 여인이 가로막을 것만 같은 그런 느낌이었다.
베뉴에서 오토샵으로 이동할 때는 굉장히 짧은 이동거리였는데, 여기는 도대체 얼마나 큰 번화가인지 오랜 시간 택시에 앉아 있어야만 했다. 택시비는 벌써 100페소를 넘었다.
택시가 멈췄는데 "찰싹~, 찰싹" 거리는 소리와 홍대 앞에서 많이 들어본 듯한 클럽음악들이 뒤섞여 들려왔고, 오두막같이 지어놓은 Bar들이 길게 늘어져 있었다.
아무리 봐도, 한국 사람은 한 명도 보이질 않았다. 주변이 더 어두워지자 가까이 가보니 보이는 곳은 다름 아닌 바닷가였다. 더 경악할 만한 사실은 바닷물에 잠긴 오두막도 아니요, 그렇다고 클럽도 아니요, Bar도, 레스토랑도 아닌 그런 곳 위에서 남녀노소, 10대부터 30대에 이르는 다양한 연령층의 사람들이 한데 섞여 흥에 겨워 춤을 추고 있는 것이다.
처음 낮에 왔을 때는 사람이 많아 시끌벅적한 분위기가 나쁘지 않았다. 하지만 어둑어둑한 밤이 되자 그 깊이를 알 수 없는 바다가 넘실거리고, 맥주를 손에 쥔 채 술에 취해 비틀거리는 사람을 보니 마음속으로 겁이 나기 시작했다. 만약 친구와 왔다면 다시 택시를 타고 떠났을지도 모르지만, 매니저와 온 것이라 겉으로는 무섭지 않은 척했다. 의자와 테이블이 있는 곳으로 가기 전에 초입에서 원하는 맥주를 선불로 사고, 들어가서 자리를 잡으니, 맥주가 서빙되었다.
"이런 데가 있었는지 몰랐네요." 아까와는 달리 부쩍 말수가 줄어든 나는, 맥주를 빨리 마시고, 졸리다는 핑계로 부랴부랴 택시를 타고 봉고얀을 다시 빠져나왔다.

❾ 안전한 다바오
"택시!! XXX학원으로 가주세요. 미터기는 켜주시고요. 여기서 오래 산 사람이니까 바가지 씌울 생각은 하지 마시구욧~."
"미경 씨, 다바오는 바가지 잘 안 씌워요."
실제로 다바오는 60페소가 나와 100페소를 주면 40페소를 거슬러 주고, 밤 12시가 넘은 후에 다녀도 위험하지 않아, 오히려 대도시보다 더 안전하고 좋았다. 얼마 되지 않는 시간 동안 마사지도 받고, 이리저리 술자리를 옮겨다녀 은근히 피곤했던지, 학원 기숙사로 들어와 씻고 침대에 눕자마자 바로 깊은 잠에 빠져들었다.

❿ 다바오 백화점
"똑똑. Hello~~!!"
아침 일찍부터 빨랫감 없냐는 필리핀 도우미의 목소리다.
다시 자면 너무 늦게 일어날 것 같아, 그냥 불을 켜고 외출 준비를 했다. 일단 내가 좋아라 하는 학원밥을 먹고 이번에는 혼자 지프니를 타고 백화점에 갔다. 백화점이 뭐 다 비슷비슷하겠지만 다바오 백화점은 아무래도 마닐라나 세부같은 규모는 아니고, 더 시골 백화점 같은 분위기가 났다. 가격은 그에 맞춰 저렴하다. 꼭 필요하지 않은 물건인데도 충동구매로 두어 개 사고, 내가 가장 좋아하는 졸리비에서 치킨&라이스를 먹었다.
만약 우리나라에서 치킨과 그냥 흰밥을 같이 팔았다면 황당하고 전혀 맛이 없을 듯하지만, 여기서만큼은 소스 때문인지 치킨과 밥은 너무도 잘 어울리는 환상의 콤비이고, 배가 은근히 든든하고 간편해서 좋았다.

⑪ 다바오 재래시장
백화점을 빠져나와 방케로완(Bankerohan Public Market)이라는 재래시장 비슷한 곳을 갔는데, 여기 또한 봉구안처럼 한국 사람은 잘 보이지 않고, 필리핀 서민들의 삶의 터전 같은 우리나라 노량진 수산시장 같은 분위기였다.
재래시장은 지나다니는 사람이 많기 때문에, 가방을 가슴 쪽으로 당겨 꼭 끌어안고, 이곳저곳을 구경하는데 너무 신기하게 생긴 것들이 많았다. 일단 과일 중에서 가격은 꽤 비싸지만 내가 가장 좋아하는 달콤한 망고스틴을 사서 돌아다니는 동안 먹었다. 겉은 거의 빨간색 가까운 포도알 10배 정도의 크기인 망고스틴은 두툼한 껍질을 벗기거나 반으로 가르면 깐마늘 모양과 완전히 똑같이 생긴 하얀 속살의 열매가 나온다.
 그걸 한입에 쏙 넣으면 복숭아처럼 입속에서 부드럽게 녹으면서 상큼하고 단맛이 입속에 번지는 게 멈출 수 없는 행복한 맛이다.
물론 다바오에서는 두리안이 가장 잘 팔리는데, 나는 냄새가 너무 고약해서 아직까지 먹어볼 엄두를 내지 못했다.

⑫ 다바오의 작은 천국 에덴동산
"여보세요. 원장님! 저 여기 방케로완인데요. 여기서 에덴동산까지 얼마나 걸려요?"
"음, 한 30~40분 걸리죠." 에덴동산은 공원 같은 곳인데, 다바오에서는 꽤 유명한 명소로 다녀간 사람들의 반응이 좋은 곳이다.
"와~~, 여기가 에덴동산이에요?"
쭈~욱 주변을 둘러보니 마치 영화에서 보던 주라기공원 같다.
"어, 원장님~. 우리우리 쪄~기 저거 흰색으로 되어 있는 지프니같은 자동차 타요!!"
한 가족으로 보이는 사람들이 관광 자동차 같은 것을 타고 있어서 우리도 타보려는데 예약이 이미 꽉 차있다고 해서 그 넓은 곳을 걸어 다녔다.
나야 정처 없는 나그네처럼 급하게 온 것이니까 그렇다 치더라도, 만약 다바오에 있는 사람들이 에덴동산을 찾는다면 미리 예약하는 센스를 발휘하기 바란다.
에덴동산의 이곳저곳을 다 돌아다녔더니 발이 아파, 나무 그늘에 좀 앉아서 10분 정도 쉬다가 이곳을 빠져나오면서 Jack's ridge 라는 곳에서 저녁을 먹었다.

⑬ 잭스리지(Jack's ridge)
"오~~, 수영장도 있고, 대개 깨끗하닷~."
이 지역은 '마티나' 라는 곳인데, 그냥 잭스리지로 더 유명한 곳이다. 레스토랑에 자리를 잡고 음식을 시키니, 벌써 창문 밖은 어둑어둑 야경이 보이시작 했다. 힐탑도 다바오에서 야경을 보는 곳으로 알려져 있지만, 힐탑은 나올 때 택시를 잡기가 어렵기 때문에, 콜택시를 미리 불러놔야 하므로 그냥 잭스리지가 더 편하고 야경도 조금 더 멋있는 것 같다.
잭스리지에서 식사를 맛있게 하고 야경을 구경하면서 첫사랑의 님을 그리워하며 분위기를 적당히 잡아보는 것도 좋을 듯.

⑭ 다바오 클럽

그 다음에는 각자 취향에 맞는 클럽에 가서 필리핀사람들이 얼마나 음주가무에 뛰어난지 관찰하는 것도 나쁘지 않을 것 같다. 만약 힙합음악을 좋아한다면 베뉴에 있는 할로라는 클럽에 가는 것도 괜찮고, 시설 좋고 깨끗한 곳을 찾는다면 인슐라 호텔 앞에 있는 아쿠아 클럽도 괜찮을 것 같다. 또 리잘스트릿에 가면 1830이라는 클럽도 있는데, 여기도 한국 사람이 많이 가는 것 같다. 평일에는 공부하고 주말에만 가끔씩 나와서 머리도 식힐 겸 적당히 즐기고 너무 늦지 않은 시간에 학원으로 돌아가는 게 좋은 것 같다.

⑮ 파라다이스

1박 2일로 짧게 다녀오는 여행이라 크게 챙길 건 없지만, 항상 여행 준비를 할 때는 은근히 시간이 오래 걸리는 것 같다.

학원에 있는 학생들 몇 명과 택시를 타고 배를 타는 곳에 내렸는데 학원하고 꽤 가까웠다 "아저씨 여기 택시비 45페소요." 택시에 내린 다음에 다시 배를 타고 10~15분 정도 가니 우리의 목적지인 파라다이스가 나왔다. 필리핀에는 7107개의 엄청나게 많은 섬들이 있다 보니, 관광지가 끝이 없다고 해도 과언이 아닌데, 은근히 여행비가 너무 많이 나온다는 게 단점이다. 아마도 한국 관광객들이 너무 많아서 다 우리나라 사람들이 물가를 올려놓은 것 같다. 하지만 여기 파라다이스는 모든 게 다 전반적으로 저렴했다. 일단 입장료도 80페소 밖에 안 했고, 우리같이 1박을 하는 사람은 300페소(9,000원 정도)인데 그래도 너무 저렴했다. 특히나 멀리 온 것도 아닌데, 물이 너무 깨끗하고 투명해서 마음이 탁 트이는 것 같은 시원한 기분이 들었고, 스노우쿨링을 할 때 바다 안에서 바쁘게 움직이는 물고기들이 너무 알록달록한 게 신기했다. 사방에 흩어져서 바닷속을 관찰하고 있는 학생들을 모아서 닭꼬치를 사먹었는데, 필리핀은 닭요리가 가장 흔하지만 참 맛있는 것 같다. 60페소에 한 개씩이니까 하나에 약 1,800 원 정도 밖에 안 하는 셈이다. 헌데 양념장에 고추장도 안 들어간 것이, 어떻게 이런 맛이 나올 수 있는지 참 미스테리다. 다만 너무 바짝 구워서 부분부분 살짝 탄 곳이 있는데 그런 건 제거를 좀 하고 먹는 게 좋다. 수영도 실컷하고 바비큐도 양껏 먹고, 모두들 지쳐서 미리 예약해 놓은 숙소로 들어갔다. 1박에 2350페소에 잡은 곳인데, 이 정도면 가격대비 깨끗하고 다른 곳보다 저렴한 편이다.

우리 방으로 다들 모여서 정말 필리핀 양주인 탄두아이에 주스를 타서 먹었는데, 주스의 비율을 더 높게 하면 꽤 먹을 만했다.

⑯ 다바오 Tour

배를 타고 택시를 타고 학원에 도착하니까 점심 때가 다가와서 방에 가서 짐을 대충 풀고, 학원에서 점심을 먹고, 난 또 혼자만 학원을 나와서 다바오 시내를 돌아다녔다. 아무래도 난 다른 건 몰라도 체력하나는 짱이다.

"산페드로 거리 가나요?"

San Pedro Street를 거닐면서 디카에 장면 하나하나를 담았는데, 유럽보다 멋지거나 웅장한 것은 없었지만, 필리핀을 다른 시각으로 보고 있는 나에게는 하나하나가 새롭고 소중하다. 오른쪽 산 페드로 대성당으로 발걸음을 돌렸다. 나는 무교인데도 오래된 성당이나 교회를 찾아가보면 마음 한 구석에 무언가가 있는 것 같다. 그게 도대체 뭔지는 모르겠지만 왠지 엄숙해지면서도 뭔가 좋은 일을 해야 될 것만 같은 느낌 정도라면 될 것 같다. 성당을 나와서 주변을 좀더 구경한 다음에 티볼 위빙 센터라고 불리우는 곳에 가서 다바오의 역사와 문화를 느끼고, 몇 가지의 천도 구경을 했다.
"날씨가 왜 이렇게 더운 거야."
학원에 있는 정수기에서 물을 좀 담아왔어야 했는데 깜빡하고 그냥 나와서리 날씨가 너무 더워 길거리에서 비닐봉지에 음료를 담아 파는 한 소년에게 환타 비슷한 음료를 샀다. 비닐봉지에 빨대를 꽂고 빨아먹는 점이 너무 특이하다.
"기사님, Crocodile Park로 가주세요."
다바오 다운타운에 있는 것도 아니고 덥기도 해서 택시를 잡았다. 원래 가능하면 택시를 안타는 스타일인데, 다바오는 왠지 택시미터기가 천천히 올라가는 것도 같고, 바가지도 없어서 가끔씩 이렇게 타는 것도 나쁘지 않은 것 같다. "다 왔습니다.~~" 호주 배낭여행을 할 때도 동물원은 서너 군데를 들릴만큼 파충류와 동물을 좋아하다 보니 다바오에서도 악어농장이 있다는 소리에, 혼자서라도 이곳을 찾게 되었다.
"뜨악… 켁…"
그냥 동물원이 아니라 악어농장이라니 세계 각지에서 온 신기한 악어들도 많고, 많은 악어들로 인해서 꽤 무서운 분위기를 상상했었는데, 상상하고는 달리 악어들이 죽은 건지 산 건지 한참을 지켜보아도, 약간의 움직임도 없고, 시간을 잘못 맞춰 간 건지 태국에서 흔히 하고 있는 악어 쇼도 못 보고, 특별한 볼거리가 없었다. "이런.. 이런." 실망한 채로 악어농장을 빠져나와 Abon's Durian Factory를 가려고 했는데, 두리안 한 개에서 나는 냄새도 엄청난데, 아예 공장까지 가면 그 냄새에 질식할지도 모르겠고, 시간도 너무 늦어 그냥 학원으로 바로 왔다.

⑰ 많지 않은 학원 수
학원에서 저녁을 먹으며 학원에 있는 여러 학생들과 이야기를 나누었다. 다들 다바오로 연수 온 것에 실망하는 학생은 없었으나, 본인이 소속되어 있는 학원에 대해 크게 칭찬을 하는 학생도 없었다.
아무래도 마닐라, 세부처럼 몇 백 개가 넘는 학원들이 서로 경쟁하다 보면 날로 발전되는 것이 눈에 보이지만, 다바오에는 큰 도시에 몇 개의 랭귀지 스쿨이 있을 뿐이어서 학생편의시설도 잘 되어 있지 않고 만족도가 떨어지는 것 같다.

⑱ 깨끗한 환경
아무튼 다바오는 한국 사람이 많지 않은 지역으로 한국어학원이 5개 정도이다. 오염이 되지 않은 지역이므로 깨끗하고 조용하게 공부하고 싶은 사람들이 관심을 가져 볼 만한 지역이다.
다바오는 민다나오(Mindanao) 섬에 위치하고 있는 아름답고 서정적인 바다가 있는 도시이다. 인지도가 낮고 필리핀 최고 남단에 위치한 섬이라 선뜻 가기가 꺼려질 수도 있고, 여러 가지의 선입견과 루머를 많이 안고 있는 곳이기도 하다.
첫 번째 "필리핀 최남단의 섬이라 가장 더울 것"이라는 선입견, 그러나 피부로 느껴지는 체감온도는 마닐라, 세부에 비해 큰 차이가 없다. 어차피 에어컨 시설이 잘 되어 있는 기숙식어학원으로 갈 것이므로 설사 덥다고 해도 크게 불편하지 않다.
두 번째 "다바오는 매우 위험하다"라는 루머, 사실 필리핀 관광청에서 1등 여행 지역으로 손꼽을 정도로 실제 대도시 학생들이 종종 겪는 분실사고 조차도 잘 없는 곳이다.

04 다바오의 여행지(가볼 만한 곳)

❶ 펄팜 리조트

다바오 워터 프론트 인술라 호텔 선착장에서 배를 타고 가면 약 45분 정도가 소요되는 사말 섬에 위치하고 있는 곳으로 세계적으로도 손꼽힐 만큼 유명한 리조트이다.
사랑하는 연인과 한번 쯤은 가보고 싶은 리조트 1위로 뽑힌 적은 없지만 숙박비만 저렴하다면 꼭 한 번 가보고 싶다.(숙박비가 비싸도 너~~무 비싸)

❷ 파라다이스

파라다이스는 다바오에서 연수하고 있는 사람들이 편하고 부담스럽지 않게 가볼 수 있는 섬이다. 이 곳은 물이 투명하고 아름다우며 비용도 매우 저렴해 두세 번 이상을 방문하는 곳으로 스노우쿨링을 하거나, 다양한 해양 스포츠를 즐길 수 있다.

❸ 에덴 동산

다바오 시내에서 40분 이내의 거리에 위치에 있으며, 다양한 동식물들을 관람할 수 있다. 또 전통놀이, 공연장, 승마장, 수영장, 기타 놀이시설들도 있어 다양한 레포츠를 즐길 수 있는 곳으로, 어린이 캠프도 가끔 열릴 만큼 환경이 좋고, 날씨도 시원해서 머리를 식히기에도 좋은 곳이다.

❹ 잭스리지(Jack's Ridge)

잭스리지는 다바오 시내를 한눈에 볼 수 있는 전망좋은 곳으로 주로 커피숍과 레스토랑이 많으며 연인과 관광객이 주로 찾는 곳이다. 레스토랑이 5시에 오픈하는데 그 이후부터는 입장료를 받지 않는다.

❺ 자코야 일본 레스토랑

토리스 스트리트에 위치한 일식 뷔페 레스토랑인데, 일반적인 메뉴도 주문이 가능하다. 음식의 가짓수와 디저트가 특별하게 많지는 않지만 한국사람들의 입맛에 아주 잘 맞는 곳으로, 럭셔리한 분위기가 돋보인다.

❻ 방케로완 야시장

신선한 과일을 구매할 수 있는 곳으로, 우리나라의 재래시장 같은 곳을 상상하면 된다. 구매는 하지 않더라도 한번쯤은 가서 필리핀에는 어떠한 과일들을 파는지 구경해보는 것도 좋을 것 같다.

❼ 독수리 보호센터 (Eagle Conservation Center)

필리핀 독수리 보호 센터에서는 필리핀의 국조이자 세계에서 제일 큰 독수리를 볼 수 있다. 필리핀 독수리는 하늘에서 제일 큰 비행자로 알려져 있으며, 날개는 총 2미터의 길이를 자랑한다.

❽ 타볼리 위빙센터 (T'boli Weaving Center)

타볼리 위빙센터는 인슐라 센추리 호텔 바로 옆에 위치해 있으며, 원주민들이 직접 짠 섬유제품을 구입할 수 있는 곳이다. 매일 이곳에 나와 직접 제품을 짜는 이국적인 전통의상의 원주민 여성들도 만날 수 있다.

❾ 아포산 국립공원(Mt.Apo Nationalpak)

다바오시에는 필리핀의 최고봉인 아포산(해발2954m)이 우뚝 솟아 있다. 아포산은 필리핀에서 가장 높은 산으로 다바오에서 생활하는 사람이라면 한번쯤은 가보길 추천하지만 관광지로 많이 발달된 곳이 아니고, 시내에서 약 5시간이상을 가야 해서 아포산에 가본 사람을 찾기가 어려울 정도로 한국 어학연수생들이 쉽게 찾는 곳은 아니다.

❿ 아테네오 대학

아테네오는 필리핀에서 우리나라 연세대와 같은 명성이 있는 대학교로서 마닐라 캠퍼스뿐만이 아니라 다바오에도 캠퍼스가 있다.

⑪ Shrine Church, 산페드로성당

다바오에는 역사 깊은 교회, 성당이 많다. 신앙이 있는 사람은 물론이고, 한국에서 자주 찾지 않았던 사람들도, 가끔씩 방문해서 필리핀현지인들과 담소를 나누는 만남의 장으로 이용하여도 좋다.

⑫ 이슬라레타 섬

숙박을 하기에는 적합하지 않지만, 오전에 떠나 오후에 되돌아오기에 좋은 곳이다. 아주 조용하면서 재미있는 시간을 보낼 수 있는 아름다운 섬이다. 달력 배경을 해도 손색이 없을 정도다.

⑬ 포레스트 힐(Forest Hill)

필리핀사람들도 많이 가지 않는 조용한 휴양지로서 수영장에도 사람이 많지 않아 편하게 수영을 즐기고 올 수 있는 곳이다. 수영장 안쪽으로 먹거리가 있고, 주위는 나무로 둘러싸여 있다. 리조트 시설은 크게 좋지 않다.

⑭ 갭팜(Gap Farm)

동물농장의 일종으로 동굴 유적지나 다바오의 유적지를 관찰하고, 산책하기 좋은 곳이다. 자그마한 수영장도 있다.

⑮ 매래그 랜드(Mereg Land)

다바오 어학연수생들의 인기 휴양지이다. 가족단위나 단체로 많이 찾고 있으며, 숙식 및 식사가 저렴한 편이다. 수영장도 다른 곳보다 잘 되어 있다.

⑯ 워터프론트 리조트(Water Front Resort)
세부에 있는 워터프론트호텔이 럭셔리한 느낌이라면 다바오에 있는 건 한가함과 여유로움을 즐길 수 있는 곳이라고 할 수 있다.

⑰ 태리쿠드섬
다바오시에서 약 한 시간 정도 배를 타고 가야 하는 곳으로서 필리핀에서 가장 좋은 스쿠버다이빙 수영 및 스노우클링의 장소 이다. 보트는 인슐라 호텔에서 탈 수 있다. 예전에는 아무도 살지 않는 무인도였지만, 지금은 200여 가구가 살고 있고, 다이빙 포인트들이 많이 위치한다.

⑱ 가이사노몰

마닐라처럼 쇼핑센터의 종류가 많지 않지만 가이사노몰처럼 적당히 큰 규모의 백화점이 여럿 있다.

⑲ 악어농장

악어농장이라는 이름을 이어가기 위해 악어가 있기는 하지만, 종류가 많지도 않고, 관리가 잘 되고 있지 않아 기대를 하고 가기에는 무리가 있다.

05 관광 숙박시설

마르코 폴로 다바오
(The Marco Polo Davao)
T. 082-221-0888
Mail : davao@marcopolohotels.com

카사 레티시아(Casa Leticia)
T. 082-224-0501

아포 뷰 호텔(The Apo View Hotel)
T.082-221-6430

워터프론트 인슐라 호텔 다바오
(Waterfront Insular Hotel Davao)
T. 082-233-2881

그랜드 리갈 호텔(Grand Regal Hotel)
T.082-235-0888

그랜드 맨 셍 호텔
(Grand Men Seng Hotel)
T.082-221-9040

04 바콜로드

01 지역특징

필리핀 어학연수 지역으로 대도시가 꺼려져 중소도시를 찾는 사람들에게 안성맞춤인 지역이다. 마닐라가 강사수준이 높다는 말은 많이 들었지만, 큰 차이가 아니라면 물가도 저렴하고 소박하고 친절한 주민들이 사는 이곳 바콜로드가 낫다고 생각하는 사람들도 많다.

바콜로드는 우리나라로 따지면 서울에서 차량으로 3시간 조금 더 가면 나오는 지방 정도로 생각하면 된다.

바콜로드는 네그로스 섬의 두 개의 수도 중 하나이며, 서쪽에 위치한다. 동쪽의 수도는 두마게떼이다. 동서로 나뉘어져 있다고 하지만 위치적으로는 남북에 가깝다. 큰 차이라고는 할 수 없지만 대도시보다는 물가가 저렴하고 한국 사람이 거의 없는 다바오만큼은 아니지만 한국 사람도 적은 편이다.

바콜로드는 사탕수수를 재배하여 부를 축적한 도시이다. 사탕수수는 도심에서 잘 볼 수는 없지만, 주변의 다른 작은 도시로 나가면 종종 볼 수가 있다. 중상류층 이상의 사람들이 많이 살고 있고, 타 지역과 달리 고급수입차도 많이 볼 수 있는 곳이다. 수확 철엔 직접 참여해 체험할 수 있는 기회도 있으므로 좋을 것이다.

바콜로드에 있는 어학원들은 전체적으로 시설이 좋고 숙박비도 저렴한 편으로, 학생들의 만족도가 높다. 기숙사뿐만 아니라 홈스테이나 하숙을 의뢰해주는 학원도 있으므로 다양한 체험을 해볼 수도 있다.

> **TIP** 홈스테이를 막연히 하고 싶다는 생각으로 신청하면 후회를 할 수도 있다. 기숙사와 잘 비교를 해보고 선택하도록 하자.

> **TIP**
> **장점** 1. 조용하고 잘 정리된 깨끗한 도시다.
> 2. 도시민들이 아주 순박하다.
> 3. 한국학생들이 적다.
>
> **단점** 1. 국내선 환승이 불편하다.
> 2. 학원수가 부족하여 학원 선택의 폭이 좁다.
> 3. 문화생활의 폭이 작다.

02 추천 어학원

01 LSLC

- **학원주소** : La Salle Ave. Bacolod City, 6100 Philippines
- **홈페이지** : http://www.lslc.info/
- **규모** : 약 200명
- **특징** : 필리핀의 명문 사립대학교 라살대 부설 연수기관으로서 진정한 캠퍼스 생활이 가능하다.
- **장점**
  - 라살대학교 대학생들과 자연스러운 만남이 가능하다.
  - 대학교 청강이 가능하다.
  - 라살대학교 수료증 발급 및 일부 국내 대학의 학점 인정
  - 라살대학교에 있는 시설들을 이용 할 수 있다 (라살대학교 학생증 발급)
- **단점**
  - LSLC 학생들만 있는게 아니므로 매우 혼잡스럽다.
  - 방학 때 주니어들이 단체로 들어오는 경우가 있다.
  - 외부기숙사이다.
  - 학교 바로 앞이 차가 다니는 도로이고 사람이 많아 밤에는 혼자 나가지 않는게 좋다.
  - 복장에 대한 규제가 있다.
- **학원비** : 70만원 / 월
- **숙박비** : 1인실 70만원 / 2인실 55만원 / 3인실 50만원 / 4인실 45만원 / 월

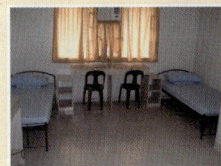

02 OK-English

- **학원주소** : Lopue's South Square, Tangub, Bacolod City, Philippines
- **홈페이지** : http://www.ok-english.com/
- **규모** : 약 200명
- **특징** : 바콜로드 Lopue's South Square 단지 내에 있는 바콜로드에서 가장 규모가 큰 어학원이다.
- **장점**
  - 안전하고 조용한 지역에 위치해 있다.
  - 부지가 넓어 활동 공간 및 쉼터가 많다.
  - 선생님들이 매우 친절하다.
  - 어학원 바로 근접한 곳에 쇼핑몰, 대형마트, 극장 등이 있다.
  - 팔마스델마 리조트 수영장 무료 이용 가능하다.
  - 원어민 강좌가 발달되어 있다.
- **단점**
  - 교재가 다양하지 않다.
  - 어학원 위치가 바콜로드 시내와 다소 떨어져 있다.
  - 강사들이 매우 친절하지만, 대도시에 비해 퀄리티는 떨어진다.
- **학원비** : 78만원 / 월
- **숙박비** : 1인실 62만원 / 2인실 54만원 / 3인실 49만원 / 2+1 영어기숙사 62만원 / 월

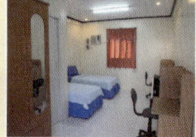

03 ILP

- **학원주소** : 27 th Lacson St.,Brgy Mandalagan Bacolod city
- **홈페이지** : www.ilpschool.com
- **특징** : 저렴한 비용으로 1:1 수업을 많이 수강할 수 있는 소규모 어학 기관이다.
- **장점**
  - 학비가 저렴하다.
  - 1:1 수업이 타 어학원에 비해 많은 편이다.
  - 소규모 학원 중에서 비교적 평이 좋다.
- **단점**
  - 강사진이 뛰어나지 않다.
  - 그룹 수업이 발달되어 있지 않다.
- **학원비** : 67 만원 / 월
- **숙박비** : 1인실 65만원 / 2인실 49만원 / 3인실 42만원 / 4인실 38만원 / 월

03 바콜로드의 이모저모

❶ 쇼핑

필리핀에 도착해서 가장 먼저 하는 것이 어쩌면 쇼핑일 것이다. 쇼핑이라 해서 마구 물건을 사는 걸 뜻 하는 게 아니라 가장 먼저 필요한 생필품을 사는 것을 말한다. 대표적인 쇼핑 지역은 로빈슨 백화점과 에스엠 쇼핑몰, 가이사노 시티, 다운타운 등이 있다. 먼저 로빈슨은 백화점이다. 그래서 슈퍼마켓도 있긴 하지만 대부분 옷이나 신발 등의 물건을 구입하는데 용이하다. 에스엠은 우리나라로 치면 대형 마트 같은 곳이다. 바콜로드의 에스엠은 필리핀 내에서도 다섯 손가락 안에 꼽히는 대형 매장이다. 이곳에서 주로 옷 등의 물건도 구입하긴 하지만 주로 생필품이나 먹거리 등을 구입하는데 용이하다. 가이사노 시티는 앞서 말한 두 곳보다 좀 작은 규모의 쇼핑몰로 질이나 규모 면에서 좀 떨어지지만 가격은 가장 싸다. 참고로 이곳에서 필자는 티셔츠를 40페소(약 1,000원 정도)에 구입을 했었다. 물론 싼 만큼 질이 떨어지지만 잘 찾아 본다면 정말 좋은 것들을 구입할 수 있는 쇼핑의 묘미가 있는 곳이다. 다운타운은 사람들이 대부분 핸드폰을 살 때 가장 먼저 찾는 곳이다. 재래시장 같은 분위기라 보면 되겠다. 단, 처음 가는 사람들은 길을 잃을 수도 있으므로 가급적이면 길을 아는 사람과 동행하는 것이 좋겠고 무엇보다 이곳은 사람들이 많기 때문에 소매치기 등의 범죄를 조심해야 한다. 항상 자기 물건은 자기가 간수해야 하는 것이다! 그리고 이 곳은 과일을 사기에 좋은 곳이다. 물론 에스엠 등에서 과일을 구입해도 되지만 이런 곳이야 말로 가장 필리핀의 정서를 느낄 수 있는 곳이 아닐까? 그 외에도 머큐리 스토어 같은 중소규모의 마켓들과 여러 재래시장이 있으니 지내면서 그런 곳들을 찾아보는 것도 하나의 재미가 아닐까 싶다.

❷ 운동

운동을 좋아하는 사람들이 많을 것이다. 이곳에선 주말마다 혹은 평일에도 충분히 운동을 즐길 수가 있다. 먼저 농구를 보자면 어떻게 보면 우리나라보다 더 뛰어난 시설을 갖췄다고 볼 수도 있겠다. 기본적으로 농구는 모두 실내 코트를 대여해서 하게 된다. 장소마다 가격은 다르지만 충분히 즐길 수 있기에 아깝지 않은 일이다. 우리나라와 다르게 길거리에 농구 골대가 많기 때문에 간단하게도 즐길 수 있겠지만 아무래도 사람들이 많기 때문에 힘들다.

다음으로 축구이다. 필자가 도착하고 그 주 주말에 축구를 하러 따라 간 적이 있었다. 굉장히… 힘들었던 것은 바로 날씨 때문이었다. 평소 운동을 안 한 탓도 있었겠지만 처음 가는 사람들에게 날씨는 거의 살인적으로 다가올 수도 있다. 물론 개인차가 있겠지만 말이다. 하지만 어느 정도 적응이 되면 괜찮아지므로 걱정하지 말고 즐기자.

축구장도 파나아드라는 곳 같은 경우는 스타디움으로써 굉장히 넓은 규모를 자랑한다. 잔디보다 잡초가 많긴 하지만 수중전을 즐길 수 있는 곳이다. 이외에도 축구를 즐길 수 있는 곳들이 있지만 다소 규모가 작다. 참고로 축구를 좋아하는 사람들이라면 축구화 등 용품을 가져가는 것이 좋다. 물론 그곳에서 살 수도 있지만 아껴야 잘 산다.

그리고 그 밖의 운동생활로는 권투, 헬스, 댄스 등을 배울 수 있다. 헬스는 부유층도 많이 다니기 때문에 좋은 친구를 만날 수도 있고, 권투는 우리나라에서는 일상적으로 접하기는 어렵지만 이곳에서 배울 수 있다면 좋은 경험이 될 것이다. 필자도 권투를 배웠었는데 정말 많은 운동이 되었다.

❸ 취미생활

여성을 위한 대표적인 취미활동으로 수영과 포켓볼, 볼링 등을 들 수 있다. 수영장은 주로 주말에 이용들을 하며 팔마스 델마와 싼타페 수영장이 대표적이다.

팔마스 델마는 리조트 개념으로 바닷가 옆에 위치하고 숙소 등의 시설이 갖추어져 있다. 수영장은 하나뿐으로 최대 수심 2미터로 그리 넓지는 않다. 그 대신 이곳에서는 원두막 같은 것을 빌려 고기를 구워먹을 수 있는 곳으로 안성맞춤이다. 다만 모기약은 필수이다.

싼타페는 바콜로드 외곽에 위치하고, 말 그대로 수영장으로 여러 개의 풀이 있다. 이곳 역시 최대 수심 2미터이고 넓은 규모를 자랑하는데 수영 강습을 받기에 좋은 곳이다. 미끄럼틀도 있는데 이용하면 상당히 재미있다. 그 외에 탁구장과 음식점도 같이 있으므로 참고하자.

그리고 또 하나의 취미생활인 포켓볼이 있겠다. 지내다보면 알겠지만 필리핀에서는 우리나라와 다르게 정말 많은 사람이 포켓볼을 즐기는 모습을 볼 수 있다. 치는 것도 잘 친다. 섣불리 도전하지 말자. 많은 여성들이 이곳에서 처음으로 포켓볼을 접하고 빠져들기도 한다. 물론 한국으로 돌아오면 만만찮은 가격 때문에 거의 접기는 하지만 말이다. 많은 수량을 보유는 하지만 질적인 면은 다소 떨어지지만 건전한 취미 생활 중 하나로 즐겨보자.

이 밖에도 배드민턴 등을 칠 수 있는 장소도 있으니 참고하자. PC 방도 있다.

이외에도 많은 취미생활이 있을 것이다. 주말이나 평일에 이런 취미 하나씩 갖고 생활하는 것이 좋을 것이다.

❹ 먹거리

필리핀은 먹거리가 정말 많은 곳이다. 찾아볼수록 새로운 곳이 많다. 외국이라 그런 것인지도 모르겠다. 우선 대표적인 맛집을 찾아보자.

먼저 팔라팔라를 꼽을 수 있다. 팔라팔라는 쉽게 생각하면 수산물 시장이라 볼 수 있다. 올드 팔라팔라와 뉴 팔라팔라로 나뉘는데 취향마다 틀리겠지만 필자는 올드 팔라팔라를 추천하고 싶다. 우선 차이점은 올드는 자신이 재료를 선택한 재료들을 음식점에 가서 조리해 주면 먹는 곳이지만 뉴는 일반 음식점과 같은 곳이다.

올드 팔라팔라는 음식점 이름이 아니라 그 지역을 통틀어서 일컫는다. 그곳에 가면 음식점과 함께 길게 늘어져 있는 수산물 시장을 볼 수가 있다.

시장에는 생선, 조개, 크랩, 랍스타, 새우 등을 팔며 자기가 원하는 재료를 원하는 킬로만큼 사서 옆의 음식점으로 가면 어떻게 조리할 것인지를 묻는다. 각자의 취향에 맞게 주문을 하고 즐기면 되겠다. 이곳은 많은 사람들이 함께 가는 것이 가격적으로도 이익이며, 개인당 300~400페소 정도면 배불리 먹고 나올 수 있다.

한국에선 먹기 힘든 랍스타, 크랩 등을 즐겨보자. 생선 등을 살 때는 살짝 흥정을 하는 것도 가능하므로 능력껏 도전해 보자.

다음은 싼타페이다. 앞서 말한 수영장과 동일한 이름이지만 착각하지 말길 바란다. 싼타페는 건물을 칭하는 것으로 락슨 스트릿(메인 도로)에 위치하고, 라쿤파크 근처에 있어 찾는 데는 어려움이 없다. 이곳에선 쿠루와타이과 페페스 등을 꼽을 수 있겠다. 쿠루와타이는 타이 음식점으로써 개인적으로 가장 좋아하는 곳인데, 느낌을 말하면 매콤, 달콤, 새콤이랄까. 다른 곳에 비해 약간 비싼 느낌이지만 그만큼의 가치가 있는 곳이다.

꼭 가보자. 페페스는 평균적인 가격의 음식점으로 립 등의 음식을 즐길 수 있다.

싼타페 건물 자체가 약간 부유한 분위기이므로 금요일이나 토요일 밤엔 언제나 사람들이 많이 붐빈다. 그리 크지 않은 건물임에도 식사를 하기에는 좋은 곳이다.
치킨 요리를 좋아한다면 치킨 델리와 치킨 하우스를 추천한다. 두 곳은 각각 체인업체들이며 약간의 차이는 있지만 크게 다를 게 없다.
치킨 델리가 약간 달콤한 맛을 낸다면 치킨 하우스는 단백하다고 할 수 있다. 가격도 저렴하므로 각자의 취향에 맞게 즐겨보자.
팁으로는 깨끗이 손을 씻고 손으로 먹는 것이 더 맛있는데, 밥도 마찬가지다. 불결해 보인다고? 그러나 어느 순간 따라하고 있는 자신의 모습을 발견하게 될 것이다.ㅎㅎ
또 치킨을 즐길 수 있는 망이낫살을 소개한다. 이것은 바콜로드의 고유 음식이며 다른 지역에서도 즐길 수 있지만, 본고장에서 즐기는 맛과는 다르게 정말 맛있다. 참고로 에스엠에 있는 체인점보다는 이스트블럭에 위치한 메인을 추천한다. 이 밖에서 조's 치킨 등이 있다.
길거리를 다니다 보면 심심치 않게 렉촌이라는 통돼지 구이를 볼 수 있을 것이다. 애기 돼지를 구운 것으로 원하는 양만큼 구입해서 다른 식당에서 먹을 수도 있다. 이왕이면 필리핀 친구들과 함께 예의에 어긋나지 않는 정도를 배워가며 해보자. 음식을 싸와서 다른 식당에서 먹을 수 있는 것, 이런 것이 필리핀 특징 중 하나이다. 물론 그 음식점의 음식을 시켜야 되지만 말이다. 렉촌은 껍질은 바삭하지만 고기는 참 느끼하다. 얼핏 보기에 수육같은 느낌이지만 웬만하면 소화하기 힘들다. 그래도 한 번 쯤은 좋을 것 같다.
립 요리를 좋아한다면 로드바이런을 추천한다. 여기는 립만을 파는 곳으로써 저렴한 가격을 자랑한다. 음식과 음료를 다 시키면 약 100페소 정도가 나오는데 그 맛은 단연 최고이다. 다만 흠은 양이 좀 적다는 것. 하지만 필리핀 사람들이 우리나라 사람들에 비해 양이 적기 때문에 이것은 어딜 가나 마찬가지일 것이다.
피자라면 맘마리아 피자가 있다. 여느 다른 피자와는 크기에서부터 차이가 난다. 맛 또한 일품이며 씬 피자이다. 원래 가장 큰 사이즈를 시키면 보통 필리핀 사람들은 열 명 이상이 먹지만 우리나라 사람들은 6명 정도면 충분히 먹을 수 있다. 물론 위장이 큰 사람에 한해서다. 보통은 8~10명 정도가 적당하다. 배달도 가능하니 이용해 보자.
대표적인 한국 식당으로는 3군데가 있다. 모아와 코리안 그릴, 아리랑이다. 모아는 락슨 스트릿에 있고, 코리안 그릴은 로빈슨 근처, 아리랑은 골든 필드에 있다. 모두 비슷한 가격대인데, 다른 음식점에 비하면 많이 비싸지만, 정말 그리울 때 한 번씩 찾아가게 된다.
이 밖에도 챠우킹, 밥스 등이 유명한 곳인데, 속속들이 숨어있는 곳을 발견해 나가며 즐기는 것도 재미있다.

❺ 여행지

바콜로드 자체 내의 여행지는 별로 없다. 하지만 지리적으로 찾아가기 좋은 곳이므로 몇 곳을 추천한다.
먼저 첫 번째 코스로 라카원을 꼽을 수 있다. 바콜로드에서 지프니를 타고 약 40분~1시간을 가고, 배를 타고 20분 정도를 더 가면 나오는 작은 섬이다. 정말 작은 섬이다.
하지만 처음 보는 바닷가 맑은 물은 마음까지 설렌다. 숙박과 음식점 이용도 가능하고 당일치기뿐만 아니라 일박 정도의 여행도 추천할 만하다. 물론 술과 고기 등은 직접 준비해서 가야 한다.
솔직히 다른 여행지에 비해 다소 마음에 흡족하지 않을 지도 모르겠지만, 부담없이 주말에 처음으로 놀러가기엔 좋은 곳이라는 생각이다. 참고로 지프니는 빌려서 가는 것이 좋다.

그렇지 않으면 올 때 고생한다. 그리고 배 시간도 있으니 섬에 들어갈 때 나오는 배 시간도 잘 알아보고 움직이자.
 다음은 맘부칼을 들 수가 있다. 맘부칼은 온천 및 폭포를 구경할 수 있는 곳인데, 여기도 약 한 시간 정도의 시간이 걸린다. 라카원과는 다르게 오고가는 버스가 있지만, 단체로 간다면 지프니를 빌려서 움직이는 것이 나을 것이다.
여러 개의 폭포가 자리 잡고 있으며 구경을 하려면 산을 올라가야 한다. 계단이 좁고 높은 곳이 여러 곳 있으므로 조심해서 다녀야 한다.
그 외에도 여러 개의 수영장과 온천이 있다. 온천은 말이 좋아 온천이지 그냥 야외에 뜨거운 탕을 만들어 놓은 곳이다. 하지만 이런 곳이 흔치 않기 때문에 즐기기에는 좋다. 다만 간혹 때를 미는 경우를 볼 수 있는데, 그건 매너가 아니기에 좀 자제하는 것이 좋겠다.
이곳도 리조트 같은 숙박시설과 음식점 등을 함께 갖추고 있다. 숙박할 것이 아니라면 가벼운 나들이로 다녀오기에 좋다. 수영복은 지참하는 센스!
바콜로드는 일로일로와 가까운 도시이다. 배로 약 한 시간 정도 걸리는데, 그 길목에 위치한 조던이라는 섬이 있다. 그곳엔 기마라스라는 괜찮은 곳이 있다.
가는 방법은 먼저 일로일로까지 배를 타고 간 뒤, 거기서 조던 섬으로 들어가는 배를 갈아탄다. 그리고 기마라스에 들어가는 지프니를 타고 간다. 다소 피곤한 여행길이 될 수도 있다. 특히 배멀미를 하는 사람이라면 참으로 고된 여행길이 될 수 있다. 왜냐하면 유독 파도가 심한 곳이기 때문이다.
숙박시설과 음식점이 있지만 역시 여기도 음식을 싸가는 편이 유용하다. 주로 고기를 구워 먹을 사람에 한해서 말이다.
이곳은 파도를 가르는 수영실력을 기르기엔 정말 좋다. 그만큼 파도가 세다. 가만히 서 있어도 파도를 맞으면 넘어지는 것은 다반사다.
숙소는 해변 바로 옆에 자리 잡고 있다. 4~5개 정도의 계단을 올라가면 숙소인데 밤엔 파도가 문 입구까지도 올라온다. 어느 정도인지 감이 오는가?
그럼에도 이곳을 추천하는 이유는 수영보다는 조용히 여유를 즐기기에 좋은 곳이라는 것이다. 부서지는 파도 소리를 들으며 해변가를 산책하기에는 더 없이 좋은 곳이다. 게다가 밤이 되면 같이 온 동료들과 술 한 잔에 이야기를 나누기에도 좋은 곳이다.
이 밖에도 약 6~7시간 정도 걸리는 보라카이, 30분이면 날아가는 세부가 있지만, 그런 유명한 관광지가 아니더라도 옆 도시에 간다던지 하는 짧은 여행도 충분한 볼거리와 즐거움을 선사할 것이다. 자신이 충분히 즐기고 여유를 만끽하고 만족한다면 그곳이 가장 좋은 여행지가 아닐까 한다.

❻ 그 외의 곳들

바콜로드 최대의 유흥지역(?)은 바로 골든필드이다. 이곳은 카지노를 소유한 호텔과 MO2 클럽, 많은 스트립 바 등이 있다. 많은 학생들이 카지노와 클럽을 찾아 즐긴다.
카지노는 한두 번 정도 구경하는 것은 좋지만, 괜히 발을 들여놓았다가 손해 본 사람이 한둘이 아니다. '난 그렇지 않아' 라는 생각은 버리자. 온지 얼마 안 되어서 집으로 돌아와야 하는 사태가 발생할 수도 있다.
클럽엔 주말이면 언제나 사람들로 넘쳐난다. 한국이나 필리핀이나 다를 것이 없다. 다만 가끔씩 싸움이 일어나는데 조심 또 조심하여야 한다. 개인적으론 이곳은 그냥 가끔 기분전환 삼아 오는 것이 적당하다. 이곳이 아니어도 필리핀은 즐길 수 있는 곳이 많다.

바콜로드 안에는 동물원도 있다. 하지만 동물원이라 칭하기엔 다소 부끄럽다. 규모도 작지만 동물도 별로 없기 때문이다. 코끼리나 호랑이를 생각했다면 생각을 바꾸라. 기껏 해봐야 악어 정도가 전부이다.

다만 특이한 것은 뱀을 직접 만지고 어깨에 감쌀 수가 있다는 점이다. 한국에서 하기 힘든 경험이므로 한 번 쯤 해보는 것도 좋을 듯하다. 뱀을 무서워하는 여자일지라도 소리를 지르며 한 번씩 해보지 않으면 후회하지 않을까.

04 바콜로드의 여행지(가볼 만한 곳)

❶ 아포 아일랜드(APO ISLAND)

바콜로드 시내에서 버스로 4-5시간을 가면 나오는 곳으로 스킨스쿠버를 하러 많이 간다. 운이 좋으면 귀여운 돌고래도 볼 수 있는 곳이다.

❷ 맘부칼(Mambukal)

맘부칼은 매력이 넘치는 곳으로 바콜로드에서 1시간 정도 떨어져 있으며, 근처에 화산이 있어 따뜻한 온천욕을 즐길 수 있다. 리조트 안에는 폭포, 수영장, 호수, 온천, 숙소, 식당 등의 시설이 있고, 흥미로운 것은 높은 나무에 많은 수의 박쥐가 매달려 있는 장면을 볼 수 있다. 리조트의 이름은 몇 번의 바뀌어 처음에는 MAMBUKAL SUMMER RESORT로 불리다가 MAMBUKAL MOUNTAIN RESORT로 변경되었다가 MAMBUKAL RESORT로 불리게 되었다.

❸ 라카원 비치

라카원 비치는 바콜로드에서 차로 약 1시간 30분을 이동하고 배를 타고 15분 정도의 거리에 있는 개인 사유 섬으로 섬 전체를 돌아보는데, 약 30분 정도밖에 걸리지 않는 조그마한 섬으로 깨끗한 바닷물에서 수영을 즐길 수 있고, 숙소가 형성되어 있어 하루 정도 편안하게 쉬었다 올 수 있는 장소이다. 레스토랑에서는 여러 종류의 신선한 해산물을 맛볼 수 있으며 깨끗한 해변에서 일광욕을 즐길 수도 있다.

④ 팔마스 델마 리조트

바콜로드에서 약 20분 거리에 있으며 바다를 끼고 있어 석양지는 아름다운 모습을 볼 수가 있다. 리조트 안에는 수영장, 낚시, 숙소, 식당 등의 시설이 있으며 야외 결혼식을 올릴 수 있는 정원도 이쁘게 정리되어 있다.

⑤ 산타페 리조트

시내에서 약 20분 거리에 있으며, 올림픽 규격의 수영장, 조그만 동물원, 숙소, 식당 등의 시설이 갖추어져 있으며 가족 단위로 찾는 리조트이다.

산타페리조트 들어가는 입구 사진~

어딜 가나 쉽게 친해질 수 있는 필리핀친구~ 낯설하고 이뻐용~

나이가 좀 들은 리조트라 카페테리아가 크게 멋있지는 않네용

수영를 못해서 키 판을 잡고 서 있는ㅋ

자 어디 들어가 보십시다~

❻ 카반칼란 페스티벌(kabancalan festival)
볼거리 풍성한 페스티벌 구경하고 모두 하나 되어 신나게 놀다가 찍은 사진.. 누가 누군지 알아보기 힘들어요.,,ㅋㅋ

❼ 굿 얼스 로스트스(GOOD EARTH ROASTS)
- 주소 : 락손스트리트 13번길 소렌토빌딩 2층(2ND FLOOR SOREENTO BUILDING 13Th LACSON St)
- 분류 : 일반 레스토랑
- 소개 : 소렌토 2층에 위치하며 간단한 식사와 음료를 마실 수 있는 곳

❽ 뿐따따이따이비치

❾ 라이스 앤 립스
- 주소 : 락손스트리트 13번길(13Th LACSON St)
- 분류 : 일반 레스토랑
- 소개 : 메이페얼 빌딩 1층에 위치하며 현지인에게 인기가 많은 레스토랑으로 저렴한 가격에 스페어 립을 맛 볼 수 있는 곳, 또한 1주일에 3일은 200P로 스페어 립을 무한정 주문이 가능

❿ 밥스 레스토랑(BOB'S RESTAURENT)
- 주소 : 빌라몬테 (VILLAMONTE)
- 분류 : 고급 레스토랑
- 소개 : 우리나라의 아웃백, TGI와 같은 곳으로 스테이크가 베스트메뉴

⓫ 페페
- 주소 : 락손스트리트 13번길 소렌토빌딩 2층(2ND SOREENTO BUILDING 13Th LACSON St)
- 분류 : 고급 레스토랑
- 소개 : 우리나라의 아웃백, TGI와 같은 곳으로 맥주와 함께 식사를 즐길 수 있으며 베스트 메뉴는 스페어 립

⓬ 엔팅스(ENTING'S)
- 주소 : 락손스트리트 16번길 코너 (CORNER 16Th LACSON St)
- 분류 : 씨푸드 레스토랑
- 소개 : 다른 씨푸드 레스토랑에 비하여 값이 저렴하며, 특히 스페어립을 저렴한 가격으로 맛 볼 수 있는 곳

⑬ 이마이스(IMAY'S)
- 주소 : 락손스트리트 6번길(6Th LACSON St)
- 분류 : 씨푸드 레스토랑
- 소개 : 싱싱한 씨푸드를 값싸게 맛 볼 수 있는 곳

⑭ 팔라팔라(PALAPALA)
- 주소 : 락손스트리트 18번길(18Th LACSON St)
- 분류 : 씨푸드
- 소개 : 싱싱한 원 재료를 직접 골라 요리하여 먹을 수 있는 곳

⑮ 가이세이(KAISEI)
- 주소 : 락손스트리트 11번길 (11Th LACSON St)
- 분류 : 일식 레스토랑
- 소개 : 일식 전문점으로 싱싱한 회와 초밥을 맛 볼 수 있는 곳

⑯ 이나카(INACA)
- 주소 : 락손스트리트 21번길 (21Th LACSON St)
- 분류 : 일식 레스토랑
- 소개 : 일식 전문점으로 싱싱한 회와 초밥을 맛볼 수 있는 곳

⑲ 풀문(FULL MOON)
- 주소 : 컨벤션 호텔 (CONVENTION PLAZA HOTEL)
- 분류 : 중식 레스토랑
- 소개 : 정통 중식을 맛 볼 수 있는 곳으로 컨벤션 프라자 호텔 1층에 위치

05 일로일로

📁 01 지역특징

"사람들이 적고 조용하고 한적한 그런 곳, 어디 없을까요?"라는 질문을 받는다면 예전에는 바로 '일로일로' 라는 말이 나왔지만, 요즘에는 어학원과 한국사람들이 날로 날로 많아지고 있어 예전만큼 소도시 느낌이 나지 않는다. 오히려 점점 발달되어 가고 있는 주변 모습들이 대도시와 같은 분위기로 바뀌어 가고 있는 듯하다.
하지만 아직까지도 순박한 주민들로 인해 어학연수생들은 만족하고 있고, 연수예산이 충분치 않은 학생들에게 연수의 기회를 제공하는 저렴한 학원들로 인해 일로일로로 향하는 학생들이 여전히 많은 편이다.
한 달 학원비만 따져보고 저렴하다고 바로 등록하면 후회하기 십상이다!!(80% 이상의 선생님들이 강사자격증도 없는 part-time일 경우도 있고, 규정도 체계도 없는 학원에 놀라는 경우도 많다.)

> **TIP**
>
> **장점**
> 1. 저렴한 학원들이 많다.
> 2. 해변 중에서 가장 유명한 보라카이가 육로로 연결되어 있다.
> 3. 바콜로드와 비슷한 중소도시이지만 좀더 발달이 되어 있어 생활하기 편리하다.
>
> **단점**
> 1. 국내선 환승이 불편하다.
> 2. 독자적인 학원으로 인해 질이 낮은 학원들이 간혹 있다.
> 3. 대체로 어학원 시설들이 열악하다.
> 4. 선생님 수준이 다소 떨어지는 곳이 있다.

> **알아두면 유용한 필수 "따갈로그"**
>
> - 마부하이 : 어서오세요.
> - 마간당우마가뽀 : 안녕하세요.(아침인사)
> - 마간당하폰뽀 : 안녕하세요.(오후인사)
> - 마간당가비뽀 : 안녕하세요.(저녁인사)
> - 마푸티뽀나만 : 좋아요.
> - 살라만뽀 : 고맙습니다.
> - 마라밍살라만뽀 : 정말 고맙습니다.
> - 오오 : 네.
> - 힌디뽀 : 아니오.
> - 사안뽀까요나까띠라 : 어디 살아요?
> - 아노 이토? : 이건 뭐예요?
> - 달라가? : 정말이에요?

02 추천 어학원

01 네오 일로일로 센터

- **학원주소** : #39 Arguelles st.Jaro liolio city
- **홈페이지** : http://www.neo1994.com/
- **규모** : 약 100명
- **특징** : 일로일로에서 가장 오래된 역사와 전통을 자랑하는 가족적인 분위기의 어학 기관
- **장점**
  - 18년이 넘은 역사로 일로일로 내에서 가장 알려져 있는 어학원이다.
  - 스피치 대회 등 소소한 엑티비티들이 많다.
  - 오랜 경력의 강사들이 많다.
  - 학비가 비교적 저렴하다.
  - 보라카이에도 센터가 있다.
  - Tesol, 아이엘츠, 대학 프로그램 등 다양한 커리큘럼이 있다.
- **단점**
  - 시설이 깔끔하기는 하지만, 부대시설이 많지 않다.
  - 기숙사 방이 좁은 편이다.
  - 예전에 비해서 인기나 만족도가 떨어졌다.
- **학원비** : 70만원 / 월
- **숙박비** : 1인실 70만원 / 2인실 55만원 / 3인실 43만원 / 월

02 메트로코리아 일로일로 센터

- **학원주소** : Westwood Subdivision Lot 43,44,45 Block 44 Barangay Dungon-C Mandurriao, iloilo City
- **홈페이지** : http://www.mk-edu.net/
- **규모** : 약 330명
- **특징** : 명문대학교인 UP 등과 연계되어 대학 수업을 제공하고 있는 마닐라, 일로일로에 2개의 센터를 보유하고 있는 어학기관이다.
- **장점**
  - 항공 승무원 과정, 아이엘츠, 토익시험 대비반, 테솔 등의 다양한 프로그램이 제공된다.
  - 마닐라, 일로일로 캠퍼스 간의 연계연수 가능
  - 담임제 관리
- **단점**
  - 커리큘럼이나 학생 관리가 체계적이지 않다.
  - 오래된 역사에 비해 높지 않은 학생 만족도
- **학원비** : 70만원 / 월
- **숙박비** : 1인실 75만원 / 2인실 60만원 / 3인실 52만원 / 4인실 48만원 / 2+1 영어기숙사 66만원 / 월

03 일로일로의 이모저모

❶ 필리핀 국제선공항에서
4시간의 비행을 끝내고 마닐라에 도착하자 필리핀만의 고유한 향이 나를 반긴다.
"킁~ 킁~, 이게 무슨 냄새여~~ 아!! 너 양말 먹었냐?"
묘한 매력이 있는 필리핀이 나의 두 번째 발걸음을 이끌었다.
최종 목적지인 일로일로에 가기 위해 마닐라 국제공항에서 입국심사와 짐을 찾고 간단하게 환전(국내선을 이용하는 사람들은 인천공항에서 필리핀페소를 미리 준비해 오는 게 좋다)을 한 후 택시를 타고 국내선공항으로 이동했다(국내선공항으로 가는 무료 셔틀버스도 있다). 원래는 국제선공항과 국내선공항이 같은 지역에 있는데, 공항이 크다 보니 이동하려면 택시를 이용한다.

❷ 필리핀 국내선공항에서
택시를 타고 약 10분쯤 지나 국내선 공항에 도착했다.
(만약 국제선과 국내선 모두 필리핀항공을 이용하면 택시를 타고 이동할 필요는 없다.)
워낙 한국인이 많이 이용해서 그런지 국내선 공항 입구에 서툴게 씌어진 한국어 안내판이 인상에 남는다.
[양말을 머근 사람은 들어오제 마세오~!]
국내선 티켓과 여권을 보여주고 간단한 X-ray 검사대를 통과하여 국내선 공항으로 들어가니 내가 이용할 세부퍼시픽 항공사 카운터가 눈에 띄었다. 노란 간판이 있는 곳으로 가서 다시 보딩을 하고 짐을 붙인 후 공항세(200페소)를 지불하고 출국게이트 앞에서 대기하고 있으니 "일로일로Iloilo"행 피켓이 탑승안내를 해준다. 비행기에 탑승하고 출발준비를 하니 비행기가 마닐라 국내선공항을 이륙한다. 항상 느끼는 것이지만 이륙할 때의 설레임은 새로운 곳으로 가는 기대감을 한층 더 높여주는 것 같다.
"옴마~~, 비행기 뜬다~~."
이륙 후 승무원이 필리핀 과자와 아이스티를 건네준다.
"하나만 더 주시면 안 돼요? ;;;" 역시 필리핀과자는 작고도 달다. 크기가 작아 과자가 더 맛있게 느껴지는 것인지 모르겠지만, 그래서 지금도 필리핀 과자가 그립다.
약 1시간 정도의 비행이 끝나고 드디어 일로일로에 도착했다.

❸ 일로일로 공항
비행기 창문 너머로 보이는 일로일로는 내 마음을 편안하게 해준다.
대도시를 벗어나 나무와 들판이 보이는 초록 풍경이 지친 내 여정에 힘을 불어넣어 주는 느낌이다.
드디어, 일로일로 공항에 도착!!
흐미! 놀랐다. 일로일로 공항이 바뀌어 있다. 전에는 1층짜리 단층으로 된 허름한 공항이었는데, 지금은 현대식 건물로 새로 지은 건물이다. 넓고, 깨끗하고 모든 게 새것이다.
한참 발전을 하고 있는 필리핀이기에 일로일로에도 점차 발전된 시설들이 하나 둘씩 늘어나고 있다. 신공항을 오픈하면서 시내권역에서 벗어나 있지만 덕분에 일로일로 외곽을 감상할 수 있어 보너스를 얻은 느낌이다.

❹ 포근한 일로일로

일로일로는 필리핀의 다른 도시보다 높은 건물이 없는 도시 중 의 하나이다. 적당한 높이의 건물과 건물 사이사이의 나무들이 잘 어우러진 정이 가는 도시이다.

❺ 일로일로는...

잠깬!! 여기서 간단히 일로일로에 대해서 설명을 하자면.. 일로일로는 필리핀 중부지역에 위치한 파나이 섬의 주도이다. (우리나라로 보면 도청소재지 정도. 규모면에서 보면 전주나 청주 정도의 도시이다.)

파나이 섬은 보라카이 섬으로도 유명한 지역이다. 필리핀 중부지역의 일로일로는 교육도시로 알려진 곳이다. 교육도시의 명성답게 크고 작은 단과, 종합대학이 약 30여 개나 일로일로에 있다. 여느 도시보다 학구열이 높고, 눈빛이 순수한 대학생들이 많은 곳이다.

대학들이 많다보니 자유롭게 대학문화나 시설을 이용할 수 있는 큰 장점이 있다. 더불어 카지노 같은 유혹이 강한 위락시설이 없어 공부하기에 더 없이 좋은 곳이다.

"유후~ 나 공돈 생겼는데 카지노나 갈까?"
"일로일로는 카지노 없는데~."
"그럼, 공돈 20만 원으로 라스베가스까지 가야 되는 거니??" ㅠ

일로일로를 간단히 표현하자면 조용하고 안전한 곳에서 공부하기에 좋은 곳이다!!

혹자는 일로일로가 시골 같고 오래 있으면 지루하다고도 하지만, 개인마다 선호하는 타입이 다르니 정답은 본인이 알 것이다. 나는 조용하고 적당한 편의시설이 있으며, 물가가 저렴하고 편하게 지프니를 타고 다닐 수 있는 이곳이 좋다. ^^

❻ 어학원도착

차로 30분 정도 가니 내가 연수하게 될 어학원에 도착하였다. 주말에 도착했기에 기숙사 배정을 받고 짐을 풀고 간단한 설명을 들은 후 휴식을 가졌다.

드디어, 월요일 개강 첫날이다. 아침 먹고 레벨테스트를 봤다. 각 파트별로 분류된 시험을 보고("현재 필리핀 대통령은 누구죠?" "부시요" ;;;), 필리핀 선생님과 일대일 스피킹 테스트... 여전히 입에서만 맴도는 영어는 밖으로 튀어나오지 않고 긴장만 증가시켰다("Which do you prefer, fruit or meat?" "Yes!")

꼭!! 열심히 공부하고 연습해서 연수 후 한국 돌아갈 때는 자신감 있는 모습으로 변신해 있을 것이라는 다짐을 재확인하는 시간이었다.

❼ 수업

레벨테스트 다음 날 과목별 레벨과 전체 레벨을 받고 수업스케줄에 맞춰 수업이 시작되었다. 어색하기도 하고 떨리기도 하고.. 영어 못하는 내가 창피하기도 했지만 하나하나 들어주고, 짚어주고,, 순수하고 열정적인 눈빛으로 강의하시는 선생님들과의 수업은 공부하는 동안 자신감과 영어는 극복해야 하는 장애물이 아닌 즐거운 언어라는 걸 깨닫게 해주는 시간들이었다.

아침 8시부터 시작되는 수업은 밤 9시경이 되어 끝난다(1일 8시간 정도 수업). 타이트하고 체계적인 커리큘럼은 자칫 흩어지기 쉬운 생활패턴을 잡아주며 학습효과를 높여준다.

"자~ 숙제 펴보세요~~."
"저기..;; 숙제를 할라 그랬는데요.. 방에 볼펜이 하나도 없는 거예요~. 그래서 혈서를 쓸 수도 없고...사정이 어쩔 수 없었죠....:"
주중에 이렇게 열심히 공부하고 생활하면 어느덧 주말이 다가온다.

❽ 주말
주말은 주중과 달리 스스로 시간을 활용할 수 있는 시간이다. 많은 친구들은 새로운 경험과 스트레스 해소를 위해 여행을 많이 간다. 일로일로에서 여행 중의 여행은 "보라카이"로의 여행이다.
한국여행사의 고가 패키지여행이나 신혼여행지로 선망하는 곳이기도 하다.
경제적으로 여유롭지 않는 나에게는 이곳에서의 꿈같은 여행은 연수하면서 누릴 수 있는 큰 보너스다(2박3일 정도 여행시 모든 비용포함 약 10~20만 원 정도). 이외에도 바콜로드시가지 여행, 기마라스, 안티케 등등 아름다운 비치로의 여행도 빠질 수 없다.
세부 또한 배편을 이용하여 주말여행을 다녀올 수 있다.
마지막 여행은 연수 후 한국 귀국 전 마닐라 투어까지~~, 필리핀 주요지역을 다 돌아볼 수 있는 이점이 있다.

❾ 엑티비티
스킨스쿠버를 수강하고 준 전문자격취득 후 포인트에 가서 다이빙하는 코스, 프로골프에게 개인 강습을 받으며 골프의 기본도 배우고 18홀 정규필드에서 여유로움과 럭셔리(?)한 경험을 할 수 있다.
("사모님, 나이스 샷~~!!", "공이 바다로 빠졌는데 나이스 샷입니까!!", "야;;그럼 굿샷~~인가?";;)
역사 깊은 성당 과 유적지는 필리핀의 문화를 체험할 수 있다. 여행을 가지 않는 경우는 일로일로 시내에 있는 대학 캠퍼스에 가서 현재 대학생들과 만나 대화도 하고 일로일로의 압구정동이라 불리는 스몰빌에서 여흥을 즐기거나 피로회복을 위한 마사지를 받을 수 있다.
주중엔 열심히 공부하고 주말엔 문화체험과 배낭여행을 한다. 하루하루 최선을 다하고 즐겁게 지내다보면 어느새 연수기간이 끝나 가고 있을 것이다.

❿ 조용한 도시
일로일로는 비사얀제도에서 가장 근대적이고 큰 도시이며, 서부 비사야지역의 문화, 종교, 상업, 제조, 교통의 중심지일 뿐만 아니라, 마닐라나 세부 등 다른 대도시에서 느낄 수 없는 삶의 여유를 느낄 수 있는 중, 소도시라고 할 수 있다. 몇 년 전만해도 작은 시골같은 분위기로 사람도 적고 어학원도 적어 조용히 공부하기에 적합한 지역이었지만, 현재는 마닐라, 세부 못지않게 한국사람이 많이 찾는 지역이 되었고 어학원도 계속 설립되고 있다.

04 일로일로의 여행지(가볼 만한 곳)

❶ 보라카이

세계 3대 beach중의 하나인 보라카이 섬은 7km, 동서로는 1~2km로 굉장히 작은 섬으로 어디든지 걸어서 갈 수 있다. 하지만, 자전거나 오토바이를 빌려서 섬 일주를 할 수도 있다. 어떤 책에서는 보라카이 섬을 "천국에 가장 가까운 섬 "이라고 표현할 정도로 한번 갔다 온 사람은 보라카이 섬을 절대 잊지 못한다. 환상적인 저녁노을, 곱고 하얀 백사장, 바다속 깊은 곳까지 들여다보이는 깨끗한 바닷물 등 자연의 조화에 흠뻑 취할 것이다.

❷ 일로일로 신공항

일로일로 신공항 전체사진 구 공항과 심하게 비교되는ㅋ~

신공항1층 입구~
너무너무 깨끗하고 좋네요~

신공항1층 입구~
너무너무 깨끗하고 좋네요~

신공항 3층 대기실~ 안 깨끗한 곳이 없네요~ 역시 새것은 좋은 것이야~! ㅋ

❸ 일로일로 골프

사모님~나이스샷~ 근데 폼이 약간 엉성한것 같기도 하공 ㅋ

❹ 로빈슨몰
SM 만큼 꽤 인기있는 로빈슨 몰~~

❺ 몰로성당

어딘지 깊이가 느껴지고 엄숙해지는 몰로 성당의 웅장한 모습~

몰로광장의 모습~

❻ 일로일로 시내모습

달리는 버스 안에서 절대 흔들리지 않고 사진을 찍어주는 센스~! 일로일로 시내 모습~

❼ 디냐기양축제

역시 축제는 재밌어~! 일로일로 디냐기양 축제 대단했슴~

⑧ 스포츠

스포츠 컴플렉스~

⑨ CPU 대학

역시 더울 땐 수영장이 최고!! CPU대학 수영장~

⑩ 기마라스

기미라스는 조단(Jordan)을 중심으로 이루어져 있는 섬으로 보라카이 섬보다 크고 아름다운 경치를 자랑하고 있다. 또한 보라카이 비교할 수는 없지만 좋은 경관과 함께 바라스 리조트(BARAS RESORT)와 fp이몬트 리조트가 자리 잡고 있어 관광객들에게는 좋은 휴양지가 될 수 있다.

⑪ 락소스

일로일로에서 유명한 동물원으로 필리핀에서 볼 수 있는 야생동물 및 야생화를 맘껏 즐길 수 있으며, 또한 수영장, 사격장 레스토랑 등 하루 여가활동을 즐길 수 있도록 잘 겸비되어 있어 만족할 수 있는 휴일을 보낼 수 있다.

어딘지 깊이가 느껴지고 영숙해지는 물로 성당의 웅장한 모습~

⑫ 일로일로 박물관(Museo Iolilo)

일로일로의 시내 중심가인 라파즈(Lapaz)의 보니파치오 대로(Bonifacil Drive)가 시작되는 곳에 위치해 있다. 파나이 섬에서 발굴된 유물들과 과거, 스페인 식민시절 스페인 사람들이 착용하던 장신구 등이 전시되어 있고, 또한 19세기 기마라스 아일랜드(Guimaras Island) 근처 바다에서 침몰한 영국선박에서 건져 올린 빅토리아 도자기, 포르투갈 산 적포도주, 스코틀랜드 산 글래스고우 맥주(Glasgow Beer) 등의 유물도 함께 전시되어 있다.

⑬ 코스타 아구아다(Costa aguada)

기마라스에서 배를 타고 들어가야 하는 곳으로 섬 자체가 리조트라고 볼 수 있다. 섬 안에 마을이 하나 있는데 주민은 약 100여 명 정도이다.

⓮ 알루비후드
기마라스에서 해변을 끼고 있는 유명한 리조트이다.

⓯ 뉴 워싱턴 파크(New Washington Park)
일로일로 시내에서 약 3시간을 달리면 아클란이라는 곳이 나오는데 아클란지역에 있는 테마파크 정도로 볼 수 있다. 수제 인형이 특히 유명하고, 간단한 놀이기구와 수영장도 있다. 보라카이를 갈 때 잠깐 들려주는 센스를 발휘해도 좋은 곳이다.!!

⓰ 웨스트비사야스대학
주말에 잠깐 들러서 캠퍼스도 돌아보고 친구도 사귀기에 그만이다.

⑰ 미아가오성당
300년이 넘은 곳으로 유네스코문화재에 등록되어 있는 곳이다. 필수코스로 꼭 가보길 권한다.

⑱ 스몰빌
일로일로에 있는 압구정같은 곳이다. 깨끗이 잘 정돈되어 있는 거리와 레스토랑들이 필리핀답지 않다. >_<

⑲ 하로성당
일로일로 하로 쪽에 있는 성당이다.

06 바기오

01 지역특징

얼마 전 "필리핀에 가면 학업에 충실하지 않고 놀고만 오는 사람들이 많다!!"라는 말이 한동안 인터넷에 떠돌았다. 그러나 바기오는 도심과 많이 떨어져 있는 고산지대이기 때문에 특별히 놀거리도 없고, 날씨도 덥지 않고 스파르타식 학원이 발달되어 있기도 하다. 그 덕분에 바기오를 어학연수지로 선택하는 사람들이 계속 증가하고 있다.

이러한 환경이므로 "혹시라도.. 공부를 안 하면 어떡하지.."라는 걱정에서 해방될 수 있다. 다만 장점이 있으면 단점도 있는 법!!

타 지역에도 스파르타식 학원이 많이 있다. 바기오에 있는 스파르타식 학원과 어떤 점이 다르고 어떠한 특징들이 있는지 잘 따져 보고 고르도록 하자!

버스를 타고 바기오로 갈 때는 이동거리가 멀어 2-3번 정도 휴게소를 들르게 된다. 이때 본인이 탄 버스번호판을 꼭 기억해두도록 한다.

바기오에서 연수를 하고 온 학생들은 우리나라 고시원에서 외부 출입 없이 공부하는 것과 크게 다르지 않아, 필리핀에 대해서 모르는 것들이 많다. 또한 다른 지역처럼 주말에 편하게 잠시 바닷가에서 호핑을 하고 오거나 건전한 해양스포츠를 즐기기도 어렵다.

> **TIP** 바기오로 가는 버스를 탈 때 필수로 챙겨야 할 물품들
> 1. 휴지(비치되어 있는 것이 없다.)
> 2. 두툼한 재킷(에어컨이 강해 버스 안이 매우 춥다.)
> 3. 간단한 간식(휴게소에 작은 매점이 있지만, 살만한 것들도 없고, 아무음식이나 잘못 먹어 배탈이라도 나면 장시간 버스 탈 때 고생이 이만저만이 아니다.)
> 4. 목 베개(6-7시간 버스를 타야 하므로 가져가면 잠잘 때 매우 유용하다.)
> 5. 귀중품은 자신이 지닐 것(짐칸에 있는 짐을 털어갔다는 이야기도 들어본 듯하다. ;;)
> 6. MP3(옆 좌석에 수다쟁이 커플이 탔을 때 유용하다. ㅋ)

> **TIP**
> **장점** 1. 서늘한 날씨로 인해 에어컨이 필요 없다.
> 2. 특별한 놀이문화가 없어 공부에만 집중할 수 있다.
>
> **단점** 1. 마닐라에서 6-7시간 이상 버스로 이동한다.
> 2. 활동의 한계로 인해 필리핀 문화생활이 힘들고, 가볼 만한 곳이 제한적이다.
> 3. 주변 Activity가 부족하다.

02 추천 어학원

01 모놀

- **학원주소** : Purok 9, Tacay Rd., Pinsao Proper , Baguio City
- **홈페이지** : http://www.monol4u.com/
- **규모** : 약 250명
- **특징** : 현존하는 필리핀 스파르타 어학원 중 가장 인기가 좋고 체계적인 연수기관으로서 다녀온 학생들의 입소문으로 인지도가 매우 높다.
- **장점**
  - 높은 인지도와 높은 만족도
  - 우수한 강사진
  - 타이트한 스파르타 커리큘럼
  - 안정적으로 시행되고 있는 영어 기숙사
  - 성과가 매우 높은 아이엘츠 보장반
  - 다양한 주말 엑티비티 활동
  - 체계적인 학원 시스템
  - 중상급 이상의 학생들이 선호하는 비즈니스 프로그램 보유
- **단점**
  - 1인실이 없다
  - 기숙사 마감이 빠르다
  - 식사 만족도가 낮은편이다.
- **학원비** : 75만원 / 월
- **숙박비** : 2인실 68만원 / 3인실 55만원 / 4인실 48만원 / 3+1 영어 기숙사 60만원 / 월

02 헬프 바기오 센터

- **학원주소** : Longlong, La Trinidad City, Philippines
- **홈페이지** : http://www.helpenglish.co.kr/Home.aspx
- **규모** : 약 350명
- **특징** : 필리핀 최초의 스파르타 어학원으로서 가장 타이트한 프로그램과 학생 관리 시스템을 자랑하는 어학원이다.
- **장점**
  - 타이트한 커리큘럼
  - 축적된 노하우의 스파르타 학습법
  - 학생 관리 시스템
  - 바기오 2개의 캠퍼스와 (롱롱캠퍼스, 마틴캠퍼스) 클락 캠퍼스를 보유
- **단점**
  - 바기오 city 로 나갈 때의 교통편이 좋지 않음
  - 많은 수업량을 소화하지 못할 경우 독이 될 수 있음
  - 1인실이 없다
- **학원비** : 82만원 / 월
- **숙박비** : 2인실 65만원 (마틴 2인실 59만원) / 3인실 55만원 / 4인실 47만원 / 월

03 파인스 바기오 센터

- **학원주소** : 2nd Floor, CooYeeSan Plaza Hotel, Naguilian Road, Baguio City, Philippines
- **홈페이지** : https://www.pinesschool.co.kr:55883/
- **규모** : 약 400명
- **특징** : 바기오에 2개의 센터가 있는 파인스는 소규모 스터디 그룹이 발달되어 있는 우수한 커리큘럼을 보유하고 있는 어학기관이다.
- **장점**
  - 기필성(기필코 성공한다) 등의 소그룹 스터디가 발달되어 있다.
  - 바기오에 2개의 센터가 있는 대규모 스파르타 어학원이다.
- **단점**
  - 쿠이산 호텔 캠퍼스의 경우 일반 투숙객으로 인해 시설의 집중도가 떨어짐
  - 바기오 메이저 어학원들 중 어학원 시설이 비교적 떨어짐
  - 1인실이 없다.
- **학원비** : 74만원 / 월
- **숙박비** : 2인실 65만원 / 3인실 55만원 / 월

03 바기오의 이모저모

▲ 대통령 여름 집무실

▲ 바기오 시청

▲ 캠프 존 헤이

❶ 바기오로 가는 버스

"빅토리아 라이너로 가주세요." 이번이 벌써 바기오로 가는 다섯 번째 여행길이라 눈감고도 찾아갈 수 있을 것 같다.

바기오행 버스를 기다리면서 조그마한 간이매점에서 치즈맛 과자와 음료수를 사고 유료화장실(3페소)까지 갔다가 진짜 바기오 가는 거 맞냐고 다시 한 번 확인하고 버스의 맨 끝쪽에 자리를 잡고 앉았다.

"친구~, 앞으로 6시간 이상을 걸리니까 지금부터 딱 6시간만 자자."

"뭐??! 이 좁은 버스에서 6시간을? 나 옛날에 서울에서 울산 갈 때는 우등버스타고 갔

는데, 발도 올리고 의자도 대따 많이 뒤로 젖혀져서 편했는데, 이 버스는 좀 심하다." 바기오에 처음 가보는 친구는 빅토리아 라이너로 가는 택시를 탈 때부터 이렇게 늦은 밤에 출발하면 너무 위험한 거 아니냐, 그냥 가지말 걸 그랬다는 둥 걱정이 태산이다.

버스 안은 겨울?

"아우~, 추워!! 에어컨 좀 꺼달라고 니가 말좀해!"

"ㅋㅋ 여기 에어컨은 못꺼."

"왜??!"

"새벽이라 졸음운전 방지용이거든. 그러게 내가 잠바 하나 챙기라고 했잖아!" 나는 항상 이 버스로 바기오를 다녀왔기 때문에 버스 안은 거의 11월 겨울날씨쯤 되는 것을 알고 있었으니, 친구에게 버스는 아주 추우니까 잠바 하나쯤 챙기라고 미리 말을 해 두었다.

"야! 추우면 에어컨을 끄면 된다고 생각했지." 그냥 있어도 추운데 잠까지 자려니 에어컨 바람이 보통 찬 게 아니어서 여별로 가져온 내 잠바 3개 중 하나는 친구가 입고, 2개는 내가 입고 남는 티셔츠까지 목에다 칭칭 감아 둘렀다. 그때! 갑자기 떠오르는 아이디어가 하나! 창문마다 달려있는 커텐을 위로 들어서 태풍처럼 나오고 있는 에어컨 바람을 막고, 짐 선반 위에 조금 남는 천을 살짝 걸쳐 무거운 짐으로 눌렀다. "오~, 미경~. 머리 좋은데." 별것도 아닌데 이렇게 커텐으로 살짝 에어컨을 가려놓았을 뿐인데 훨씬 따뜻하다.

❷ 휴게소
"휴게소에 입니다. 15분 쉬겠습니다." 의자가 90도인지라 자고 일어난 자세 그대로 목이 잘 움직여지지도 않는다.
"발릇~~ 발~릇!" 버스에서 내리기가 무섭게 돼지비계를 튀겨서 파는 아저씨, 얼음물을 파는 아저씨들이 화장실 직전까지 계속 따라왔다. 필리핀에서 꽤 오래 지냈지만 돼지비계 튀긴 것은 아직도 낯설다. 한국에서 삼겹살을 먹을 때도 비계는 떼고 먹는 스타일이라 엄두가 나질 않았는데, 맛있다는 말에 먹어볼까 하다가도 살이 찔까 해서 지금까지 먹지 않았다. "미경~, 발릇이 뭐야? 삶은 계란같이 생겼던데?"
"난 안 먹어. 먹으려면 사와. 그거 병아리 부화되기 직전 알인데, 병아리 손발, 눈, 코, 입까지 다 있다는데."
친구는 얼굴이 사색이 되어 그냥 햄버거 2개와 음료수를 사가지고 버스에 올랐다.
'아이고~, 온 것만큼 더 가야 되네.' 혼잣말로 투덜거리는 친구의 말을 무시한 채 햄버거를 맛나게 먹어치웠다. 친구와 옛날 학창 시절 배꼽잡고 쓰러지는 스토리를 회상하며 웃었다.
"나는 진짜 제일 화나는 게 남은 아파죽겠는데, 옆에서 도와주지도 않고 다들 재밌다고 배꼽잡고 웃기만 하는 거야~
학교식당에서 애들하고 이야기하면서 막 웃다가 의자랑 같이 그대로 뒤로 넘어졌거든. 근데 생각해 봐. 얼마나 아프겠어. 완전 나 아파서 울겠는데, 옆에 있는 친구들은 일으켜주지도 않고 계속 죽어라 웃는 거야!! 또 한 번은 우리집 창문이 문바로 옆에 좀 낮게 되어 있는데, 창문 열어 놓으면 안이 다 보이거든. 친구들 문열어주려고 막 뛰어가다가 발가락에 쥐가 난 거야. 그래서 악소리도 못하고, 주저앉았더니 친구들이 또 난리가 난거야. 완전 남은 진지하게 아픈데, 자기네들은 막 웃고…"
이런 경우 나 같아도 웃기만 했을 것 같은데, "아, 진짜? 친구들이 심했다." 라고 맞장구를 쳤다.ㅋㅋ
"나는 대학교 중간고사에 앞 친구 꺼 완전 집중해서 컨닝 중이었거든. 근데 갑자기 뒤에서 교수님이 미경아 뭐하니? 하시는 거야~. 그래서 아, 잠깐만요, 거의 다 베꼈어요, 했다는 거 아니야."ㅋㅋ
둘이서 워낙 시끄럽게 웃고 떠들다보니 바로 옆의 필리피노가 우리 때문에 잠에서 깨버렸다. 그래서 우리는 "소우데스네~. 와따시와 타이헨데스요~." 바로 일본말을 했다.
학창 시절 이야기, 연예인 이야기, 남자친구 이야기 나중에는 정치, 경제 이야기까지 하다보니 시간이 훌쩍 흘러 벌써 4시가 되었다.

❸ 고부랑길의 정점
이제 조금만 더 자면 바기오에 도착할 수 있는 것이다. "우욱~~, 미경! 일어나봐. 멀미가 심한 것 같아. 죽겠다, 진짜."
바기오 도착 막바지에 이르면 가파른 산을 위험할 정도로 빨리 빙빙돌아 꽤 오랫동안 그렇게 산을 맴돌면서 올라간다. 나는 그냥 그 사이에도 달콤한 잠을 자면 되는데 몇몇 사람들은 얼굴이 하얗게 질려서 멀미로 너무 힘들어 하고 있다.
"야, 맨 앞좌석에 가서 앉아."
이미 몇몇 사람들은 맨 앞좌석으로 가서 죽을상을 하고 앉아 있다.

❹ 바기오 도착

"와~, 다 왔다~." 버스가 멈추자마자 다들 동시에 일어나 선반 위에 올려놓았던 짐을 부산하게 꺼내기 시작했다. "아~, 추워." 버스에서도 7시간을 떨면서 왔는데 버스에서 내리니 버스보다 조금 더 추웠다.
어느새 버스 주변에 털모자와 털장갑까지 낀 필리핀 사람들이 숙박은 자기네서 하라고 열정적인 호객 행위를 한다. "아, 춥다~. 은근히 춥네. 걍 아무데나 가자~." 피곤하기도 하고 생각보다 바기오 날씨가 추워서 아무나 따라서 우리나라 모텔 비슷한 곳으로 갔다.

❺ 숙박

"이쪽으로 들어오세요." 합의도 없이 싸게 해달라고 하고 따라왔는데 주인아저씨가 진짜 방을 싸게 주셨다. "주방도 쓸 수 있고 무슨 여행자 숙소보다 백팩커스~. 오~."
"그래그래, 난 모르겠고 일단 씻고 언능 자자." 세면도구를 가지고 화장실로 갔는데, 뜨거운 물은커녕 물을 바가지로 떠서 써야 하는 행복한(?) 시스템이었던 것이다.
"이게 뭐야~, 어떻게 씻으라는 거야~!"
"그냥 대충 씻고 자자~. 빨리 일어나서 관광해야지~." 나는 조금이라도 빨리 자고 싶은 마음에 얼렁뚱땅 물소리만 좀 내다가 옷을 갈아입고 아무 크림이나 꺼내서 얼굴에 바르고 침대에 쓰러졌다. 화장실은 그렇지만 방은 꽤 쓸 만했다. 침대도 깨끗하고 이불도 두꺼워서 따뜻했고, 창문 밖으로 보이는 경치도 특이해서 나쁘지 않았다.
"절벽에 무슨 집들이 저렇게 많이 있냐~. ㅋ 되게 웃겨~. 봐봐~, 집 진짜 많지?"
"진짜 그러네~. 나 어렸을 때 달동네 살았는데 옛날 생각난다."
피곤했지만 깨끗이 씻고 따뜻한 방에 누워 창 밖을 바라보니 마음이 안정되고 몇 년간 외국생활에서 오랜만에 자기집에라도 온 듯한 그런 느낌이다.
"근데 바기오가 생각보다 추운 건 인정하겠는데, 필리핀 사람들 털모자 쓴 거 봤어? 너무 오바야~. 우리나라에 12월쯤 오면 완전 얼어죽는 거 아냐?"
"나도 아까 딱 보니 웃기더라. 근데, 우리 그만자."

❻ 점심식사

5시간 정도 자고 일어나 외출복으로 다시 갈아입고, 점심을 먹으러 차우킹으로 택시를 타고 갔다.
"난 치킨앤라이스하고 샹하이롤 먹을래."
"맨날 치킨이야. 일단 자리부터 잡고 앉아있자."
낮부터 패스트푸드점에 사람이 왜 이렇게 많은지 겨우 빈자리 하나에 앉았다. 조금만 더 늦게 왔으면 밖에서 기다렸을지도 모르겠다. 우리는 3번이라고 쓰여져 있는 번호판을 테이블 중간에 잘 보이도록 놓고 주변 사람들을 살짝 훔쳐봤다. 이 패스트푸드점에 온 필리핀사람들은 어느 정도 직장도 있고, 안정된 삶을 사는 것처럼 보인다.
"치킨앤라이스하고 죽 나왔습니다." 주문한 음식이 도착하자마자 하던 대화를 멈추고 마구마구 먹었다. 단지 프라이드치킨과 찰지지 않고 속이 비어 있는 쌀로 지어진 밥과 치킨소스, 샹하이롤 밖에 없는데, 시원한 아이스티와 꽤 잘 어울리고 맛이 있다.

❼ 딸기농장

"이제 우리 어디 가니?"
"나만 따라와. 바기오는 내 손바닥 안이야."
느끼한 점심을 먹었으니 딸기농장에 가서 상큼한 딸기를 먹는 것도 좋을 것 같아 지프니를 타고 딸기농장으로 갔다.
이 높은 산에 지프니도 있고, 차도 많이 다니고 그냥 평지와 다를 게 없다.
"미경~, 100페소짜리 있으면 좀 줘봐." 필리핀에서는 항상 작은 돈을 갖고 다니는 게 버릇이 돼서 가끔 작은 돈이 없으면 일부로라도 큰돈을 작은 돈으로 바꿔가지고 다닌다.
"바구니 받어~." 똑같은 크기의 바구니를 하나씩 들고 농장에 흩어져서 딸기를 바구니에 양껏 담아 나오면 그 딸기는 모두 자기가 가지고 갈 수 있다.
하지만 바구니는 한계가 있기 때문에, 바구니에 하나 넣고 입속에 하나 넣고를 부지런히 하는 사람도 있었다.
"우와~, 달고 맛있다. 너도 먹어봐~."
"으~, 씻지도 않고 어떻게 그냥 먹어~."
"야! 니 입보다 딸기가 더 깨끗하거든~."
에라 모르겠다....눈을 질끈 감고 먼지 묻은 딸기를 한입에 쏘옥 넣었는데, 바기오의 시원한 날씨와 딸기의 시원 상큼함이 어우러져 입속으로 번지는 맛이 너무 상쾌하고 좋았다.
"나, 사진 찍어줘~. 얼굴은 조그맣게, 농장밖에 모습은 나오지 않게, 바구니 딸기는 먹음직스럽게, 아니아니 니가 좀더 옆에서 찍어야 될 거 같아...."
친구의 얼굴이 점점 험상궂게 변하더니 조용히 카메라를 놓고 딸기를 따기 시작했다.
-_-;; 역시 나는 셀카를 찍을 운명인가 보다 ㅋ;
"야~, 우리 그만가자~." 어느 정도 바구니도 꽉 찼고, 사진 찍는 것도 재미가 없어져서 농장주변을 돌아보았다 "딸기쨈 하나 살까? 이건 뭐지? 꿀인가?" 왠지 모든 식품들이 신선해보였고 실제로 신선하고 맛이 있다. 아무래도 농장에서 바로 나오는 신선한 농산물들로 만들어 일반 소매점에서 사는 것과는 뭔가 다르다.

❽ 번햄공원

우리는 딸기쨈 2개씩을 사서 가방에 넣고, 휴식 삼아 번햄공원으로 이동했다. 번햄공원(Burnham park)은 바기오 중심부에 있는데, 바기오에서는 꽤 유명한 공원으로 현지인들이 산책하거나 자전거를 타고 호수에서 보트를 타기도 한다.
"오~, 저거 오리 배잖아. 완전 미니 한강 같지 않아?"
"한강이 훨씬 좋지~. 한강에 비교하기는 그렇고, 그냥 아주 가끔씩 주말에 머리 식힐겸 잠깐 나오면 좋겠네."
호수를 한 바퀴 돌아보며 여유로운 필리핀사람들을 보며 나도 잠시 마음이 안정되고 함께 인 것 같아 아직도 번햄공원은 좋은 이미지로 내 기억 속에 남아 있다.
"이게 뭐지?"
"그린망고. 그거 신맛이 엄청난데, 한번 먹어볼래?"
그린망고는 옐로우망고랑 다르게 레몬처럼 신맛이 강하다. 사람들은 그린망고를 셰이크로는 선호하지만 과일로는 잘 먹지 않는다. 하지만 나는 레몬도 그냥 먹는 특이한 식성의 소유자여서 그린망고를 가끔씩

공원에서 사먹을 수 있는 새우젓뿌린 그린망고

즐겨먹는다.
"원래 망고에 새우젓 뿌려먹어?"
"음, 글쎄 나도 이런 건 처음이네."
족발에 새우젓은 찍어먹어 봤지만, 신 과일에 새우젓을 듬뿍 뿌려 먹는 건 처음 봤고 그 맛을 상상하면 먹어보고 싶지는 않았다. 친구가 그린망고를 한 번도 먹어보지 못해서 망고&새우젓을 사서 한쪽 바위에 걸터앉아 과일 귀퉁이를 조금 잘라 조심스럽게 새우젓을 묻혀 살짝 깨물었다. 역시나 내가 상상했던 맛과 너무나 흡사하다.
"으, 셔~…으, 짜~…아오~, 완전 극단적인 맛이라는…".
망고를 처음 깨물었을 때는 신맛이 입안에 확 돌았고, 마지막에는 새우젓의 짠맛이 눈을 질끈 감게 되는 여러 모로 강한 음식이다. 우리는 그린망고&새우젓의 향기(?)와 맛에 취해 번햄 공원을 둘러 다른 곳으로 이동했다.

❾ 바기오 대성당

누구나 항상 잠깐이라도 둘러보는 '대성당'을 찾아갔다. 바기오에 있는 고딕 양식의 대성당으로 도시를 내다볼 수 있는 언덕에 있는데 그 자태가 장엄해 보였다.
"우리 좀 쉬다 가자." 아무리 걸어도 지치지 않는 탄탄한 근육질(?)의 여장부인 나와 같이 다니다 보니 친구가 많이 버거웠나 보다.
"이렇게 가만히 앉아 있으려니 바람이 솔솔 부는 게 완전 좋은데."

밤이 되면 꽤 쌀쌀하지만 낮에는 적당히 시원해서 얇은 긴팔이나 반팔에 가벼운 7부 바지 정도면 딱 적당하다.

❿ 바기오 라이브 카페

"감찬해라고 있는데 거기가 볼까?"
"미경아~. 이제 그만 들어가서 술이라도 한 잔하면서 좀 쉬자! 이그!"
친구의 컴플레인에 우리는 그냥 저녁을 먹고 숙소로 돌아가기로 했다.
"우리 그냥 라이브 카페에서 안주를 저녁삼아 맥주나 한 잔할까?"
맥주를 너무 좋아하는 나는 바기오에서 먹는 맥주는 어떤지 체크(?)하기 위해 SM 백화점 근처의 라이브 카페에서 또 씨즐링 감바스와 산미구엘을 시켰다.
술집 분위기는 확실히 마닐라, 세부와는 많이 다르다. 마닐라, 세부는 시설이 좋고 규모가 큰데, 바기오는 유흥문화는 아직 발달(?)이 덜 된 것 같다. 조용한 라이브 카페를 생각했는데, 동네 비인기 나이트 클럽 수준이라 1시간 쯤 후에 숙소로 왔다.

⓫ 1회용 생필품

"샴푸 있어?"
"나 쓸 거밖에 없는데, 없으면 사올까?"
대충 점퍼를 걸쳐 입고 숙소에서 3분 정도 떨어진 구멍가게에서 일회용 샴푸 한 줄을 샀다. 필리핀에서 참 편한 것 중 하나는 생필품들을 아주 조금씩 판다는 것이다. 샴푸나 린스를 우리나라 목욕탕에서나 볼 수 있는 1회용을 쭈욱 붙여서 한 줄씩 판매하거나 필요한 경우 낱개 구입이 가능하기 때문에 우리 같은 여행객들에게는 아주 편리하다.
"아, 맞다. 우리 딸기 먹어야 되는데." 하마터면 딸기의 존재를 잊어

버려 바기오의 싱싱한 딸기가 무시당할 뻔했다.
"으악, 딸기가 벌써 물렀어. ㅠ 아무리 그래도 그렇지, 오늘 딴 딸기인데...."
"우리가 하루 종일 들고 다녀서 그래."
물렁물렁해진 딸기를 아주 조심스럽게 살짝 씻은 다음 주방에 앉은 채 그나마 괜찮은 딸기로 골라먹으며 즐겁게 수다의 꽃?을 피웠다.
"딸기를 먹고 있는데 왜 자꾸 배가 고파지지?" 얼큰한 라면국물이 생각났지만 한 접시 가득 넘치는 딸기를 라면으로 생각하고 마지막 남은 딸기까지 다 먹은 다음에 양치질을 하고 새벽의 그 침대에서 잠을 잤다.

⑫ 바기오 드라이브

오늘은 바기오에 사는 지인이 차로 가이드를 해주기로 했다. 급하게 연락을 드렸던 터라 약간 죄송스런 마음이 들었지만 고생하지 않고 편하게 다닐 생각을 하니 숙소를 나가는 발걸음이 아주 가벼웠다.
"안녕하세요. 정말 오랜만에 뵙네요." 내가 바기오를 아무리 잘 안다고 한들 일반여행객과 차 있는 바기오 주민과의 차이는 역시나 엄청스리 크다.
"우와~, 멋있다!"
바기오에 이렇게 멋있는 드라이브 코스가 있는지 어제까지는 전혀 느끼지 못했다.
"바기오에서 10년이 넘으셨는데 한국이 그립거나 바기오가 질리지는 않으세요?"
"한국은 당연히 그립죠, 근데 여기에도 이민한 사람들이 워낙 많고, 또 맨날 한국음식 먹고 지금 방영되는 한국드라마까지 다 보니까, 사실 한국이랑 크게 다른 것도 없어요."
그러고 보니 바기오에는 은퇴비자를 받고 들어와 살고계시는 한국 분들이 많은데 점점 증가하고 있는 추세이다

"이야~, 집이 왜 이렇게 좋아요?"
"캄찬해라는 곳인데 저 집이 하나에 5억이 넘죠. 아마~"
비버리힐즈 부럽지 않을 만큼 멋진 집들이 드문드문 보였고, 바기오 시내와는 빈부격차가 엄청나 조금 씁쓸하기도 했다. 승용차로 바기오 곳곳을 다 둘러보고 바기오 산중턱에 걸터앉은 석양이 너무 아름다워서 서둘러 디카의 셔터를 눌렀다.

⑬ 원주민 사진모델?

"어, 저기 돌 옆에 서 계시는 사람들은 누구예요? 원주민인가??"
어떤 공원입구에서 할머니, 할아버지 10여 명이 원주민 복장을 하고 거의 표정이 없는 얼굴로 몇 분은 앉아서 몇 분은 서서 지나가는 사람들에게 뭐라뭐라 말을 걸어온다.
"원주민들 이동할 때 이탈한 사람들인가?"
차를 한쪽에 세우고, 그 근처로 갔더니 사진찍는데 1$란다.
"아~, 사진찍어 주고 돈 받으시는 사람들이구나."
친구랑 같이 찍은 사진이 없는 것 같아서 흔쾌히 할머니 할아버님들과 사진을 찍었다.
"저희가 달러가 없어서 그냥 50페소 드릴게요"

할머니 한 분에게 50페소를 드리고 공원 안으로 들어가려는데 돈이 모자라다고 내 옷자락을 붙잡는다. 한 사람치만 돈을 주면 어떡하나~. 다른 사람들도 주어야 한다는 것이다. 1$라는 사진을 한번 찍는데 지불하는 돈이 아니라 한 사람의 인건비였던 것이다.
원래 필리핀을 포함한 후진국에서는 바가지가 항상 있는 것이라 현지인이 부른 가격에서 5배 이상 깎고 지불을 하는 나였건만, 이런 경우는 처음이라 '아차' 싶었다.

"할머니가 첨부터 한사람이 1$라고 이야기해야지요. ㅠ 저희 여행 마지막 날이라 집에 갈 차비밖에 없어요." 할머니들과 싸워봤자 승산이 없을 것이므로 비굴한 표정으로 돈이 없다고 한 10분 가량을 계속 서있었다. 할머니들이 결국 포기하고 다른 호객행위를 위해 저쪽으로 가버렸다. "휴우 살았다. 앉은자리에서 만 원이나 뜯길 뻔했네." 아~, 진짜 바가지 씌우는 방법도 가지가지다.

⑭ 보타닉컬가든
우리는 훌훌 털어버리듯 '보타닉컬 가든'이라고 쓰여져 있는 공원같은 가든 안으로 들어갔다. 아까 번햄공원처럼 큰 호수가 있는 것도 아니고 그냥 작은 동네 공원같은 곳이다.
"여기 꽃 많은 계단에서 사진찍자." 공원을 구석구석 돌아다니니 가든이 그리 작지만은 않았다.
"디카 배터리, 벌써 두 칸이나 달았어."
"어차피 이제 집에 갈 건데 뭐. 어때, 이따 집에 가면서 몇 장만 더 찍으면 되지."
공원을 나와서 한국식당에서 저녁을 먹고, 빅토리아이너 버스정류장에 도착하였다. 마닐라 가는 버스표 2장을 끊고 버스가 출발할 때까지 한 20분을 기다렸고 또 6시간 이상의 대장정에 몸을 실었다.

⑮ 고산지대 바기오~
자~, 바기오는 마닐라와 같이 루손(Luzon)섬에 위치하고 있고 마닐라에서 차량으로 약 6시간 이상이 걸리는 고산지대이다. 바기오는 우리나라 가을과 같은 날씨를 365일 가지고 있는 필리피노들에게는 천국과도 같은 추운 산으로 일컬어진다. 하지만 높은 고산지대로 인하여 외부와의 연결이 쉽지 않고 특별한 문화생활이 없어 대부분의 어학원 시스템은 평일에도 외출조차 제한되어 있는 스파르타식 시스템이 많다.

04 바기오의 여행지(가볼 만한 곳)

❶ 번햄 파크
공원 중심부에 자그마한 인공호수가 있어서 우리나라 한강에서 처럼 오리배를 타거나, 호수 주변에서 자전거 타기, 산책 등을 할 수 있는 가끔 주말에 바람 쐬러 나오기에 꽤 괜찮은 공원이다.

❷ 마인즈 뷰
마인즈뷰 전망대에서 바라보면 멀리 펼쳐진 산악지대와 시외각의 전망이 아름답다.

❸ 보타닉 가든

마인즈뷰 근처에 있는 가든으로 한국인의 시각에서 볼 때는 그냥 자그마한 꽃동산 정도의 공원이다. 하지만 꽃이 잘 피지 않는 필리핀임을 감안하면 한번쯤 방문하면 좋은 곳이다.

❹ 바기오 대성당

Kampo 라는 언덕 꼭대기에 있으며 2차 세계대전에 피신처로도 사용된 성당이다. 올라갈 때 많이 힘든 게 단점이다. ;;;

❺ 로하칸공항

마닐라까지 가는 비행기는 주 3-4회 정도를 운행하며, 기상상태에 따라 변동이 심하기 때문에 비행기를 이용하는 사람은 많지 않다. 요금은 약 2,000페소 정도한다.

❻ 사관학교

학생들 훈련을 목적으로 핸리T.알랜에 설립되었다가 학생 수가 늘어 Teacher's Camp로 옮겨왔다. 그 후 마닐라로 갔다가 다시 바기오로 옮기게 되었다. 현재는 포트 델 필러에 위치하고 있다.

❼ 산페르난도

바기오에서 1시간 30분 정도 고산지대를 내려오면 평지에 있다. 바닷가에 인접한 도시이고, 식물원과 해변이 아름다운 곳이다.

⑧ 아싼온천 야외수영장

바기오에서 10-20여분 거리에 위치해 있으며 리조트들이 많이 있다. 아신온천으로 가는 쪽에 Wood Carver's Village 에서 목재조각품도 볼 수 있다.

⑨ 바기오풍경

지프니를 타고 시내로 가면서 옆으로 보이는 해발 1,600미터의 고산지대인 바기오의 풍경은 매우 아름답다. 특히 바기오의 일몰은 혼자 보기 아까울 정도이다.

⑩ 바나우에(Banaue)

이푸가오 사람들이 맨손과 천연 공구로 산기슭부터 꼭대기까지 직접 깎아내린 곳으로 세계에서 가장 오래된 계단식 논이다. 전망이 좋은 곳에서 보면 그 모습이 매우 웅장하다.

알아두면 유용한 필수 "따갈로그"

- 싸 퀘죤시티 따요 : 퀘죤시티 가주세요
- 빠끼 부카스 낭 메트로 : 미터기 켜주세요
- 수끌리 도 뽀 : 잔돈 주세요.
- 아농뽀앙팡갈란닐라? : 성함을 알 수 있을까요?
- 아꼬뽀아이 26 굴랑나 : 전 26살이에요
- 아농오라스나뽀 : 몇 시에요?
- 푸웨데 방 막타농 : 뭐좀 물어봐도 될까요?
- 잉앗 뽀 까요 : 조심해서 가세요.
- 빠기 힌다이 뇨 아꼬 디토 : 여기서 잠깐 기다려주세요
- 마할 : 비싸요
- 모라 : 싸요
- 마농~마아이리 모 방 마바아산 빠? : 아저씨, 좀 깎아주세요
- 이얀 : 그것입니다.
- 마비가트 : 무겁다.
- 마가안 : 가볍다.
- 마간다 : 멋있다.
- 라바산 : 출구
- 빠수칸 : 입구

05 관광 숙박시설

그린 벨리 리조트 (Green Valley Resort)
바기오 도시의 가장 높은 곳에 위치하고 있으며 도시 중심으로 부터 차로 15분 정도 걸리는 곳에 있다. 사설 영어어학원이 있는 곳이기도 하다.
T. 074-442-7286 / 074-444-5140
www.greenvalley/baguioyahoo.com

릿지우드 레지던스 (Ridgewood Residence)
방에는 전용화장실과 TV 커피메이커, 장거리 국제전화, 미니bar 가 완비되어 있다. 필리핀대통령의 여름별장과 가까운 곳에 있다.
T. 074-446-6295
www.ridgewoodhotel.com

호텔 엘리자베스 (Hotel Elizabeth)
60여개의 방을 보유하고 있고 마인뷰 파크와 굿세퍼드 컨벤트에서 도보로 갈 수 있는 거리에 위치하고 있다.
T. 074-619-0367
www.hotelelizabeth.com.ph

섬머 플레이스 호텔 (Summer Place hotel)
SM백화점과 5분 거리에 있고 최고급방과 샤워시설, 깨끗한 객실이 돋보인다. 헬스장, 신문서비스, 스테이크 전문 요리점 등이 구비되어 있다.
T. 074-446-5400

마인스 뷰 호텔(Pines View Hotel)
멋진 경관이 특징인 호텔이며, 카멜라 홀은 300여명의 사람이 식사를 즐길 수 있으며, 극장에는 500여명이 동시 수용 가능하다.
T. 074-446-6726 / 074-446-9287
Mail : cathy_11262004@yahoo.com

05
필승 어학연수
이래서 필리핀에서 연수하는 거거든!

01	왕초보 탈출법
02	문법 마스터하기
03	왕처럼 영어연수하자
04	선생님을 잡아라
05	3개월차 슬럼프 극복하기
06	스파르타 학원 Vs 일반 학원

필승 어학연수
이래서 필리핀에서 연수하는 거거든!

성공의 출발선은 필리핀에 있다. 맘껏 누리고 미치도록 공부하재!! 끈기와 집중력이 있는 사람이라면 성공하지 않을 수 없다.

01 왕초보 탈출법

01 학원 생활

"저..기...저,..' 완전잘가르켜학원' 에서 나오신 거 맞죠?"
공항을 빠져나오자마자 학원피켓을 들고 서있는 학원매니저님과 함께 차를 타고 학원으로 이동을 했다. 학원에 도착하자마자 짐을 풀고 크게 한 것도 없는데 피곤이 몰려온 나머지 낯설은 기숙사에서 바로 잠을 잤고, 그 다음날 부산한 룸메이트의 움직임 소리에 잠이 깨서 대충 세면을 하고, 유일하게 얼굴을 아는 어제 픽업 때 본 매니저님을 찾아, 오티를 받았다. 오티를 받고 레벨테스트도 받은 뒤 매니저님의 주의사항과 조언을 얼마간 듣고, 오늘은 수업이 없으니 그냥 푹 쉬고 일찍 자라고 하신다. 나는 학원근처를 좀 돌아다니다가, 일찍 잠을 청했다

❶ 필리핀수업.. 그러나...;;

그 다음날 첫 번째 수업 1 : 1 시간에 참여를 했는데, 좁은 교실 의자에 앉기가 무섭게 선생님은 시간에 쫓기기라도 하는 듯이 영어로 뭐라뭐라 질문을 쏟아붓기 시작했다...
"Hello, My name is francis. Can I have your name, Please?"
"Hmm... Did you sleep well?"
"What do you think about the philippines?"
"Where do you live in korea?"
대충 단어 몇 개 들리는 걸로 봐서는 아주 쉬운 문장임에 틀림이 없는데, 괜히 당황스럽고 입이 열리지 않아서 계속 웃기만 했다.ㅠ 하루에 1 : 1 시간이 4시간이나 되는데. 4시간 동안 이 좁은 교실에서 일방적인 공격만을 받아야 하는 것인가... 아.. 웃는 것도 한계가 있지. 어색한 30분이 지나니 이제 슬슬 얼굴에 경련이 일어나고 있다.
"Let's take a break." 오~, 쉬는 시간이라는 말은 완전 잘 들리는구나.ㅋㅋ
거의 50분 동안 Yes, No 한번 제대로 못한 나는 안도의 한숨을 내면서 교실 밖으로 나왔다. 근데 뭐 갈 데도 없고, 아는 사람도 없어서, 그냥 화장실에 가서 손이나 한번 씻고 왔다. 10분의 쉬는 시간이 지나고 2교시 때 또 선생님과 좁은 교실에 마주 앉았다. 난 역시나 웃고만 있었고, 선생님은 10분 동안 질문할 것을 충전이라도 하고 온 듯이 계속 또 물어보기 시작하셨다.;;; 이렇게 4시간간의 힘든 1 : 1 수업을 끝내고, 1 : 4 그룹수업에 참여를 했다.
"제니퍼!! 너 또 어제 술 마셨구나~!! 얼굴이 푸석푸석해!!" "ㅋㅋ 아니에요~. 산미구엘 한잔

밖에 안 먹었어워!" 나를 제외한 선생님과 3명의 학생들은 꽤 친해보였다.. 한국학생이 3명인데도, 한국말은 전혀 쓰지 않고, 자연스럽게 다들 영어로 농담을 하고 있는 것이었다..!!

암울한 현실 ㅠ
난 필리핀에 한국사람이 많다고 해서 수업 중에도 의례 한국말을 쓸 줄 알았는데, 여기서 내가 한국말을 쓰면 눈총을 받을 것 같은 분위기이다.
선생님이 영어로 뭐라고 말씀을 하시니 다들 뭔가를 적은 종이들을 꺼내서 한명씩 읽어내려 갔다. "도대체 이게 뭔 시츄에이션이예!!" 난 선생님이 하는 말씀이 1% 정도 밖에 들리지 않아서, 어떤 표정과 행동을 취해야 하는지도 모르고 계속 눈치만 보고 2시간이 종료되었다. "차라리 1 : 1 시간이 나았던 거구나.ㅠㅠ"
너무 어리버리했던 내 자신이 부끄러워서 그룹수업이 끝나자마자 도망치듯이 내방으로 왔고, 난 죽을 결심으로 '한번 해보자' 라는 생각을 다잡았다. "아.. 근데 왕초보 탈출을 어떻게 해야 되는 것인지 앞이 캄캄하다." …….
토익점수도 높고 문법도 잘 알지만 외국인만 보면 괜히 어색해지고 잘못한 것도 없는데 어색한 웃음지으면서 슬슬 뒷걸음치는 사람들한테는 필리핀이 바로 그 돌파구이다. 우리가 초등학교 6학년 때부터 영어를 시작해서 대학교까지 최소 10년을 꾸준히 공부해왔고, 어떤 분은 영어학원을 1년 넘게 다닌 사람도 있다. 그렇다면 대부분의 사람들이 "How is going? How have you been?" 하고 다녀야 정상인데 우리는 외국인 그림자만 봐도 도망가기 바쁘고, 영어공부 좀 했다는 사람들도 외국인 옆에서는 눈치만 보다가 "에이, 됐다." 이러고 그냥 포기하고 가던 길을 가는 게 일반적이다.

❷ Goodmorning 같은 자동영어를 만들자!!
하지만 우리가 잘하는 영어도 있다. 생각조차 하지 않고 팍팍 튀어나오는 영어!!" Goodmorning ~ByeBye, Hello" 등이다. 이것도 분명한 영어이다. 하지만 이 영어를 이야기 할 때는 "좋은 아침이 영어로 머였더라~ 좋은이 형용사니까 good을 붙이고, 아침이 morning 이니까 Goodmorning이구나."라고 생각하면서 어렵게 쓰는 사람은 거의 없을 것이다. 그래서 우리는 Goodmorning 같이 입에 붙어 있는 영어를 많이 만들면 된다는 것이다. "I used to like them very much." 라는 걸 제2의 Goodmorning으로 만드는 것이다. 그러면 이 한 문장을 이용해서 최소 100개 이상의 문장을 만들고 실생활에서 쓸 수 있게 된다.

Goodmorning 만드는 방법
그렇게 되기까지 가만히 앉아서 힘들게 암기를 하는 것보다는 자꾸 그 영어를 입으로 말하고 써먹어야 한다. 우리가 가장 유명한 문법수업을 듣기 위해 새벽부터 학원 앞에서 줄을 서서 기다린 후 수업을 듣고 와도 하루만 지나면 그 소중한 강의내용은 잊혀져버리고 만다. 수동태라는 문법을 공부하면 최소 하루 동안은 수동태가 넣어져 있는 문장을 계속 듣고 말해야 진짜 수동태를 알았다고 할 수 있고 회화가 향상 될 수 있다. 그래서 1 : 1시간이 하루에 4시간 이상이 가능한 필리핀에서 공부를 하면 1~2개월만 해도 몰라보게 향상되는 이유가 이것이다. 다시 말해, 한국사람에게 매우 친절한 선생님과 함께 여러 가지 다양한 영어들을 Goodmorning과 같은 영어로 만드는 작업들을 편하게 하는 것이다. 또한

Goodmorning 처럼 만들기 위해서는 어느 정도 상황 설정도 필요하다. 예를 들어 "유혹하다"의 tempt가 있다고 하면, 유혹하다 tempt 유혹하다 tempt……로 암기하지 말고 재미있는 나만의 문장을 만들면 된다.
"아름다운 여자가 나를 유혹했다." " I was tempted by beautiful lady."
식으로 문장을 만들고 몇 시간 동안 가만히 앉아서 나만 바라봐주는 선생님과 함께 대화를 주고받으며 연습하면 된다.

02 재미있는 토픽으로 공부하기!

왕초보를 탈출하기 위해서는 어려운 책을 다 버리고 쉽고 재미있는 topic으로 채워져 있는 책을 골라 미리 수업시간 전에 배울 분량들을 해석해보고 예습을 해두어야 할 것이다.
1:1시간에는 topic을 100번 이상 반복해서 읽게 되더라도 발음 교정을 집중적으로 해서 자연스럽고 자신감있게 topic을 줄줄이 읽어내려 갈 수 있을 때 그 topic에 대한 의견을 선생님한테 여쭤본 후 ("What do you think about the topic? It is good opinion, but i don't think….") 본인은 그 주장에 대해서 반박을 하는 것이다. 왕초보가 어떻게 의견을 물어보고 어떻게 반박까지 할 수가 있냐고 할 수 있다. 하지만 초보를 탈출하려면 처음엔 많이 인내하고 답답함이 따르는 것이 아닐까?
의견을 물어보는 건 항상 질문이 같기 때문에 "What do you think about it?"이라는 문장을 외우고 항상 똑같이 쓰면 된다. 처음 반박을 할 때는 단어로만 이야기 해도 된다. 2-4주만 반복해도 단어가 아닌 문장을 만들어 반박을 할 수 있게 된다. 우리가 그러는 것처럼 선생님들도 항상 다양한 말만하는 건 아니어서, 2-4주 선생님의 의견을 듣다보면 항상 반복되는 문장이 있기 때문에, 밀폐된 좁은 공간에서 선생님 눈과 입을 보며 듣고 있는 사람한테 그대로 전달되기 때문이다. 여기서 또 이런 질문을 받을 수 있다. "왕초보니까 선생님이 어떤 의견을 말했는지 어떠한 topic에 대해서 반대를 했는지 찬성을 했는지 조차 모르잖아요." 그래서 처음에는 선생님이 말할 때 준비해 놓은 전자사전으로 핵심단어의 스펠링을 물어본 후 전자사전에 의지해서 선생님의 말 내용을 짐작해야 한다. 아마 연수 첫 한달 동안은 전자사전 배터리를 자주 갈아 끼워야 할 것이다. 하지만 그렇게 2-3개월만 지나면 이제 당신은 더 이상 왕초보가 아니다.

> **TIP**
> 정리해봅시다
> 1. 배운 문법을 바로 회화에 적용시킨다.
> 2. 재미있는 topic을 이용해서 speaking 연습을 한다.
> 3. Goodmorning과 같은 영어를 많이 만든다.

02 문법 마스터하기

01 문법공부의 중요성

"제니퍼~~, 넌 너무 능동태로만 말을 하는 것 같아~. 이제는 일부로라도 수동태 형식으로 질문을 하고 답변을 해보렴~." "네. 선생님~!"
역시나 그룹수업에 아직도 적응을 못한 나는 심각한 초보자임에 틀림이 없다.
사실 나는 수동태, 능동태의 차이점도 모른다.ㅠ 대충 수동태는 억지로 수동적으로 하는 문법이고, 능동태는 자유스럽게 하는 뭐 그런 문법이 아닐까 생각이 되지만... 다들 기본적인 문법은 다 알고 있는 듯해서, 딱히 물어보기도 너무 창피하다. 특히나 그룹수업도 문법, 리스닝, 라이팅, 스크린수업 등으로 종류가 꽤 많은데, 그 중에서도 하필 난 문법반이라서 문법의 필요성이 더 절실한 것 같다.
이럴 줄 알았으면 왕초보 문법책이라도 하나 챙겨오던지, 아님 한국에서 문법공부 좀 하고 올 걸..하는 후회가 밀려온다.
아무래도 문법박사인 202호 언니에게 도움을 요청해야 될 것 같다.
"똑똑... 쩌..그..전데용~"
"어, 실비아 들어와~!" "수동태, 능동태 차이점을 좀 알 수 있을 랑가요잉.?^^;;;"
연수에 목숨을 걸고 온 언니라서 시간을 뺏는 게 너무도 미안했지만, 내가 살려면 어쩔 수가 없었다.ㅋㅋ
"음.. 매일매일 이렇게 30분만 문법 좀 알려 주시면 안 돼요?^^;;;" 땀을 한 바가지 정도 흘리면서 부탁을 하니까 불쌍해 보였는지 흔쾌히 승낙을 해주었다. 한 달 동안 문법에만 집중을 해서 기초 문법을 모두 마스터 해야겠다!! 홧팅!!

02 시간표 짜기

왕초보 탈출법에서도 말했듯이 수동태를 배웠다면 수동태가 들어간 문장을 억지로라도 만들어서 계속 입으로 뱉어내야 하고 많이 들어야만 한다. 그러기 위해서는 요령있게 수업을 해야 하는데, 처음 1:1 두 시간은(보통 두 시간에 한 번씩 선생님이 바뀐다) 본인이 원하는 초급 문법책을 골라(어학원에는 교재들이 매우 많다. 강압적으로 교재를 선정해서 주는 학원도 있지만, 대체적으로는 본인이 원하는 책을 선택할 수 있다) 선생님께 문법 강의를 듣는다.

❶ 수업시간
그 다음 시간의 1:1 두 시간은 전 시간에 배웠던 문법들을 이용해서 speaking을 하는 것이다. 물론 미리 선생님께 오늘 배웠던 문법은 수동태와 능동태라고 이야기를 한 후 가능하면 이것들을 넣어 speaking을 해주고, 내가 그것들을 문장에 대입시켜 회화를 했을 때 틀리면, 꼭 그때그때 지적을 해줘야만 한다고 처음에 말씀을 드리고 수업을 시작한다.

또 그 다음 그룹 수업은 문법 수업으로 듣는다. 보통 1 : 1 두 시간 + 1 : 1 두 시간 + 1 : 4 두 시간 or 1 : 8 두 시간 +무료그룹수업 1시간, 하루 총 6~7시간으로 구성되어 있다. 스파르타식 학원은 10시간 이상의 수업이 있다.

어느 정도 인지도가 있고, 커리큘럼이 체계적인 곳은 그룹 수업이 문법, 리스닝, 토익, 스크린 수업, 스피킹 등으로 나누어져 있으니 본인 레벨에 맞는 반으로 들어가되 문법 class로 선택을 하면 되겠다. 자, 그럼 마지막 문법 그룹 class에서는 수업에서 4시간 동안 배우고 연습했던 수동태와 능동태를 여러 명 앞에서 사용할 수 있는 기회가 온 것이다. 조용히 앉아만 있는 관객이 되지 말고 틀려서 창피를 당하게 되더라도 앞에 나서서 분위기를 주도하며 수업을 하도록 하는 것이 좋다. 그룹 수업에서 못한다고 기가 죽으면, 나중에 선진국으로 연계연수를 가게 될 때에도 본인에게 좋을 것이 없다. 그룹 수업시간에 한 문장이라도 수동태, 능동태를 대입시켜서 말해봤는가?

단 한 문장이라도 그렇게 했다면 당신은 그 문장을 잊어버리지 않을 것이다.

❷ 공부한 문법도 다시 보자

이제 수업이 4~5시쯤 종료가 되면 저녁식사 하기 전에 숙제를 다 끝내자! 그리고 6시에 저녁식사를 한 후 샤워를 해서 기분전환을 하고 빈 강의실, 도서관, 방에 들어가서 오늘 공부한 것들을 다 정리해야 한다.

이 과정은 6시간 이상 동안 본인이 듣거나 썼던 수동, 능동태 구문들을 공책에 다 쓴 뒤 맞는지 확인하고, 맞게 썼다면 그 문장들을 큰소리로 20번 이상 읽어 다시 한 번 본인 것으로 만드는 것이다. 한국에서 미리 준비해 온 MP3나 미니라디오를 이용해서 기초 문법 받아쓰기(dictation)를 2시간 동안하고, 내일 배울 내용을 1시간 동안 예습한다.

그리고 마지막으로 가능하면 수동태, 능동태를 넣어서 일기를 쓰고 책상 정리를 한 뒤 잠자리에 들면 혹시 누군가 이 문법이 이해가 안 간다고 할 때, 자신있게 설명을 해 주어도 된다. 이제 당신은 수동태, 능동태만큼은 가장 잘하는 문법이라고 자신할 수 있을 것이다.

> **TIP**
>
> **정리해 봅시다**
>
> 1. 1 : 1 두 시간은 문법을 공부하고, 나머지 1 : 1 두 시간은 배운 문법으로 회화연습을 한다.(1:1 수업이 2시간 밖에 제공되지 않는 학원은 한 시간씩 배분해서 공부해도 충분하다. 실제로 1:1 수업은 하루 2시간이면 충분하다.)
> 2. 그룹 수업시간에는 1 : 1 네 시간 동안 배웠던 모든 것들을 타인 앞에서 활용해 본다.
> 3. 숙제는 저녁식사 전에 끝내고, 저녁식사 후에는 예습, 복습, 영어일기, 받아쓰기 등을 한다.

03 왕처럼 영어연수하자

01 쉽지 않은 선진국 어학연수

한국 사람들이 어학연수로 선택하는 나라는 미국, 영국, 캐나다, 호주, 아일랜드 등 매우 다양하다. 그러나 큰 돈을 연수비로 소비하지 않는 이상, 힘든 연수생활을 하는 게 일반적이다.

식사가 제공되는 홈스테이에서 생활을 할지라도 항상 한국에서 포만감있게 식사를 해 온 우리들에게는 많이 부족한 것은 사실이다. 또, 외부에서 다시 한 번 끼니를 더 해결하는 경우도 많다.

셰어를 하는 학생들은 매 식사마다 본인이 직접 조리를 해야 하고, 빨래도 코인을 넣어야 하는 세탁기를 이용하거나 알뜰한 학생들은 직접 손빨래를 하는 사람도 적지 않고, 회화를 위해서 외국인 친구들을 사귀려고 해도 쉽지가 않다.

유러피안들은 유러피안들끼리 어울리게 되고 한국 사람은 한국 사람끼리 어울리게 되는 경우가 많다. 한국 사람이 싫다고 피하면 일본 사람이나 태국, 중국인 정도이고, 우리와 같은 동양인들은 차라리 한국 사람 만큼 영어를 못하기 때문에 서로 대화를 해도 단어로만 이야기를 하는 경우가 많아 큰 도움이 되지 않는다.

그렇다면 필리핀에서는 왜 왕처럼 영어를 공부할 수 있는지 알아보자.

02 의식주에서의 해방

"와~, 점심시간이다. 빨리 가서 줄서자~. 배고파 죽겠어!"

엉겁결에 같은 반 친구를 따라 식당으로 갔고 재빠르게 줄을 섰다. 항상 모든 행동이 느릿느릿한 나에게 이렇게 대단한 순발력이 있다는 사실을 느끼게 해 주는 건 식사시간뿐이었다.

"쪼그만 게 진짜 많이 먹네~."

수업시간에 하도 눈치를 많이 봐서 그런지 너무 허기가 졌고, 그만큼 밥을 많이 먹는다. 밥을 다 먹고, 식판을 주방으로 건네준 뒤, 방으로 올라가서 이를 닦고, 그 다음 수업을 준비한다. 만약 집이었다면 특별한 먹거리가 없는 냉장고만 빤히 쳐다보면서 라면을 끓여먹고 설거지를 다음으로 미루며, 엄마에게 혼나고 있었을 텐데, 필리핀에 와서 오히려 편해진 것 같다. 오늘 하루의 수업이 다 끝나자마자 방으로 뛰어올라가서 샤워를 부랴부랴 했다. 오늘따라 부쩍 더워진 날씨에 옷이 끈적끈적한 것 같아서 티셔츠를 두 번이나 갈아입었다.

"빨래하기 힘든데 그냥 입을 걸. 괜히 갈아입었나?"

"이그, 그냥 바구니에 넣어두면 헬퍼들이 다 빨아다 주잖아!"

내 방청소는커녕 빨래고 청소고 아무것도 할 게 없으니, 천국이 따로 없는 것 같다!!! 야호!!

기숙사 전경 수영장이용은 당근무료~

03 편리한 기숙사 생활

필리핀에서 연수를 하는 사람들은 자취, 하숙, 기숙사, 홈스테이 등 다양한 곳을 선택하고 있지만, 어학연수생의 95% 이상이 선택하는 기숙식어학원을 기준으로 놓고 이야기를 해 보자.

아침, 점심, 저녁을 80% 정도 한식으로 만들어준다. 학원마다 다르지만, 아침에는 빵과 우유만 제공하는 곳도 있기는 하다.

그리고 항상 똑같이 정해진 식사 시간에 식당으로 가면 식사를 배불리 먹을 수 있고, 식사가 끝나면 그냥 돌아가 공부하고, 빨랫거리는 바구니에 던져 놓으면 학원에 있는 house keeper(도우미)가 깨끗이 빨아 다림질까지 해서 학생에게 돌려준다.

물론 청소도 다 해주기 때문에 모든 가사노동에서 해방이 되고, 24시간 본인영어공부에만 집중을 할 수 있는 생활 환경이 조성된다.

콘도같은 기숙사 "너무 편했어요~"

이보다 더 좋을 수 없다.

평일에는 기숙사 내에서 이렇게 편하게 공부만 할 수 있고, 주말에 기숙사 밖으로 나가 현지 체험이 가능하다. 필리피노들은 우리에게 친절한 편이다. 물론 돈 많은 한국 사람이라고 생각을 하기 때문에 다른 목적을 가지고 다가오는 사람도 있다.

그러나 일반적으로 한국 사람과 친구를 하는 것을 자랑거리로 알고 있는 필리피노가 아직도 많다. 그래서 선진국에서처럼 차별대우를 받거나 푸대접을 받는 경우는 매우 드물고 어느 곳에 가도 대접을 받고 인정을 받는다.

또한 본인이 좋아하는 스포츠가 있다면 필리핀에서는 저렴한 가격으로 멋진 자연환경 속에서 마음껏 즐길 수가 있다.

골프도 18홀 라운딩비가 2만 원에서 15만 원 안이고, 훤히 들여다보이는 깨끗한 바다에서 배를 빌려 스노우쿨링을 하는 데도 3만 원이면 충분하다.

이렇게 해양 스포츠 마니아들의 천국이기도 하고, 승마, 등산, 카트라이더 등 힘든 영어공부에서 받은 스트레스를 건전한 스포츠를 즐기면서 해소를 할 수도 있다.

영화나 드라마에서 보는 멋진 리조트도 필리핀에는 매우 많다. 1시간에서 3시간짜리 전신 마사지를 받거나, 멋진 수영장이 훤히 보이는 깨끗한 객실에서 와인 한 잔을 마시는 것도, 한국에서는 비싸서 하지 못하는 것들이지만 필리핀에서는 최상의 서비스를 받으며 즐기는 것이 가능하다.

"맛있는 식사시간~"이 정도면 진짜 수험생한텐 불평하는 사람은 없겠죠? 후후"

"필리핀에서는 과일을 많이 먹는 게 돈 버는 거다!!ㅋ"

"미경이의 식판~ 자랑할게 두 번 먹었습니다"

04 선생님을 잡아라

01 필리핀에서는 가능하다

"선생님 오늘 맥도날드 가서 햄버거 같이 먹을래요?" "Of course, I love it!^^" 이런 너무 신기하다. 한국에서는 영어 선생님에게 번번이 수업 끝나고 나가자고 하면 오해를 사거나, 가끔은 몰라도 매일 이렇게 해 주기에는 선생님들의 시간적 여유로서도 불가능할 것이다. 그러나 필리핀에서는 선생님과 매일 수업 후 대화가 가능하고, 가끔 여행을 가는 것도 오히려 너무 자연스럽다.

▲ 한국에서 가수하고 싶다고 정말 가수 준비를 했다가 포기한 선생님.

▲ 아름다운 미모에 성격까지 좋은 선생님

▲ 한국 음식만 해주면 모든 게 해결되는 선생님

02 선생님과의 데이트

"선생님은 한국 음식 중에서 뭐가 가장 좋아요?"
"음, 진짜 많아서 너무 어려운 질문인데… 음, 갈비가 제일 좋아! 그리고~ 김치부침개도 좋아!"
"그럼, 한국 사람들의 장,단점은 무엇이라고 생각하세용?"
"음.. 한국 사람은 정이 많아서 너무 좋은데 가끔 예의를 모르고 버릇없이 굴 때는 좀 보기 안 좋아."
햄버거를 하나 다 먹을 때까지 심문하듯, 처음 필리핀에 왔을 때와는 반대로 내가 계속 질문을 하고 선생님은 진지하게 답변을 해주신다. 햄버거를 다 먹고도 선생님과 나는 한참을 그대로 앉아 재미있게 이야기를 했고, 외국인과 영어로 이렇게 오랫동안 웃으면서 담소를 나누는 내 자신이 너무 자랑스러웠다. 푸하하^^
"선생님. 이번 주말에 저랑 안티폴로 갈래요?"
"그래그래! 좋지!"
필리핀에 오면 한국 사람들 밖에 없기 때문에 스피킹 실력이 늘기 어렵다는 말이 있는데, 수업이 끝나고 자투리 시간에 이렇게 선생님하고 같이 대화를 한다면 스피킹 실력이 안 늘래야 안 늘 수가 없을 것이다.
"선생님. 안녕히 가세요, 내일 수업시간 때 뵈용^^"
"Bye bye"

▲ 필리핀 사람 같지 않게 발음을 끝내주는 네이티브 선생님

영,미 등의 선진국에서 연수를 하는 학생들은 필리핀에 비해 한국 사람이 40% 밖에 안 되는 비율이라 해도 대부분의 학생들이 한국인과 많이 어울리고 있다.
성격이 매우 좋고 활발하여 운이 좋게 유러피안과 친구가 되었더라도 그 유러피안 역시 영어를 배우러 온 학생이기 때문에, 서로 틀린 말을 쓰거나 쉬운 문장만 골라 쓰는 경우가 많다.
또한 유럽 학생들은 오히려 문법에 매우 약하고 우리에게 꼭 필요한 정석 영어를 쓰는 것보다는 슬랭이나 욕을 사용하는 경우가 많아 알찬 영어를 배우기가 힘들다.

▲ 안 본 한국 드라마가 없을 정도로 한국 드라마를 좋아하는 선생님

03 선생님과 친해져라

필리핀에서는 필리핀 선생님이 있다! 선진국에서는 선생님과 식사조차 하는 게 힘들 것이다. 그러나 필리핀에서는 1:1 선생님들과 친분이 많이 쌓이기 때문에 수업이 끝난 후 또는 주말에 가까운 곳으로 놀러간다거나 맥주 한 잔을 하며 대화하는 것이 가능하며, 그 자체가 Speaking 수업이 될 수 있다. 필리핀 사람들은 한국 사람과 어울리는 것 자체를 좋아하고 선생님도 예외는 아니기 때문이다. 평일 같은 경우는 '문법 마스터하기' 부분에 쓴 것처럼 공부를 하고, 주말에는 한국 사람보다는 친한 선생님과 다니면, 선진국에서 유러피안들과 다니는 것보다 훨씬 많은 도움이 된다. 선생님들은 우리가 이야기할 때 틀린 문장을 지속적으로 고쳐줄 수가 있고, 네이티브들처럼 영어구사에 머뭇거림이 없으므로, 우리에게 필요한 영어문장을 써주기 때문에 영어 레벨 향상에 큰 도움이 된다. 이제부터는 필리핀 연수에서 국적 비율 같은 것은 배제하고, 주변의 한국 사람들보다는 필리핀 선생님들과 친해져라. 선생님들은 언제나 친해질 준비가 되어 있을 것이다.

간단한 생활영어 연습

Why don't we go out for dinner if you don't mind.
괜찮으시다면 저녁식사 하러 나갑시다.

What is your favorite food?
어떤 음식 좋아하세요?

Do you like a korean food?
한국 음식 좋아하세요?

Can you eat spicy food?
매운 음식 드실 수 있나요?

What kind of movie do you like?
어떤 종류의 영화를 좋아하세요?

Which do you prefer mountain or beach?
산과 해변 중 어디가 더 좋아요?

Shall we share expenses for today's dinner?
오늘 저녁은 나눠서 낼까요?

How long does it take from here to your home?
여기서부터 선생님 댁까지 얼마나 걸려요?

That is the best way to go home.
그게 집으로 가는 가장 빠른 방법이에요.

▲ 조근조근 말씀을 잘 하는 선생님.

▲ 잘 웃어주는 선생님.

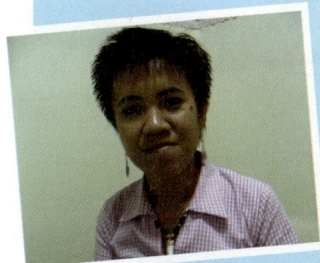
▲ 너무나 편안하게 대해주는 선생님.

▲ 한국 아주머니같은 외모로 필리핀 사람같지 않은 성격이 새침한 선생님.

05 3개월차 슬럼프 극복하기

01 이것이 바로 슬럼프

"Can I have… Why don't you… do I have to… do you need… are you… is there…"

원래 많이 쓰이는 구문이라 하루에도 몇 번씩 쓰게 되는 것은 어쩔 수 없다는 걸 알고는 있지만, 할리우드 배우들이 쓰는 멋진 문장들을 하루에 한 번만이라도 쓰고 싶다.

처음에는 말문만 트이게 해달라고 빌었지만, 사람의 욕심이 끝이 없기 때문에 이제는 영어로 말하고 듣는 것에는 큰 어려움이 없어지고 나니, 좀더 고급적인 영어를 쓰고 싶은 욕심이 났다.

뭐 듣는 것은 어려운 문장도 '받아쓰기'를 3개월이나 했기 때문에 곧잘 들리지만, 문제는 스피킹이다.

내가 말하고자 하는 문장은 항상 다른 것이지만, 정말 이상하게도 그걸 영어로 말할 때는 항상 비슷한 표현법으로 쓰게 된다. 이럴 때는 점점 영어공부가 지겨워지고, 한국에 돌아가고 싶다. 역시나 필리핀은 후진국이기 때문에, 이제 더 이상 배울 게 없어진 것일까???

02 슬럼프가 오는 이유

필리핀에서 3개월 동안 연수를 했다면 외국에서 생활하는 데는 크게 불편함이 없을 정도로 생활영어에는 자신이 있을 것이다.

하지만 필리핀 연수 3개월 차가 되면 대부분 슬럼프에 빠지게 되는데, 이 시기를 잘 넘겨야 필리핀에서 정말 많은 걸 얻어 올 수 있다. 슬럼프에 빠지게 되면 영어실력도 크게 오르지 않고, 항상 똑같이 반복되는 생활이 지겨워지면, 필리핀에서는 3개월 이상 공부할 필요가 없고 더 이상 얻을 게 없다고 이야기를 하는 사람들이 많다. 필리핀에서 절대 3개월 이상 공부할 필요가 없다고 이야기하는 사람들에게 영어로 프레젠테이션을 시켜보라! 3개월도 충분하지 않다는 것을 느낄 수 있을 것이다. 이는 필리핀 연수가 워낙 연수 초기에 본인도 놀랄 만큼 영어실력이 크게 향상되기 때문인데, 3개월 이후부터 느려지는 영어향상 속도에 상실감이 크게 느껴지기 때문이다.

03 슬럼프 극복하기

필리핀은 엄연한 영어권 국가이고, 필리핀 선생님들처럼 몇 시간 동안 쉴 틈 없이 영어로 빠르게 이야기를 하려고 한다면, 아무리 열심히 공부를 한다고 가정해도 3

개월의 기간은 충분하지 않다. 그래서 필리핀에서 공부를 할 때는 연수 초기에 해당 기간에 따른 목표를 세워야 한다.

예를 들어, 필리핀에서 3개월 연수하고 토익 800넘기, 필리핀에서 3개월 연수하고 미국 영화 80% 이상 이해하기, 영자신문 완벽하기 해석하기 등등의 크고 작은 목표들을 세워놓고, 하루 일과와 필리핀 연수 동안의 공부 계획을 빈틈없이 짜는 것이다.

연수 초기부터 계획도 잘 세우고 공부도 능률적으로 잘 했는데 영어실력이 더 이상 향상되지 않고, 슬럼프에 빠지면 여행을 한 번 다녀온다거나 연수 지역을 옮겨 새

> **TIP**
>
> **연계연수 항공권을 잘 이용해 보자!!**
> 연계연수를 가기에는 기간이 짧고, 필리핀에서만 연수를 하기에는 기간이 좀 긴 듯한 느낌이 든다면 필리핀 연수를 마치고 1개월 정도 타 국가로 배낭여행을 가보는 것도 좋다.
> ex) 인천 → 필리핀(어학연수) → 캐나다 & 호주 & 뉴질랜드 & 미국 & 유럽 → 필리핀 경유(원하는 만큼 또 체류가능) → 인천(1년짜리 연계항공을 구매했다면 필리핀, 선진국에서 얼마만큼을 머물던지 한국에 1년 안에만 최종 귀국하면 된다.)

06 스파르타 학원 Vs 일반 학원

"아~, 진짜. 내가 나이가 38살인데 애들 앞에서 반성문 써야 됩니까?"
"그럼, 부모님한테 연락할까여~?"
"ㅠ 반성문 여기다 쓰면 되나요?"
학원사무실 문틈으로 흘러나오는 소리다. 너무도 술을 좋아라 해서 언젠가 한번 이런 날이 올 줄 짐작하고 있었다. 이 학원은 스파르타식이라 월~금요일까지 외출이 제한된다.
출입문에서 24시간 문을 지키고 있는 가드 때문에 몰래 나가는 것도 여간 어려운 게 아니다. 하지만 우리 학원 큰오빠처럼 술을 너무 좋아해서 100페소를 가드에게 몰래 쥐어주며 잠깐 나가게 해달라고 조르는 경우도 있다.

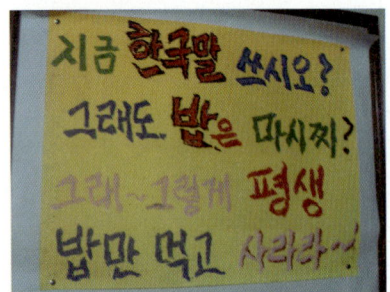
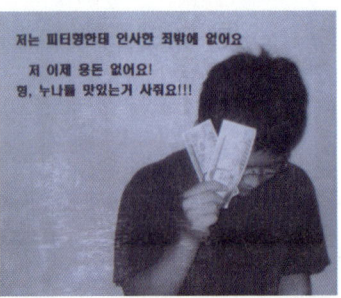
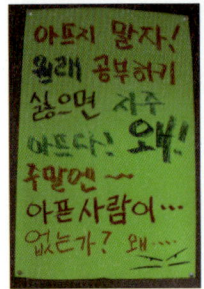
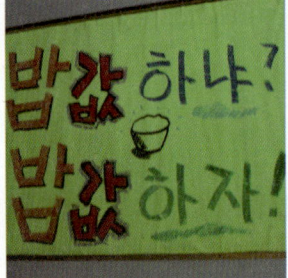

하지만 학원 원장님이 어떻게 교육을 시켜 놓은 건지 날이 가면 갈수록 가드들의 로봇같은 냉정함은 우리들의 외출을 절대 허락하지 않는다. 만약 가드가 잠깐 조는 사이 나갔다가 저 오빠처럼 걸리면 벌금도 내야 하고 반성문도 써야 한다.
세 번 걸리면 환불 없이 퇴교다.
시험도 매일매일 있어서 몸이 아파도 공부를 하지 않을 수가 없다. 하나 틀릴 때마다 벌금을 내야 할 뿐더러, 하루 수업시간이 10시간이기 때문에 하루 아프다고 누워 있게 되면 따라가기가 너무 버거워진다. 또한 지각, 결석에도 벌금이 뒤따른다.

"밥, 남기셨네요. 벌금입니다."
"2개 틀렸네요. 벌금입니다."
"지각하셨네요. 벌금입니다."
그래도 금요일까지 이렇게 공부를 끝마치고 토요일 날 여행을 가면 더 신나게 놀게 되는 것 같다.
"스파르타식으로 놀아볼까? 제대로 못 놀면 벌금이다!"
예전에 일반어학원에서 공부했을 때도 남들보다 열심히 하기는 했지만, 저녁에 잠깐 맥주 마시러 나가자고 하면 거부를 하기가 쉽지 않았다.
"저, 이제 같이 못 나갈 것 같아요, 앞으로는 송별회만 불러주세요."
한국 간다고 하는데 얼굴 한번 보이지 않으면 많이들 서운해 하기 때문에 송별회만 참석을 한다고 했는데… 아, 이게 웬일!!
"윌리 송별회다. 이따 7시까지 트리하우스로 나와!"
"내일, 루이 송별회다."
"이번 주 금요일 제시카, 송별회다!"
송별회만 일주일에 최소 두 건이다. 스파르타 때는 모든 사람이 외출금지였기 때문에 민망하게 특별한 이유 없이 불참한다는 말도 할 필요가 없었다. 하지만, 일반 학원은 한국사람들과 어쩔 수 없이 어울릴 수밖에 없는 것이다.

> **TIP** 필리핀에 있는 어학원들은 스파르타식 학원과 일반어학원으로 나뉘어진다. 스파르타식은 모든 커리큘럼 시스템 규정들이 학원에서 정해진 대로 강제적으로 시행되기 때문에, 이를 불평 없이 따르며 충실히 공부할 사람만 스파르타식을 선택해야 한다. 본인 스스로 공부하고 싶은 사람이 스파르타식을 선택했다가 매일 같이 학원관계자와 싸우면서 연수를 하게 될지도 모른다.

01 스파르타 시간표(학원마다 다르다)

시 간	내 용	비 고
06:20–07:00	스크린강의	한국에 친숙한 시트콤으로, 각 장면에 설명을 듣고 반복해서 본 후 마지막 역할극 실시
07:00–08:00	아침식사	
08:00–08:50	1 : 1 class (HEARING CLASS)	짧은 글을 보지 않고 라디오로 듣고 내용을 받아쓴 후 정확하게 내용 이해하기 • 숙제 – 그날 배운 짧은 글 외우기 하루 1UNIT – 수업 들어가기 전 항상 전날 배운 짧은 글 외운 것 테스트하기
08:50–09:40	1 : 1 class (SPEAKING CLASS)	주제별로 글을 읽고 그 내용과 관련해서 자신의 생각을 말해보고 토의해보기 • 숙제 – 책에 내용을 미리 읽고 내용 이해한 후 그 내용에 관련해서 말할 내용 준비를 해오기
09:50–10:40	1 : 1 class	문법, 읽기, 쓰기, 듣기, 말하기, 단어 등 다양한 skill 공부 (1시간40분)
10:40–11:30	1 : 1 class	• 평가 : 4강마다 stop &check /5강마다 progress test – 수업 끝난 후 배정, 공강 시간 배정 – 한달 or 한달+2주 정도 책을 끝날 때까지 stop&check 4번/progress 3번 Test실시 – 진도 끝나는 마지막 목요일: 듣기시험+에세이+ progress test – 금요일 틀린 부분 설명
11:30–12:30	패턴영어	다양한 패턴영어를 반복적으로 연습하게 한 후 완벽히 습득하게 함 수업 마지막 10분 정도 하루 배운 내용 테스트
12:30–13:30	점심식사	
13:30–17:00	1 : 4 class	Grammar/ Listening/ Speaking/ Reading/Writing 중 레벨테스트 후 가장 취약 과목 중심으로 월, 수, 금/화, 목 수업 배정함 • 1 : 4 Grammar class – 기초부터 고급과정의 책사용(책의무) – 시험은 매달 한번 마지막 수업시간 • 1 : 4 Writing class – Writing Composition practice 1,2를 사용하여 하루 2과 진도 – 매일 작문 숙제 있음. 매 숙제마다 학생 작문체크 평가 자세한 평가시스템을 가지고 있음 • 1 : 4 Speaking class – 다양한 주제 토의 – 주제를 미리 주어서 학생들이 인터넷이나 다른 책들을 통해 말할 거리 준비하기 • 1 : 4 Reading/Voc – 책을 읽은 후 이해한 내용 질문에 답변(1시간) +단어(1시간) – 숙제는 읽은 지문 요약, 배운 단어 외워 오기

시간	내용	비고
17:00–18:40	기초문법수업	기초문법수업 진행 30분 정도는 그날 배운 내용 테스트실시
19:00–20:00	저녁식사	
20:00–22:00	SELF STUDY STUDY GROUP	**SELF STUDY or STUDY GROUP 중 택 1(의무)**

02 일반 시간표(학원마다 다르다)

시간	내용	비고
08:00–09:00	아침식사	
09:00–10:40	1 : 1 class (HEARING CLASS)	1교시
10:50–12:30	1 : 1 class (SPEAKING CLASS)	2교시
12:30–13:30	점심식사	
13:30–15:10	공강 or 그룹수업	3교시 (스케줄은 학원마다 다르고, 학생마다 다르게 짜여진다.)
15:20–17:00	그룹수업	4교시
17:00–18:00	무료수업	• 비지니스 or 리스닝 or 스크린 or 토익 등 옵션수업으로 진행
18:00–19:00	저녁식사	
19:00–	자유시간	외출은 항시 가능하지만 통금시간은 있음 – 평일 : 밤 12시 – 주말 : 새벽 2시(학원마다 다름)

06

이럴 땐 이렇게

호랑이 굴에 들어가도 정신만 똑바로!!

- 01 불법체류자
- 02 교통사고
- 03 여권 & 비행기표 분실
- 04 몸이 아플 때

이럴 땐 이렇게
호랑이 굴에 들어가도 정신만 똑바로!!

필리핀이 후진국이기 때문에 더 많은 주의가 필요한 것은 아니다. 세계 어느 나라를 가든지 외국인의 입장이 되면 자국민보다는 손해를 볼 수밖에 없다. 그 손해를 줄이기 위해 몇 가지 주의할 사항들을 알아보자.

01 불법체류자

01 혹시 내가 불법체류자

"저는 그냥 필리핀에 공부하러 온 사람이에요~. 불법체류를 왜 합니까~."
우리나라에서 거주하고 있는 동남아 사람들을 떠올리며 내가 그 사람들처럼 남의 나라에 가서 불법체류를 할 이유가 없다고 생각하기 쉽고, 나 또한 그렇게 생각했었다.
그런데 여기서 충격적인 사실을 한 가지 폭로하면 이렇다. 필리핀에서는 자기만의 확실한 주관으로 혼자 영어와 싸우러 간다고 생각해 열심히 공부하라며 다른 친구들에게 매일같이 잔소리를 하고 다니던 내가, 필리핀에서 모르는 사이 무려 4개월 이상을 불법체류자로 지냈다는 것이다.
나는 일반 평범한 학생신분이었을 뿐이고, 대학교 졸업을 하자마자 필리핀으로 영어공부 한 번 해보겠다고 부랴부랴 출국한 죄밖에는 없는데, 어느 날 갑자기 학원에서 수업을 잘 받고 있는 나를 어학원 원장님이 호출을 해서 하시는 말씀이 실로 매우 충격적이었다.
"음. 지금 미경씨 SSP가 거부가 되었어요. 비자 연장도 안 되는 상태이구요."
"네??"

02 뇌물 or 밀항

"지금부터 내가 하는 이야기 잘 들어요. 지금 미경 씨하고 똑같은 영문 이름을 가지고 있는 또 다른 박미경이라는 사람이 어떤 죄를 짓고 추방을 당한 적이 있답니다. 나도 정확히 어떤 죄를 짓고 어떻게 된 사항인지는 모르겠지만, 필리핀 이민국에서는 미경 씨를 그 죄지은 미경 씨로 동일하게 간주를 해 버린 것 같아요. 그래서 내 힘으로 도와줄 방법이 없어요. 그냥 나중에 한국으로 가는 공항에서 직원들에게 걸리게 되면, 30~40만 원 정도 뇌물을 주는 수밖에 없을 것 같아요."
"아니!! 내가 무슨 죄를 지었다고 뇌물을 줘야 돼요? 이건 말이 안 되잖아요~. 엄연히 사람마다 여권이 있고 주민번호라는 게 있어서 그 사람과 내가 동일인물이 아니라는 것쯤은 충분히 증명이 될 텐데요. 말이 안 되죠 이건~!!"
"필리핀은 주민번호 같은 거 몰라요. 이 사람들은 영문이름으로만 처리를 한다는 거죠~. 지금으로선 별다른 방법이 없어요. 물론 억울하겠지만 필리핀에서는 내가 그 미경이가 아니라고 이야기를 한다고 해서 통하지 않아요. 아니면 그냥 배를 타고 밀항을 하든가요."
"....?!!!!"

좌절

학원 원장님이 뭔가 성의가 없고, 본인 학원에 소속되어 있는 학원생인데 사건, 사고에 대한 책임감이나 의무감은 전혀 없는 것 같아, 엄청 실망한 얼굴로 그냥 원장실에서 나와 버렸다.
뭐부터 어떻게 처리를 해야 될지 감이 잡히지도 않고, 제일 먼저 필리핀 연수수속을 의뢰했던 유학원 담당직원에게 메일을 보내고 수업에 들어갔다.
1:1 수업에 들어가서 그 선생님에게 자초지종을 이야기해봐도 이런 경우는 본인도 처음이라 잘 모르겠다는 답변이다. 그날 하루 수업을 끝내고 메일함을 열어보았다. 유학원으로부터 답장은 '진짜? 무슨 그런 일도 다 있는지 어이가 없네요....아무쪼록 잘 해결하길 바란다' 는 것이었다.
"헉;;;!!!!"
답장을 받고 기운이 더 없어진 나는, 눈에 띄는 사람마다 내 사정을 이야기하고 조언을 요청했지만, 한결 같이 '뭐 이런 경우가 다 있냐' 고 말만 할 뿐이었다.....

03 필리핀 이민국 방문

"선생님, 이민국에 전화해서 제 사정 좀 이야기 해주세요~. 제가 아무죄 없다는 건 선생님이 잘 알잖아요."
그래도 영어로 어설프게 내가 전화를 거는 것보다는 따갈로그가 되는 선생님이 전화를 하는 게 훨씬 나을 것 같아 부탁을 드렸지만, 역시나 별다른 소득이 없었다.
다음날 아침, 5분만 학원에 늦어도 시간 아까워 어쩔 줄 모르던 내가, 오전수업에 들어가지 않고 이민국으로 지프니를 타고 40분을 달려갔다.
"저기요~, 여기서 가장 높은 사람 어딨나요?"
"음.. 3층으로 올라가자마자 정면으로 보이는 방으로 가보세요."
이민국에서 가장 먼저 마주친 직원의 말을 듣고, 바로 3층으로 올라가서 노크를 몇 번이나 했건만, 안에서는 아무런 응답이 없다. 그냥 살며시 문을 밀고 사무실 안쪽으로 들어섰다.

체스 두던 이민국 직원

"허허허... 여기 체스 두는 사람 어디 갔나?"
남자와 그 남자의 손님쯤으로 보이는 또 다른 중년의 남자가 마주 앉아, 깊은 고뇌에 빠져있었다. 비서로 보이는 젊은 직원이 나에게 말을 건넸지만 상황이 급한지라 그 말을 무시한 채 중녀의 남자에게로 곧장 다가갔다.
내 소개도 하지 않고 바로 내 사정부터 이야기를 시작했다.
"진짜, 이건 말도 안 돼요~. 내가 지은 죄가 없는데 왜 불법으로 필리핀에 있어야 되고……"
"음.. 그래? 근데 너 이름이 뭐야?"
"한국 어디에서 왔어?"
"몇 살이야?"
그 사람은 내 사정 무관하고 관심이라곤 전혀 없었다.
"필리핀 왜 왔어?" 인내를 가지고 그 사람이 궁금해 하는 것부터 대답하자 라는 마음으로 중요하지도 않은 질문들에 성의껏 답변을 해주었다. 그리고 이제는 내 질문에 답변을 할 차례라고 말을 했다.
그러나 대뜸 "체스할 줄 알아?", "아!니!요!", "그럼 가르쳐 줄까? 어렵지 않어~."
슬슬 화가 치밀어 올랐지만, 이 방에 있는 사람 어느 누구도 나를 보고 웃기만 할 뿐, 내 심각한 상황에 귀를 기울이는 사람은 없었다.
"저기요! 내가 지금 지은 죄도 없이 비자연장이 안 된다구요~!"
"아이구~, 알았습니다요. 저기 미셸~, 이 사람 처리 좀 해줘."
건성건성 여직원에게 말을 하자 여직원은 바로 사무실을 나갔다가, 10여분 뒤에 돌아와 이래저래 절대 이해가 되지 않는 말로 '불가하다' 는 말을 해주었다.
어느덧 이민국 퇴근시간이라 아무런 소득도 없이 터벅터벅 집으로 돌아와야만 했다.

04 한국대사관

그 다음 날 아까운 수업을 또 포기하고, 이번엔 한국대사관으로 갔다. 일단 출발하기 전에 대사관직에 먼저 전화를 했다.
"제가 저 말고 다른 박미경이 지은 죄 때문에 불법체류자가 되었대요."
"아~, 그 박미경 때문에 결국 이런 일이 생겼구나."
대사관에서는 박미경에 대해 잘 알고 있는 듯 긴 설명 없이, 알았다고 대사관으로 바로 오라는 것이었다.
대사관에 도착하니 정면에 중국집 주방의 자장면 그릇 나오는 반달모양의 구멍으로 서류를 주고받고, 이야기만 겨우 할 수 있는 비슷한 구멍이 있었다.
"아까, 아무개 씨하고 통화를 했는데, 박미경입니다.."

"잠시만요." 몇 분 후에 남자직원이 나와 편지봉투를 하나 건넸다.
"이거 가져가서 필리핀 이민국에 보여주세요."
"아.., 감사합니다." 이제 모든 게 해결되는구나 하는 마음에 단숨에 필리핀 이민국까지 지프니를 타고 갔다.

05 다시 필리핀 이민국 방문

이민국직원들과의 점심시간에 며칠 더 이민국으로 출근했었다면 아마 이민국 직원이 됐을지도 모른다..

간식까지 챙겨먹여주는 센스!!~ 필리핀 컵라면도 맛있지만, 한국 컵라면이 땡기는..ㅠㅠ

"이거, 한국대사관에서 받은 거예요." 다음날은 체스를 두지 않고 책상에서 서류를 보고 있다.
"음.. 알았어요."
대충 편지를 보더니 서류 옆에 편지를 얹어놓고 보던 것을 다시 보기 시작했다. 재촉하고 싶었지만 소파에 앉아 기다렸다. 이방에는 여직원이 4명 정도인데 다들 성격이 활발해보였다.
"와~, 점심시간이다. 이름이 실비아? 너 점심 뭐 먹을래?"
옆방의 이민국 남자직원 3명까지 모두 8명이 점심을 먹으러 졸리비로 갔다.
"난 치킨앤라이스, 난 스파게티, 난 스테이크세트, 난 햄버거..." 나도 항상 먹던 치킨앤라이스를 시켰다.
마치 내가 이민국 직원이라도 된 것같이 함께 점심을 먹고 다시 사무실로 돌아왔다.
그 중년남자는 자리를 비우고 어디로 갔는지 없다. 그러고 보니 난 아직 직책도 모르고 있다.;;
도대체 얼마나 먼 곳으로 점심을 먹으러 갔는지 3시가 넘어도 오질 않는다.
"실비아~, 출출하면 우리 컵라면 먹을래?"
학창시절에 껌 좀 씹었을 것 같은 직원이 책상 밑에서 필리핀 라면을 두 개에 뜨거운 물을 부어 왔다. 오늘 여기 직원들한테 졸리비에서부터 간식까지 제대로 얻어먹는구나...
"어때? 맛있어?" 어...어;; 진짜 맛있다. 우리나라처럼 면이 통통하지 않고 당면처럼 면이 투명하고 조금 얇았다. 생각처럼 최악은 아니고, 그냥저냥 김치만 있으면 먹을만 하겠다.
"근데 저기 있던 보스는 언제 오냐?"
"아~, 오늘 안 오는데 출장갔어. 3일 뒤에 올 걸." "-_-;;"
먹던 라면을 놓고, 그냥 아무에게나 소리를 치고 화풀이를 하고 싶었지만, 이미 전화번호에 메일주소까지 교환한 죄 없는 직원들이라 먹던 라면 다 먹고 집으로 돌아왔다.

06 재차 필리핀 이민국 방문

정확히 4일 후에 다시 이민국으로 찾아갔다. 다행히 이름도 직책도 모르는 그 사람이 자리에 있었고, 나를 보자마자 그동안 바빠서 처리를 못했다고 미안하단다.
"이러다 나 이민국에 취직하겠어요. 여기로 출퇴근하고 학원도 며칠씩이나 빠지고!"
오늘은 기필코 처리한다는 마음으로 그 자리에서 한국대사관에 전화를 했다.
"저기요, 저 박미경인데요, 기억하시죠? 지금 벌써 일주일째인데 아직도 처리가 안 됐거든요. 편지 보여주면 끝나는 거 아니었어요? 한국이 이렇게 필리핀에서조차 파워가 없는 거예요? 네?!"
그냥 아직 해결이 안 되어 다른 방법을 찾아달라는 전화였는데, 말을 하다 보니 화가 치밀어 그동안 쌓인 것까지 폭발하여 마구 쏟아 부었다. 그리고 옆에 있던 중년 직원을 쳐다보니 괜히 억울해서 울음까지 터뜨렸다. "앙앙~, 처리해달란 말이얏!"
나는 전화를 중년남자에게 건네주고 일부러 더 큰 소리로 울었다.

07 불법체류자를 벗어나다

자랑스러운 한국사람이 필리핀이민국을 접수하다!! 빨리 불법체류자를 면하게 해달란 말이얏!

내 울음에 당황한 기색이 역력한 그분은 어찌할 바를 모르고 엉거주춤 서 있더니 잠깐만 기다리라고 정말 미안하다고 하더니 내 여권을 가지고 사무실을 나갔다.
"실비아, 실비아 해결됐거든. 1층에 내려가자마자 바로 왼쪽으로 고개를 돌려보면 어떤 남자가 너의 여권을 들고 서 있을 거야. 그거 받아서 집에 가면 돼. 그리고 이건 혹시나 앞으로 필리핀에 다시 왔을 때 이런 일이 또 일어나면 이걸 보여주면 될 거야. 그럼 아무 문제없어."
거의 20여분 만에 깔끔하게 마무리가 되었다. 난 언제 울었냐는 둥 고맙다는 말과 함께 1층으로 신나게 내려갔다.
"혹시 실비아 씨?" "네~."
"여기, 여권 있습니다. 그동안 비자연장 못한 것까지 지금 전부다 했으니까요, 밀린 비자 연장비만 내고 가시면 됩니다."
일이 해결되어 너무 뿌듯했지만 그동안 비자연장비를 안 낸 것도 은근히 생활비에 보탬이 되었는데 이걸 한꺼번에 내자니 목돈이었다.
아무튼 도장 쾅쾅 시원하게 찍힌 여권을 받아들고, 발걸음도 가볍게 이민국을 나왔다.

08 도움을 요청하자

"실비아, 어떻게 됐어? 또 그냥 온 거야?"
아래층 오빠가 궁금한 듯 말을 걸었다.
"음 하하, 이제 저 불법체류자 아닙니다욧."
"오~~, 진짜? 어떻게 해결된 거야?"
"우니까, 바로 해결되던데요~."
"와~, 그런 게 이민국에서 통해? 무슨 이민국에서도 그게 통하냐."
불법체류자 그 이후 벌써 9년이 지난 오늘, 생각해 보면 굳이 내가 공부도 못하고 아까운 그 시간에 한국대사관과 필리핀 이민국을 오가며 그렇게 스트레스를 받아가며, 스스로 일을 처리하지 않아도, 보통은 소속 학원에서 다 알아서 처리를 해주는 것이라 가끔 그때 내가 다니고 있었던 학원이 지금도 원망스럽다.
만약 지금도 필리핀에서 누군가에게 이런 일이 생긴다면 수속을 하고 온 유학원이나 또는 더 빠르게는 다니고 있는 학원에 도움을 요청하면, 학원에서 공부를 하면서도 해결을 할 수가 있다. 다만, 일처리 수수료 정도는 학원이나 이민국에서 요청을 할 수도 있다.

그리고 이렇게 같은 이름으로 인해 피치 못하게 불법체류자가 되는 경우 말고도 매월 비자 연장을 해야 될 때를 잊어버리거나 돈을 늦게 내고 비자연장을 늦게 할 때도 잠시나마 불법체류자가 되는 것이므로, 비자 연장비 외에 추가로 벌금까지 내야 하기 때문에 비자연장은 항상 때를 놓치지 않고 미리 하도록 한다.

> **TIP**
> 필자처럼 흔한 이름을 갖고 있는 사람이라면 영문 이름을 미리 변경할 것을 권한다.
> ex: 실제 영문 이름 : park mi kyung → park mee kyung
>
> 요즘은 어학원에서 도움을 많이 주고 있기 때문에 이런 경우가 생기면 바로 학원이나 유학원에 도움을 요청할 수 있다.

02 교통사고

어학연수를 목적으로 필리핀에 온 사람이라면 운전을 할 일이 거의 없을 것이다. 그래서 필자도 교통사고 쪽에는 전혀 관심을 두지 않았었다. 하지만 주말에 팍상한이나 말라파스쿠아 같은 곳을 찾을 때는 렌트를 하는 것이 더 편리하다. 이러한 여행지를 가게 될 경우를 대비하여 몇 가지 주의사항 정도는 알아두도록 하자.

교통 범칙금(Metro Manila Road Users Manual)

교통 위반(VIOLATION)	LP	교통위반 벌칙금(FINES AND PENALTIES)		
		1차	2차	3차
무면허 ALLOWING IMPROPERLY LIC/UNLIC TO DRIVE (LTO MC 89-105 Sec.05)	O	750.00	750.00	750.00
무례한 행동 ARROGRANCE/DISCOURTESY (LTO MC 89-105 Sec.56)	D	150.00	150.00	150.00
CR 혹은 OR 미 지참 CR/OR NOT CARRIED (LTO MC 89-105 Sec.14)	D	150.00	150.00	150.00
번호판이 매우 더러울 때 DIRTY OR UNCARED FOR PLATES (LTO MC 89-105 Sec.37)	O	150.00	150.00	150.00
교통 신호 위반 DISREGARDING TRAFFIC SIGNS (LTO MC 89-105 Sec.24)	D	150.00	150.00	150.00
역주행 DRIVING AGAINST TRAFFIC (MMDA REG.NO.003, S1997)	D	2000.00 3 MO SUS OF DL	2000.00 6 MO SUS OF DL	2000.00 Revoocation OF DL
마약복용 후 운전 DRIVING UNDER THE INFLUENCE OF DRUGS (LTO MC 89-105 Sec.04)	D	2000.00	2000.00 1 YR SUS OF DL	2000.00 Revoocation OF DL
음주운전 DRIVING UNDER THE INFLUENCE OF LIQUOR (LTO MC 89-105 Sec.04)	D	2000.00	2000.00 1 YR SUS OF DL	2000.00 Revoocation OF DL
만료된 면허증을 가지고 운행 했을시 DRIVING W/DELINQUENT/INVALID INEFFECTUAL DL (LTO MC 89-105 Sec.02)	D	300.00	300.00	300.00
면허증 미 소지시 DRIVING WITHOUT DL (LTO MC 89-105 Sec.01)	D	750.00	750.00	750.00
불법주차 ILLEGAL PARKING (NOT TOWED) (MMA ORD NO 78-03A)	D	200.00	200.00	200.00
주차 금지 표시가 있는 곳에서의 주차 ILLIGAL PARKING (TOWED) (MMDA ORD NO 78-03A)	D	500.00	500.00	500.00
불법회전 ILLEGAL TURNING (LRO MC 89-105 SEC 70)	D	150.00	150.00	150.00
과속시 INCREASING SPEED WHEN OVERTAKEN (LTO MC 89-105 SEC 70)	D	150.00	150.00	150.00

01 교통사고

한 번은 팍상한에 가려고 하숙집 주인아저씨 차를 빌려 아는 필리피노 친구가 운전을 했다. 잠깐 졸리비에 들려 간식을 산다고 주차를 하다 차 앞부분을 주차장 모서리에 들이받아 차 일부분이 깨졌던 사고가 있었다. 그나마 하숙집 아저씨 차라 돈을 조금씩 걷어 차 수리비를 성의껏 드리고 끝냈지만, 렌터카였다면 아마도 많은 보상액을 지불해야 했을지도 모를 일이다.

세부에서 장사를 하고 있는 지인이 세부 투어를 시켜준다고 하여 지인의 차를 타고 시내를 돌고 있었는데, 교차로에서 신호등을 잘못보는 바람에 차가 느끼지도 못할 정도로 조금 직진을 하였다. 그걸 보고 경찰이 오더니 면허증을 달라고 하면서 나중에 경찰서에서 찾으라고 하는 것이다.
내가 평소 알던 지인은 남자다운 터프한 스타일에 얼굴색이 무섭게 변하면서 금방이라도 차에서 내려 경찰을 치기라도 할 태세였다.
"경찰아저씨, 잠시만요~." 나는 뛰어내리듯이 얼른 차에서 내려와 최대한 상냥하고 환하게 웃으며 봐달라고 사정을 했다.
"산드라 박 닮았네."
이틈을 타 다양한 종류의 부담스러운 애교를 떨며 상황을 무마하고자 했다.
"다음부터는 조심해!!" "^^;;;"
역시 필리핀 남자들은 이쁜 한국 여자들에게 매우 약하다?
사실 교통법규를 위반했다고 해도 웬만하면 150페소 정도의 벌금만 내면 되는데 외국인이라는 약점을 이용해 벌금을 키우는 경향이 있다.
교통사고가 났을 경우에도 우리의 잘못이 아닌데도 불구하고 외국인에게 불리하게 일이 끝나는 경우가 허다하다. 억울한 마음에 항의를 해서 재판까지 가게 될 경우라 하더라도 기약도 없이 수개월을 필리핀에서 기다리는 경우가 많다. 사고가 나면 절대 자기잘못이라는 말을 하지 말고(It is not my fault~.) 어학원 원장님이나 필리핀에서 오래 산 교민에게 도움을 요청하는 것이 좋다.

사고 대비요령

❶ 차를 렌트할 때는 필리피노 운전기사까지 고용하는 게 안전하다.

❷ 필리핀에서는 가능한 한 운전을 직접 하는 것은 피한다.
피치 못하게 운전을 하게 될 경우는 교통법규를 철저히 지키고, 실수로 법규를 어기거나 경찰이 트집을 잡는다면 그냥 100페소(약 2,500원) 정도 뇌물을 주는 편이 훨씬 편할 것이다.

❸ 현지 사정에 밝은 교민 전화번호 또는 어학원 원장님 전화번호 정도는 핸드폰에 꼭 저장시켜 놓는다. 따로 메모지에도 적어서 가방에 항시 넣어두도록 한다.
필리핀한인회 대표 Tel. 02-886-4848 or 02-887-2422
http://korea.com.ph
주소 : 1104 antel corporate Center 121 Valero St., Salcedo village Makati city)

❹ 경찰서 전화번호 : 116

❺ 본인이 다니고 있는 어학원 학생증을 지니고 다닌다.

❻ 현지사정에 밝은 지인이 오기 전까지는 어떠한 서류나 여권을 주면 안 된다.

03 여권 & 비행기표 분실

01 여권

우리나라 여권으로 비자 없이 입국할 수 있는 나라는 무려 100여 개국 이상이다. 그러므로 우리나라 여권은 돈 이상의 가치를 지니고 있어 범법자들의 표적이 될 수도 있다. 그래서 항시 여권보관에 주의를 기울여야 하고, 분실을 대비해서 복사를 해놓는 것이 좋다.

만약 분실을 하였다면 가까운 경찰서로 가서 Police Report(분실확인증명서)를 받은 후, 한국영사관에서 재발급을 받을 수 있다. 어학연수가 아닌 단기 여행이거나 어학연수가 거의 끝나갈 무렵이라면 여행자증명서를 발급받고 귀국하는 것도 좋다.

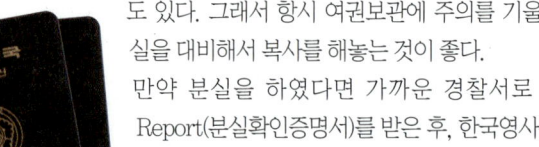

필리핀 영사관
18th Fl. Pacific star Bldg., Makati Ave., 1226 Makati city. M.M.Philippines
T.02-811-8260~2   비상연락 : 0917-817-5703
mail : korea33@globe.com.ph
근무시간 : 08:30~12:00, 13:30~17:30 (월~금요일)

여권 재발급
여권을 재발급받을 때는
여권번호, 발행연월일, 여권용 사진 2매, 분실확인증명서가 필요하다.

02 전자티켓

비행기표 같은 경우는 전자티켓이 생기고 나서부터 매우 편리해졌다. 한국에서 이메일이나 팩스를 통해 전자티켓을 받았다면 2~3장을 복사해 두고, 티켓번호를 메모해 놓으면 분실했을 때 별도의 서류 없이 바로 재발급이 가능하다.

전자티켓 제대로 사용하기

1. 티켓발권 후 영문 이름과 티켓사용기간, 스케줄 등을 반드시 확인하자.
2. 분실을 대비해서 티켓번호를 따로 적어놓는다.
3. 여행사 & 항공사 연락처를 적어놓는다.
4. 귀국 날짜 변경은 미리 하는 것이 좋다(성수기 시즌은 2~3개월 전에~비수기 시즌은 1~2개월 전에 하도록).
5. 귀국일을 변경하지 않더라도 귀국 1주일 전에는 재확인(Re-confirm)하도록 한다.
6. 날짜를 변경했다면 변경 완료된 새로운 티켓을 다시 받아서 챙겨놓아야 한다.(시스템상으로 변경처리가 되었더라도, 변경 전 티켓을 가져가면 공항에도 못 들어갈 수 있다.)
7. 스케줄을 확인할 때 날짜만 확인하는 사람도 있다. 반드시 시간도 같이 체크하고, 오전인지 오후인지도 잘 봐야 한다.

04 몸이 아플 때

01 의료 보험

연수를 준비하는 학생들이 가장 많이 하는 질문 중 하나가 "의료 보험 꼭 들어야 하나요?" 이다. 그래서 어학연수생 100명 중 열 명 정도만 보험 혜택을 누리고 있지만, 만의 하나의 경우라고 하더라도 보험은 꼭 들고 가는 게 좋다.

어학연수 중 병에 걸려 병원을 일주일 정도 다니게 되고, 약값까지 20만 원 정도의 비용만 청구되더라도 면책금 10만 원을 제하고, 나머지 10만 원 정도는 거의 100% 보상이 된다.(요즘에는 면책금 없는 보험상품도 있다)

그러므로 본인 돈으로 진료비를 먼저 계산하고, 진단서 원본과 병원비 영수증 원본을 잘 보관했다가 한국에 와서 보험 회사로 보내면 보상을 받는다.

같은 학원에서 공부하던 한 친구는 갑자기 맹장이 터지는 바람에 응급실에 가서 수술을 받았는데 병원비가 100만 원이 넘었다고 한다.

중요한 것은 보험을 들고 오지 않아 돈을 빌려 병원비를 냈다고 한다.

필리핀에도 우리나라처럼 약국이 많이 있는 편이라 약을 구입하기는 매우 쉽지만, 의사소통이 잘 안 되기 때문에 약을 잘못 구입하는 경우도 있고, 우리가 찾는 약이 없을 수도 있다.
한국에서 꼭 필요한 약들을 미리 준비하는 것이 좋다.

 진료시 주의사항

평소 몸이 약하거나 지병이 있는 경우 보험을 가입하기 전, 보상한도나 보상범위에 대해 조사를 한 후 가입하도록 하자.

❶ 보험에 가입하면 "보험증권"이 발급된다. 영문이름, 보험기간 등을 반드시 확인하자.

❷ 한국에서 미처 치료를 못 끝낸 게 있다면 의사소견서를 받아오는 게 좋다.

❸ 만일의 경우를 대비하여 본인이 다니고 있는 어학원과 가장 가까운 병원의 응급실 전화번호를 적어놓고, 위치를 파악해 두자.

❹ 필리핀은 모든 부분이 느리다. 병원도 예외는 아니니 가능하면 예약을 하고 가도록 하자.

❺ 영어에 자신이 없다면 병원에 갈 때는 어학원 매니저나 학원 선배와 같이 가는 게 좋다.

❻ 너무 작은 병원은 진료시설이 잘 되어 있지 않다. 가능하면 St.Luke's medical center (세인트 룩스 메디컬 센터)처럼 인지도 높은 병원으로 가는 것도 좋다.

몸이 아플 때 요긴한 영단어

생활에서...

headache 두통	bump 혹
toothache 치통	insectbite 벌레물림
period pains 생리통	fracture 골절
stomachache 복통	rash 뾰루지
backache 요통	dizzy 현기증
earache 귀아픔	bruise 타박상
sorethroat 목아픔	runny nose 콧물
fever 고열	painkiller 진통제
cough 기침	constipation 변비
nauseous 매스꺼운	antiseptic 소독제
vomit 토함	skin disease 피부병
cut 베다	burn 화상
cavity 충치	tonsils 편도선
chills 오한	virus 바이러스
body aches 몸살	heart attack 심장마비
congestion 코가 막히다	piles 치질
diarrhea 설사	venereal disease 성병
insomnia 불면증	athlete's foot 무좀
tired 피곤한	hypochondria 우울증

병원에서...

consult a doctor 진찰받다	operating room 수술실
diagnosis 진단	patient 환자
injecting room 주사실	get some rest 쉬다
health insurance 건강보험	prescription 처방전
medicine 약	medical fee 진찰료
general hospital 종합병원	mortuary 영안실
first aid 응급치료	treat 치료하다
emergency room 응급실	intensive care unit 중환자실

07

생활 적응 노하우

미경이의 필리핀 Real스토리

- 01 은행
- 02 전화
- 03 대중교통
- 04 음식
- 05 쇼핑
- 06 문화생활
- 07 우체국
- 08 미용실

생활 적응 노하우
미경이의 필리핀 Real 스토리

필리핀은 덥고, 사람들은 행동이 느리기 때문에 연수 초기에 적응하기까지 힘들 수 있다. 하지만 한국에서 하지 못하는 것과 가능하지 않은 것들이 필리핀에서는 가능한 것이 많다. 긍정적이고 적극적인 자세로 생활한다면 일상생활이 즐겁고 유쾌해질 것이다.

01 은행

요즘에는 많은 학생들이 시티은행 직불카드 사용을 선호하기 때문에 필리핀 현지 은행에서 계좌를 개설하는 경우는 드문 편이다. 간혹 어학원에서 SSP 준비물로 "통장잔고증명"을 요청하는 경우가 있는데, 한국에서 미처 준비해오지 않은 학생들은 필리핀에서 계좌를 개설하고 40~50만 원 정도를 입금하고 잔액증명을 받기도 한다.
그밖에 6개월 이상 장기체류할 사람들은 통장을 개설해서 필요할 때마다 현금 카드를 이용해 인출하면 편리하다. (요즘은 현지인, 이미자, 주재원 등이 아니면 계좌 개설이 불가하다)

01 필리핀에서 은행계좌 개설하기!!

준비물
여권, 학생증, 어학원 주소 & 연락처, 증명사진 2매, 입금할 현금

1. 가능하면 인지도 높은 은행으로 가는 것이 좋다.
   추천은행 : Bank of Philippines Islands, Metro Bank, Equitable PCI, RCBC, Philippine Bank of Communications, Philippine National Bank
2. 은행 직원에게 "I would like to open a new account."라고 말하면 해당창구로 안내해 줄 것이다.
3. 해당 창구에서 신청서를 주면 작성하고, 사인은 항시 여권과 같은 것으로 사용해야 한다.
4. 신청서 작성이 끝났다면 개설한 계좌에 입금할 금액을 은행 직원에게 주면 된다.
5. 현금 카드를 신청했다면 카드가 언제 발급되는지 확인을 한 후 돌아간다.
통장발급도 선택사항이다.

> **TIP**
> **Service Charge**
> 필리핀은 우리나라와 달리 은행에 보관료라는 것이 있다. 은행마다 요구하는 최소 금액이라는 것이 있고, 최소 금액 이하로 있으면 보관료를 받는다.
> 최소 금액은 은행마다 조금씩 다르지만, 보통은 대략 1,000페소(약 25,000원) 정도이다.

07 생활 적응 노하우

02 필리핀 ATM기에서 돈 인출하기!!

카드를 넣는다.

English를 선택한다
(영어보다 따갈로그에 더 능한 사람들은 Tagalish를 선택!).

비밀번호 입력

Withdraw 선택

Saving 선택

인출할 금액 입력

명세표를 발권 여부 선택

카드와 현금을 뽑아 조심히 잘 챙겨 넣을 것!!

> **편리한 은행 용어**
>
> Automatic Teller Machine ATM 현금자동지급기
> Blank 공란
> Deposit 예금
> Withdraw 출금
> Personal Identification Number PIN 비밀번호
> Cash 현금
> Check 수표
> Branch 지점
> Remittance 송금
> Balance 잔고
> Withdrawal slip 출금 전표
> open an account 신규 계좌 개설

TIP ATM기에서 돈을 인출하면 명세표를 꼭 챙겨놓는 것이 좋다.

02 전화

"공부하러 가는데 무슨 전화기에요!!"
굉장히 좋은 현상이기는 하다. 어학연수 준비생들은 공부에 대해 넘치는 열정을 가지고 있어서 영어공부와 상관없는 것들은 전부 배제해 버리는 경향이 많다.
하지만 연수하는 사람들 중 95% 이상이 핸드폰을 가지고 있다.

01 핸드폰
첫째, 임대폰을 준비한다. (요즘은 거의 쓰지 않는 방식이다.)
한국에서 중고폰을 빌려간 후 연수 기간 동안 사용하고 반납하는 형식이다. 단, 개통비, 임대료, 기본료 등이 있을 수 있으니 잘 알아보고 가입하도록 하는 것이 좋다.

둘째, 한국에서 핸드폰을 아예 구매해서 간다.
노키아폰의 가장 저렴한 모델은 필리핀에서 구매하는 것보다 조금 비싼데, 삼성핸드폰 같은 경우는 현지에서 구매하는 것보다 한국에서 하는 것이 저렴해서 "한국에서 예쁘고 작은 폰으로 구매해서 올 걸." 하며 후회하는 학생들도 있다.

셋째, 필리핀에서 직접 구매한다.
디자인이나 핸드폰회사 등을 전혀 고려하지 않고 싱글밴드식인(필리핀에서만 사용할 수 있는 핸드폰) 가장 저렴한 폰을 원하는 학생에게 적합한 방법이다.
가장 저렴한 노키아폰은 흥정하기 나름이겠지만, 보통 2,000페소면 살 수 있다. 이렇게 기계를 구입한 후 '심카드' 라는 것을 사서 핸드폰 배터리를 빼면 나오는 기계 뒷면의 작은 홈에 심카드를 끼워넣게 되면 자동개통이 된다.
필리핀에서 2~3개월 '잠깐 연수하는데 핸드폰을 사는 건 너무 낭비다~' 라고 생각하는 사람들은 발 빠르게 움직여서, 한국으로 귀국하는 어학원 **선배들에게 미리 잘 말해 핸드폰을 달라고 하는 것도 좋은 방법이다.** 짠순이 필자같은 경우는 가장 친한 1:1 필리핀 선생님에게 핸드폰이 없어 좀 불편하긴 한데, 이제 곧 한국 갈 건데 사기는 좀 아깝다~라고 이야기 했더니, 선생님 식구들이 쓰던 핸드폰을 잠깐 빌려줘서 사용하기도 했다. 풉~

넷째, 스마트폰 사용하기(가장 많이 이용하는 방식)
한국에서 쓰던 스마트폰을 떠나기 3~4일 전에 통신사에 연락해서 컨트리락 해제 요청을 한 후, 필리핀에서 심카드를 구입해서 한국 것과 변경하면 현지폰으로 사용할 수 있다.(Wifi 되는 곳에서는 인터넷 사용도 가능!)

> **TIP**
> - 택시에 핸드폰을 두고 내려서 분실하는 경우도 많고, 뒷주머니에 꽂아놓았다가 느끼지도 못하는 사이에 없어지는 경우가 많다. 핸드폰 관리에 각별히 주의해야 한다.
> - 임대폰을 분실했을 때는 많게는 20만 원, 적게는 10만 원까지 보상을 해야 한다.
>   똑같은 모델의 핸드폰을 구매해서 바로 임대폰 회사로 보내주면, 보상료를 따로 내지 않아도 되는 경우도 있다.
> - 호주, 캐나다, 미국 등으로 연계연수를 갈 사람들은 핸드폰을 구매할 때 연계되는 핸드폰을 구매하는 것이 좋다.
>   • 듀얼밴드식 : 호주나 유럽까지 사용가능
>   • 트라이밴드식 : 호주, 캐나다, 미국, 유럽까지 사용가능

핸드폰 뒷면에 배터리를 빼고 심카드를 넣는 모습

02 국제전화

국제전화를 거는 방법은 매우 다양하다. 한국에서 3만 원, 5만 원짜리 국제전화카드를 구입해서 필리핀에 도착하자마자 바로 국제전화를 이용하는 방법이 있다.

이 방법은 통화료가 매우 비싸기 때문에 이것저것 비교분석할 시간도 없고 번거롭다고 생각하는 사람들이 쓰는 방법이다. 국제전화카드를 구매해서 쓰고자 한다면 한국에서 사서 오는 것보다 현지에서 카드를 구매하는 것이 훨씬 더 저렴하다.

공중전화

전화기 파는 가게, 길거리나 마트, 상점 등에서 쉽게 볼 수 있지만, 우리나라 용산같은 끼아포에서 사는 게 종류도 많고 저렴하다.

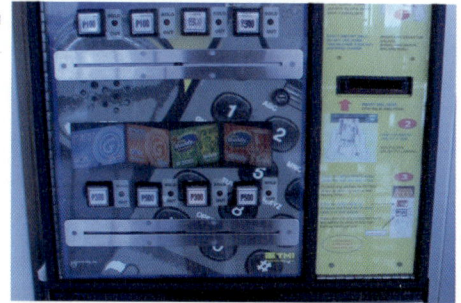
전화카드 자판기

> **TIP**
> - 콜렉트 콜 사용 방법을 미리 숙지하고 있으면 급할 때 요긴하게 쓸 수 있다. 단, 1분당 1,000원이 넘을 정도로 매우 비싸므로, 정말 급할 때를 제외하고는 쓰지 않도록 한다.
> - 학원 필리핀 선생님들과 영어로 문자를 많이 주고받는 것도 공부가 될 수 있다~~!!
> - 카카오톡 이용 증가로 국제전화 사용량이 크게 줄었다.

이성친구와 장시간 통화를 해야 되는 경우라면 이런 카드를 구입하는 것보다 인터넷폰을 만들어오는 것이 현명하다.

인터넷폰은 보통 2천 원 정도의 기본료를 매월 납부하고, 같은 가입자끼리는 무료 통화를 할 수 있으며, 한국으로 거는 전화는 시내요금으로 적용이 된다. 이 밖에도 헤드셋을 사서 메신저를 통해 전화를 이용하는 방법도 있다.

03 대중교통

"나 화장품 하나 사야 되는데 마카티에서 사고 저녁도 먹고 올까나?"
"MRT 타고 갈까나. 아님, 지프니 타고 갈까나~~."
"뭐래~~, 택시 타고 가면 되지~. 요금 얼마나 나온다고~. 택시비 내가 낼게. 이그!!!"
"아니 뭐 나는.. 그러던지 그럼.."
그렇지!! 내 주변 사람들 중에는 특별히 아주 여유롭게 살고 있는 부자들도 전혀 없고 오히려 다들 힘들게 연수를 온 사람들인데 희한하게 나만 빼고 다들 성격이 cool 하고 털털해서 학생신분에서 버스나 지프니를 타고 다니는 내가 이상한 사람이 되어버렸다.
"잠깐만, 내 가방 어딨더라. 여기있다! 나가자~, 렛츠고우~." 마닐라 퀘존 시티에서 마카티까지 거의 30분 정도 걸려서 도착했다.

01 택시

세부는 마닐라보다 규모가 작아서 up타운에서 마카티와 같은 번화가인 down타운으로 나오기 위해서 대개는 도보로도 가능하고, 먼 거리인 경우는 택시로 넉넉히 20분 정도면 가능하다.

그러나 마닐라는 이동거리가 보통 가깝지 않고 먼 거리인 때가 많다.
"아저씨 150페소(4,500 원)나왔으니까, 여기 200페소(5천 원)이요~, 50페소(1,500 원)거슬러 주심 돼요~."

"음.. 난 항상 잔돈이 없는데, 필리핀에서 택시 한두 번 타본 것도 아닐 텐데… 알자누 학상~~, 잔돈이 없다는 거… 음히히…"
필리핀 택시에서 잔돈 없다는 말도 너무 진부하고 식상하다. 뭔가 새로운 멘트는 없나?
택시는 기본요금이 30페소(약 900원)이기 때문에 바가지를 쓰지 않는 이상 만 원이 넘기는 힘들다. 퀘존 시티에서 마닐라 공항까지도 안전한 공항택시를 타게 되어도 약 670페소(만7천 원)가 좀 안 되는 금액이지만, 일반택시를 타면 200~300페소(6천 원) 미만 정도로 밖에 나오지 않는다. 우리나라는 20~30분만 가도 만 원이 쉽게 넘고, 서울 외곽 지역이면 추가 요금도 있기 때문에 잘 이용을 하지 않지만, 필리핀은 요금이 저렴하기 때문에 오히려 4번, 5번 더 많이 이용하게 되니 택시비로 지출되는 금액도 무시할 수 없다.

택시의 기본요금은 30페소(약 800원), 에어컨이 있는 버스와 없는 버스로 나뉘어진다. 또한 회사 택시와 개인택시가 있는데, 어떤 사람은 회사택시가 더 안전하고 서비스가 낫다는 사람이 있는데, 많은 택시를 타봤지만 필자는 차이점을 크게 못 느끼겠다.^^;

다시 말해 어떤 택시를 타는 문을 꼭 잠그고 타야 하며, 택시 번호판이 잘 붙어 있는지 확인하고, 좌석에 앉기 전에 미터기를 켜달라고 해서 켜지는 걸 확인한 후 타는 것이 좋다. 물론 필리핀에서 오랫동안 연수를 하여 흥정에 자신이 있던지 목적지까지 대략 얼마가 나오는지 알고 있다면 목적지까지 가격을 정하고 가도 된다.

또한 1페소, 10페소, 20페소, 100페소짜리를 모두 가지고 있어야 500페소, 1000페소 등의 큰돈을 내고 잔돈을 거슬러 받지 못하는 불상사를 막을 수 있다.

02 FX

택시보다는 조금 더 불편하지만 훨씬 저렴한 FX 합승전용 택시가 있다. FX는 한국의 싼타페, 산타모, 카니발 같은 차를 개조해서 만든 것으로 8명 정도가 모여야 출발을 한다. 그래서 사람이 모일 때까지 5분, 10분을 기다려야 하는 단점이 있지만, 가격은 지프니 보다는 비싸지만, 택시기본요금보다는 2배 이상이 저렴하다. 말 그대로 하나의 넓은 택시에 사람이 좀 많이 타는 정도라고 생각하면 된다. 지프니처럼 사방이 뚫려 있지 않아 매연이 들어오지도 않는다.

지프니나 트라이시클은 타기가 싫고, 택시는 비싸다는 생각이 든다면 합승전용택시 FX를 이용하는 것도 현명하다. 가격은 지프니보다 아주 조금 더 비싸면서 문을 다 잠글 수 있고, 에어컨도 나오고, 매연도 피할 수 있기 때문에, 필자가 가장 애용하는 대중교통수단이었다. 딱 한 가지의 단점은 사람이 100% 모여야만 출발하기 때문에, 처음에 좀 기다려야 하는 것인데, 10분 넘게 기다려 본 적이 없는 것 같다.

03 지프니

지프니는 우리나라 버스 정류장처럼 타고 내리는 곳이 잘 표시되어 있는 것도 아니고, 이 정류장을 지나는 버스들의 행선지를 적어 붙여 놓지도 않기 때문에, 지프니를 탈 때는 어디론가 훌쩍 떠나고 싶은 게 아니라면, 마카티에서 퀘존 시티까지 지프니를 타고 몇 번 가본 적이 있는 사람과 동행을 하는 것이 좋다.

지프니는 아까 말했듯이 정해진 버스 정류장이 없어서 원하는 지점에 있을 때 내려달라고 말을 해야 되는데, '빠라뽀'는 필리핀어 따갈로그로 '세워달라'는 말이고 "Stop please." 라고 말해도 된다. 하지만 필리핀에서는 가끔 따갈로그를 써주는 것이 짬밥이 좀 있어 보이기 때문에 권장하는 바이다.

필리핀에 처음 왔을 때 가장 먼저 눈에 들어왔던 것 중 하나가 지프니다. 필리핀사람들은 손재주 뛰어나기로 유명한데 그걸 증명하는 것 중 하나가 지프니이기도 하다. 한번은 늦은 시간에 지프니를 탔는데, 운전기사가 10대 후반쯤 되어 보였고, 얼마나 지프니를 예쁘게 잘 꾸며놨는지, 카메라 셔터를 50번도 더 누른 것 같다. 지프니 안에 조명도 웬만한 클럽이 부럽지 않게 달아놓은 데다 음악도 힙합음악을 크게 틀어놔서 어깨를 들썩들썩 거리기까지 했다;;;
"Hey. girl~!!" 지나가는 여성분들한테 손짓까지 하면서 운전을 하는 10대 기사님 덕분으로 30분거리를 차비 300원으로 신나게 왔던 것 같다.
헌데 지프니는 사방이 다 뚫려있어서 매연에 쉽게 노출되는 것과 신호등 때문에 차가 정차하였을 때 돈을 구걸하러 들어오는 아이들이나, 강도들에게 노출될 수 있다는 단점이 있다.

04 트라이시클

트라이시클은 오토바이 옆에 2명이 탈 수 있는 공간을 만들어 놓고, 우리나라에 있는 마을버스처럼 동네 곳곳을 다니는 교통수단인데, 소음과 매연의 주범이다.
사실 필리핀에서 트라이시클만 사라진다면 큰 도로만 제외하고, 휑할 정도로 동네가 조용해질 것 같다.
"아저씨, 20페소에 갑시다! 현지인들은 8페소만 받는 거 다 아니까요. 2배 정도만 바가지하시고 20페소로 해요. 알았지용?"
트라이시클은 택시처럼 바가지가 있어 사람마다 요금을 다르게 받기 때문에 처음에 탈 때 흥정을 잘 해야 한다.

"근데, 트라이시클을 타는 게 제일 재밌는 것 같아."
"그건 그래. 다른 것들은 처음에만 쪼금 신기했지, 지금은 다 그저 그런데 얘만은 아직도 신기하다."
친구는 중간중간에 택시타고 편히 오지 않은 거에 대해서 투덜거리기는 했지만, 이렇게 같이 대중교통을 이용하는 것을 은근히 나보다 더 재미있어 하는 것 같다.
트라이시클은 동네와 동네를 다니는 오토바이택시 정도로 생각하면 알맞다. 택시는 아주 먼 곳까지 운행이 되지만 트라이시클은 웬만해서는 동네로부터 많이 떨어진 곳까지는 잘 가지 않기도 하고, 엔진소리가 워낙 커서 15분 이상 타고 갈 경우, 타고 있는 사람이 지쳐버리게 된다. 다시 말해 우리나라 마을버스 정도로 생각하면 쉽다. 트라이시클은 지프니나 버스처럼 정확한 운임이 정해져 있지 않아, 탈 때마다 흥정을 해야 된다는 단점이 있다. 택시처럼 미터기가 있는 것도 아니어서 처음 타는 사람들은 바가지를 쓰는 경우가 많다. 보통 현지인들은 5~10페소 정도만 받는데, 외국인일 경우는 10~100페소까지 운전기사마다 다르게 받는다.
또한 운전기사가 강도로 돌변할 수도 있기 때문에 트라이시클은 여자든, 남자든 밤에 혼자 타는 것은 위험하다.

05 국내선

"실비아, 내일 우리 세부가는 거 돈을 한 얼마 정도 챙겨야 되니? 나 1,000 페소 밖에 없어서 내일 돈 찾으러 가야 되거든. 같이 갈래?"
"아니, 난 한국에서 올 때 현금을 많이 바꿔 와서 돈 인출 안 해도 돼. 완전 한 수억 가지고 왔나~."
"진짜? 현금으로 몇 억 바꿔온 거야? 공항에서 안 걸렸어? 역시 실비아, 간 크다."
나의 순진한 룸메이트 덕분에 속도 답답하고 겸사겸사 숙제도 다 마쳤으니 내일을 위해서 잠을 청했다.
공항까지 가는 지프니나 버스는 한 번도 타보지 않았기 때문에 택시를 이용했는데,

공항에 갈 때는 택시를 이용하는 게 훨씬 낫다.
그리고 다시 한 번 강조하지만 공항까지 200~300페소로 해준다면 모를까 그 이상이라면 미터기를 켜고 가는 게 좋고, 미터기를 켜고 갈 경우 마닐라는 국내선 공항까지 공항이 3개나 있기 때문에 일부러 다른 공항엘 갔다가 공항 몇 바퀴를 더 돌고 최종 목적지의 공항까지 데려다 주는 것이 흔하고, 필리핀은 국내선 같은 경우 오버부킹도 꽤 하기 때문에 분명히 티켓을 가지고 있다 해도 늦게 도착할 경우 자리가 없으니 2-3천 페소를 더 내고 비즈니스로 업을 시키던지 다음 비행기를 타고 가야 된다고 아무렇지도 않게 말하는 경우가 있어서 집이나 학원에서 비행기 출국시간 보다 3시간 전에 출발하는 것이 좋다. 또한 국내선을 탈 때는 티켓에 공항이용료가 포함되어 있지 않음으로 공항이용료도 준비해 가야 한다.

06 배 & 버스 & MRT

역시 세부는 공항에서부터 호객행위가 끊이질 않는 것 같다. 우리는 세부에서 이곳 저곳을 구경하고 남은 하루를 남쪽에 다바오로 가는 방향에 있는 까미겐으로 가려다가, 꽤 멀다는 소리에 배로 한 시간 밖에 걸리지 않는 바콜로드에 갔다가 바콜로드에서 비행기표를 구한 후 바로 마닐라로 가기로 했다.
예전에 마닐라에서 민도로라는 섬으로 갈 때 바탕가스에서 탔던 배는 10명 정도가

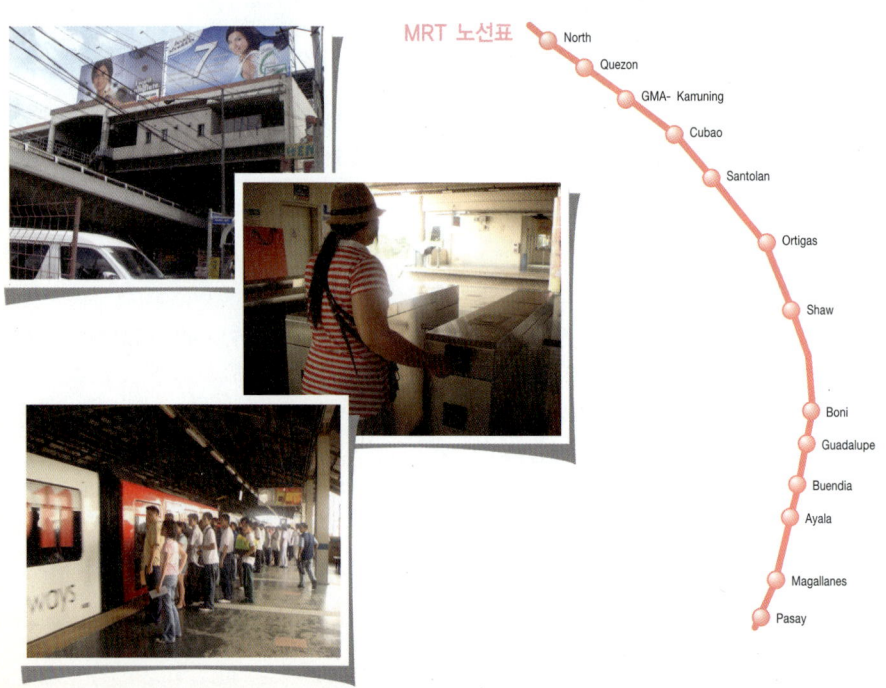

정원인 작은 배를 탔는데 지금은 거의 60-70명 정도가 탈 수 있는 배다운 배를 타고 출발을 하였다. 우리나라는 평생에 몇 번 부산에서 제주도나 외도나 거제도나 일본 등을 갈 때 빼고는 배를 이용할일이 잘 없지만, 필리핀은 7107개의 섬으로 이루어진 나라이다 보니 곳곳에서 배를 이용할 기회가 많기 때문에 배도 하나의 대중교통 수단이라고 말할 수 있다.

그 외에도 창문이 없거나 의자가 벤치형식으로 되어있거나 많이 지저분한 거 빼고는 우리나라와 다를 게 없는 버스도 있고 지하말고 지상을 달린다는 것 빼고는 우리나라 전철과 다를 게 없는 MRT LRT라는 것도 있다. 이처럼 필리핀은 대중교통의 종류가 많고 저렴하기 때문에 때에 맞게 대중교통을 잘 이용한다면 배고픈 어학연수 생활에 도움이 좀 될 것이다.

우리나라에는 땅 밑에서 다니는 지하철이라는 것이 있지만, 필리핀에서는 땅 위로 다니는 지상철이라는 것이 있다. 또 우리나라처럼 복잡하지도 않아, 외국인들이 이용하기에도 전혀 어려움이 없다.

이러한 지상철은 '마닐라'에만 있으며, 아래노선으로 이루어진 MRT 말고도 LRT가 있는데, 연수하는 한국학생들이 자주 이용하게 되는 지상철은 MRT이다. 필리핀 연수생활 초기에는 지프니나 트라이시클만 있어도 충분했기 때문에 지상철을 타 볼 기회가 없었지만, 러시아워 때나 중요한 약속이 있을 때, 지상철을 이용하면 막힐 염려가 없기 때문에 좋은 것 같다.

무수한 섬으로 이루어져 있는 나라이기 때문에 필리핀연수생활을 하면서 배도 많이 이용하게 되는데 이용방법은 우리나라와 크게 다를 게 없다.
단, 배를 이용하는 사람이 많기 때문에 미리 예약을 해두는 것이 좋으며, 배시간보다 20분 정도 일찍 도착해서 승객명단에 이름과 연락처 등을 정확히 적고, 주변 먹거리 등도 구경해보도록 하자~.
단, 선착장에는 필리핀서민들로 넘쳐난다. 본인소지품을 배쪽으로 끌어당기듯 안고, 소매치기에 각별히 주의하는 게 좋다.
배에 탑승을 해서도, 자신의 소지품은 본인좌석 발밑에 놓도록 하자.

일반적으로 택시를 타지 않는 사람들은 지프니나 트라이시클을 많이 이용하기 때문에, 필리핀에서 3-4개월 동안 어학연수를 했지만, 버스는 한 번도 타보지 않았다는 사람이 많다.
(2시간 이상을 가야 되는 고속버스는 이용을 많이 하지만, 지프니와 같은 경로를 다니는 시내버스는 많이 이용하지는 않는다)
필리핀버스는 우리나라와 달리 차장이 있는데, 버스를 탈 때 차장에게 목적지를 이야기 하면 차장이 금액을 이야기 해주고, 돈도 차장에게 내면 된다. 금액은 지프니와 비슷하다. 마닐라 퓰코아라는 지역처럼 번화가에서 버스를 이용하게 되면 머리가 아플 정도로 소음이 심한데, 이는 호객행위를 위하여 운전기사들이 불필요한 경적을 울려대고, 버스나 지프니 차장들이 모두 내려와 본인들이 가는 목적지들을 소리치기 때문이다.

약 15분 탑승기준 대중교통 비용

교통수단	요금
지프니	약 300원
트라이시클	약 600원
택시	약 3,000원
FX	약 400원
버스	약 300원
지상철	약 300원

Special Study Permit이 뭐에요?

필리핀에서 공부를 하는 학생들이라면 원칙적으로 이민국에서 SSP를 발급받아야 한다. 가끔 SSP를 비자로 착각하는 경우가 있는데, SSP는 비자가 있는 상태에서 필리핀에서 공부를 할 예정인 학생들만 추가로 받는 "공부허가증"이다.(보통 해당 어학원에서 발급대행을 해 주고 있으니 크게 걱정하지 않아도 된다)

첨부서류(해당 어학원마다 요구하는 서류가 다르다)
1. 영문등본 한통(여권에 있는 영문 이름과 동일해야 함)
2. 영문잔액증명 1통(잔액이 약 50만~500만 원 정도 들어 있는 한국 통장잔액을 영문으로 발급)
3. 여권사진 1장

04 음식

01 맛있는 외식

한국에서 제일 즐겨먹었던 돈가스가 150페소(4천 원)라고 한다. 그것도 살이 통통하고 바삭바삭하게 잘 튀겨진 아주 맛나는 돈가스가 우리나라 가격의 2분의 1 정도라니 먹는 즐거움이 2배다.

"가격도 싼데, 새우튀김도 시켜야 되겠다~~."

돈가스 하나만 먹어도 충분한데, 워낙에 옛날부터 식욕에 식탐까지 다양하게 갖추어져 있는 나는 한국 밥값 정도는 먹어줘야 한다는 강박관념으로 고소한 새우튀김까지 시켰다.

"땅콩소스가 진짜 맛있다~." 돈가스가 필리핀 음식도 아니고 어차피 일본 음식이기 때문에 한국에서 먹는 맛과 큰 차이가 없었지만, SM백화점에 있는 음식점이라 그런지 샐러드까지도 구미를 당기는 맛이었다.

"750페소입니다."

싸다고 마음껏 먹었더니, 한국에서 먹는 것보다 더 많이 나왔다. 그래도 우리는 기분좋게 계산을 하고 아이쇼핑을 한 후 SM 백화점을 빠져 나왔다.

빨강썸푸드 코너에서 파는 스테이크이다. 가격은 1,500원 정도인데, 맛은 별루ㅠ

02 신선한 과일

그냥 먹는 건 옐로우망고가 최고!! 주스로 만들어먹는 건 그린망고가 최고!!

"우리 풀코아 들려서 과일 좀 사자~"
육교 앞 니어카에서 옐로우망고만 산처럼 쌓아놓고 파는 아주머니가 있는데, 가격도 싸고, 망고가 너무 신선하고 적당히 새콤달콤해서 너무나 맛있다. 필리핀에 와서 꼭 해볼 것 중 하나가 신선한 열대과일, 자주자주 양껏 먹고 한국에 가는 것이다.
한국에서는 망고가 꽤 비싸고 신선하지도 않아 비싼 돈 주고도 필리핀에서 몇 백 원주고 사먹는 망고맛보다 훨씬 맛이 없다.
"망고스틴도 사자~. 난 망고보다는 망고스틴이 훨씬 맛있는 것 같아."
나도 망고스틴 맛있는 것은 잘 알지만, 망고스틴은 한국사람한테도 꽤 타격이 있을 만큼 너무 비싸다.
그린망고의 맛은 마치 아주 신 퍼런 사과를 먹는 것과 거의 같다. 옐로우망고맛은 우리나라 슈퍼마켓에서 흔히 파는 망고주스맛과 비슷하다.

> 우리나라 사람들은 정말 대단하다. 망고는 비싸 실제 망고는 거의 넣지 않았을 텐데, 어떻게 망고맛과 이렇게 비슷하게 주스를 만들 수 있는 건지 참 신기할 따름이다.
> 한국에서는 딸기, 메론, 사과밖에 안 먹던 내가 필리핀에 와서는 정말 다양한 과일을 즐겨찾게 되었다.
> "과일 잘 안 먹는 사람 필리핀으로~~ 고고!!"

파파야~ 망고 먹는 느낌과 비슷한데 맛을 말로 설명하기 힘들다. 시지도 않고, 달지도 않고 밍숭밍숭한 그런 맛??

한국으로 돌아갈 때 가장 많이 사가지고 가는 음식이네!!! 망고말린 것

필리핀에서 인지도 있는 우유~ 맛은 약간 특이하지만 즐겨 먹는 우유이다~. 이름도 어쩌나 입에 착착 붙는지~~"무우~~"

03 차우킹(패스트푸드 레스토랑)

차우킹에서 사먹어 본 상하이 롤!! 맛있긴 하지만, 양이 너무 적다.

학원에는 매주 신입생들이 꾸준히 들어오고 있는데, 보통 주말에 많이들 온다. 어느 수요일에는 픽업신청도 안 하고 혼자 택시를 타고 도착한 여학생과 이것저것 필리핀 이야기를 하다 보니 친해져서 저녁을 같이 나왔다.

"맛있게 잘하는 일본음식집이 있는데, 택시 타면 금방 가거든~."

"아.. 근데, 저기.. 제가 돈이 얼마 없어서요, 그냥 학원 주변에서 간단히 먹고 들어가면 안 돼요?"

약 1~2만 원만 더 주면 되는 픽업신청을 안 하고 혼자 왔다는 말을 처음 들었을 때, 막강한 나의 라이벌이 될 것 같은 불안한 느낌을 받긴 했지만, 먹는 것에는 아낌없이 투자하는 나보다 더 심한 것 같다.

"아.. 그래~. 그럼, 그냥 저기 챠우킹으로 가자."

우리나라에 패스트푸드점이 많은 것처럼 필리핀도 그렇다. 하지만 우리나라나 기타 외국처럼 햄버거, 콜라, 치킨 뿐 만이 아니라 죽, 스파게티, 모찌, 나물, 밥, 스테이크, 돼지비계과자, 소고기, 볶음밥 등 맛있는 음식들을 다양하게 맛볼 수 있다. 그래서 한국에서는 패스트푸드점을 잘 안 가던 내가 필리핀에서는 자주 찾는 이유이다.

"저거 세트 메뉴 먹을 만해요. 우리나라 짜장면 비슷하게 생긴 스파게티 조

금, 치킨 한 조각, 돼지비계 과자, 모찌, 밥이 나오는데 양도 많고 괜찮아요~."
내가 추천한 세트메뉴 하나와, 죽과 볶음밥 종류로인 New Spicy chao fan(59페소 짜리, 약 1,200원)을 시켰다. 어느 나라든 'Spicy' 라는 단어가 메뉴에 있으면 꼭 한 번 시켜서 먹어본다.
"아, 맞다. 할로할로도 주세요~." 우리나라라면 약 1,500원 정도의 팥빙수 같은 것으로, 저렴하진 않지만, 나는 아주 맛있어 한다.

04 졸리비(패스트푸드 레스토랑)

챠우킹말고도 내가 좋아하는 패스트푸드점 중에서 졸리비라는 곳이 있다. 우리나라 롯데리아처럼 필리핀 서민들에게 인기가 많다. 특히 아침식사를 간단히 해결하기에 적합한 곳으로 갈릭라이스와 데리야끼처럼 간장으로 맛있게 볶은 고기와 계란후라이, 소탕혼이라는 국과 같이 먹으면 저렴하게 든든한 아침이 해결된다.

> **TIP 아주 쉬운 갈릭라이스 만드는 법**
> 1. 다진 마늘을 기름에 노릇노릇해질 때까지 볶는다.
> 2. 다른 프라이팬에 기름을 두르고 밥을 볶는다.
> 3. 볶은 마늘을 밥에 넣고 볶는다.
> 4. 소금과 간장으로 간을 한다.

맥도날드에서 파는 치킨&라이스, 가격은 1800원 정도로 양이 작아보이지만 2% 부족한채 식사가 가능하다.

이외에도 슈퍼밀이 한국사람에게 인기가 있다. 필리핀사람들은 일본사람들처럼 음식을 조금 먹지만, 한국사람들은 슈퍼밀 정도는 되어야 포만감을 느낄 것이다.

챠우킹, 졸리비 외에 세계적으로 유명한 맥도날드도 매우 많지만, 우리나라와 크게 다를 게 없는지라, 개인적으로는 맥도날드에는 가끔 아침식사로 팬케익을 먹으러 갈 뿐이다.

▲ 길거리에서 파는 햄버거~450원 정도

05 길거리 음식

"아, 배부르다~. 특이한 음식들이 맛도 있고."
우리는 맛있게 음식을 먹고 챠우킹을 빠져 나왔다.
"저기 과일가게 옆에 냄비들이 쫘르륵 있는 건 뭐죠?"
우리나라 길거리에서 순대와 떡볶이를 팔듯이 필리핀도 길거리 음식이 많은 편이다. 많이 싸다는 것 빼고는 우리나라와 같다.

"냄비마다 음식들이 다 들어있어요~. 예를 면 첫 번째 냄비에는 제육볶음, 두 번째 냄비에는 생선조림, 세 번째 냄비에는 닭도리탕.... 이런 식이지요. ㅋ 근데 웬만큼 비위좋은 사람 말고는 못 먹어요. 값은 챠우킹보다 많이 저렴한데 밥도, 음식도 너무 필리핀식이고 느끼하고 비위생적이라 한번 먹고 그 다음에는 근처에도 안 가요." ㅋ

필리핀 길거리 음식에는 이렇게 포장마차식으로 긴 의자를 앞에 놓고, 큰 냄비들을 차례대로 나열해 놓고 파는 것, 동그란 오뎅볼을 튀겨서 꼬치에 꽂아 달짝지근한 맛있는 소스를 뿌려서 종이에 담아주는 것, 여름에 명동에 가면 흔히 볼 수 있는 파인애플을 까서 나무젓가락에 끼운 것, 초등학교 앞에 가면 가끔 볼 수 있는 이동식 아이스크림, 분식집 같이 필리핀라면을 끓여주는 것 등이 있다. 가격은 평균적으로 80원에서부터 500원 정도.

길거리 음식이나 서민들 음식은 부담 없이 저렴하지만, 유명한 관광지나 한국사람들이 많이 사는 지역은 우리나라와 비슷하거나 오히려 더 비싸다.

▲ 필리핀사람들이 즐겨먹는 필리핀음식

▲ 필리핀식 야채볶음, 매우 저렴하지만 도저히 손이 안 간다.ㅠ

▲ 필리핀Lap의 피자~남자 4명이 먹어도 힘들어요.ㅠ

06 Sea Food

번화가에서 파는 sea food는 우리처럼 밑반찬이 화려하게 나오는 것도 아닌데, 가격이 더 비싸다. 번화가에 sea food를 먹으러 갔다가 다른 것을 먹은 적도 있다. 하지만 마닐라 쿠바오에 있는 담빠 같은 곳이나 바콜로드에 있는 팔라팔라 같은 곳은 가격이 비싸지 않고 양도 많고 막도 있어 어학연수생들이 즐겨 찾는 곳이다. 그래서 필리핀에서는 평일에는 학원에서 한식으로 든든히 챙겨먹고, 주말에는 밖으로 나와 필리핀 전통음식을 먹어보면 가격도 저렴하고 필리핀만의 정서와 특징을 음식에서 느낄 수 있다.

TIP

여성분들~~
음식이 저렴하다고 너무 많이 드시면 살이 엄청 찐답니다.~~
거의 60~70% 이상의 여성분들이 필리핀만 다녀오면 살이 기본 5kg 이상은 불어온답니다.^^; (남자분들은 60~70% 이상이 살이 빠져서 옵니다. 이유는 몰라요 ^^;)

05 쇼핑

01 도착해서 당장 필요한 것들은 미리 챙겨오도록...

"나 슬리퍼를 한 개도 안 챙겨왔다. 웬일이니~.ㅠ"
신고 온 운동화와 따로 챙겨온 하이힐 2켤레 말고는 편하게 신고 다닐 샌들을 전혀 챙기지 않은 것이다. 추리닝에 힐을 신을 수도 없고,,,,;;;
운동화를 신고 화장실, 복도, 학원을 하루 종일 왔다 갔다 하기에는 운동화가 너무 더웠다. 도착한지 얼마 되지 않았고 지리를 잘 몰랐을 때여서, 무작정 걸으면서 직진, 좌회전, 우회전을 반복했다. 그때 저쪽에서 아저씨 한분이 어깨에 신발꾸러미를 매고 걸어오고 있었다.
"어, 아저씨 이거 얼마에요?" "250페소요~."
막 신기에 너무 편해 보이는 신발이 250페소, 약 6천 원이어서 가격이 꽤 저렴하다고 생각하고 바로 하나를 샀다. 그러나 신기한 것이 이날 이후에 그 아저씨를 두 번 다시 볼 수 없었다는 것, 얼마 후 동네 슈퍼마켓에서 이것저것 구경을 하다가 비슷한 신발이 100페소였다는 것. ㅠ 2배 이상 차이가 났던 것이다.

02 없는 게 없는 필리핀 슈퍼마켓

필리핀 슈퍼마켓~우리나라만큼 살 것도 많고 구경할 것도 많다

필리핀에는 우리나라와 비슷하게 대형마트, 소형슈퍼마켓이 있고, 없는 것이 없다. 다만, 필리핀사람들은 대량구매 보다 그때그때 필요한 만큼만 구입을 하기 때문에, 우리나라처럼 라면 5개를 묶어서 팔거나 과자 등의 묶음 판매는 거의 볼 수가 없고, 소량으로 판매가 된다. 우리 같은 어학연수생들에게 아주 좋다.
"와~, 우유가 200원밖에 안 하네, 오호, 오렌지 주스는 100원도 안 되고, 병맥주가 400원. 어! 근데 아이스크림은 우리나라랑 비슷하군."
거의 모든 품목들이 아주 저렴하고, 혼자서도 쇼핑하는 재미가 절로난다.

한국에서는 필리핀이 후진국이라 별별 것을 다 챙겨왔는데, 가져온 물건들 중 거의 모든 품목이 필리핀에도 있는 것이다. 그래도 필리핀에서 물건을 구매하는 것 자체가 외화낭비이고 돈을 쓰기 위해서는 직불카드로 일정수수료를 지불하고 돈을 인출해야 한다. 필리핀에서 아무리 물건을 저렴하게 구입을 해도 이상하게 페소를 쓰면 우리나라 돈을 쓰는 것보다 훨씬 아까웠다. 그리고 우리나라는 대량구매를 하면 가격이 많이 다운되기 때문에, 사실 엄밀히 따져보면 필리핀이 우리나라보다 크게 저렴할 것도 없고, 질도 많이 떨어진다.

03 SM백화점

"우리 SM 갈래?" 슬슬 친해지기 시작한 class mate들과 수업이 끝나자, 필리핀에서 규모가 가장 크다는 SM백화점으로 갔다.
"와~, 장난 아니다."

백화점 입구에서 가방 검사, 몸수색을 하는 것, 눈에 보이는 백화점은 우리나라 백화점과는 사뭇 다르다. 물론 우리가 필리핀에 있는 SM 백화점 중 가장 큰 "Mall of 아시아"로 왔기 때문에 그 규모부터가 우리나라 백화점과는 비교를 할 수 없었고, 거의 모든 것들이 백화점 안에 다 있다. 아침부터 저녁까지 이곳에서 모든 것을 다 할 수 있을 것 같다.

우리나라 백화점은 뭔가 럭셔리하고 고가의 제품들이 많아 서민층들에게는 부담스러운 장소라고 하면, 여기는 가족단위로 놀러온 사람들도 많고 학생, 일반서민들도 많다.

"우리 저쪽에 가보자." "브리트니스피어스, 웨스트 라이프, 뭐야~, 필리핀도 우리나라와 좋아하는 가수들이 똑 같네~."
한국에도 다 있는 음반들이고 가격도 우리나라와 비슷한데, 자꾸 사고 싶다.
"와~, 저기 말린 과일 파는 곳이다." 파파야, 망고, 코코넛 말린 과일의 종류가 굉장히 많았다. 가격은 거품이 좀 있어서 구경만 했다.
"저기, 신발 좀 보자."
내가 딱 좋아하는 스타일의 하이힐이 우리나라 백화점에서는 흔하지 않은 화려한 디자인이 마음에 들었다.
"헉~, 1,900페소? 5만 원…"
신발가게를 한 바퀴 둘러보니 비싼 신발들은 1,000페소가 넘었고 적당히 저렴한 신발들은 1,000페소 미만이었다. 신발 하나를 사고 고급스러워 보이는 옷가게로 들어갔다.
"청바지가 250페소면 6천 원이네~. 이 반바지는 100페소네." 옷이 너무 저렴해서 필요 이상 구입을 했다. 필리핀제품은 아무래도 질이 떨어지고 촌스러운 것이 많아 잘 보고 딱 필요한 것만 사야 한다. 한국에서 쇼핑할 때보다도 더 제어가 안 될 수 있으므로 주의를 요한다.

04 충동구매 조심!!

"근데 좀 출출하지?"
우리는 일본음식점에 가서 4천 원짜리 돈가스 세트와 튀김세트, 가쯔돈, 우동을 시켜 나눠먹었다. 우리나라보다 가격도 싸고 맛도 있다.
식사를 하고 속옷가게로 갔다. 옷이나 가방은 질이 떨어지는 느낌이지만, 속옷은 너무 고급스럽고 디자인도 예뻤다.
"팬티 한 장에 70페소 정도면 싼가?" 여성 속옷세트는 70~400페소, 비싼 것은 1,000페소가 넘는 것도 있다.
"벌써 돈 인출해온 거 거의 다 썼어......."
위층으로 올라갔다. 여기는 생활가구 코너인가?ㅋ 침대에 누워도 보고 앉아도 보고 한국에서도 꽤 재밌는 구경코스로 '방 인테리어' 들을 실컷 보고 액세서리도 둘러보았다.
"야~, 일루와 봐. 이거 made in korea야." ㅋ 귀걸이는 한국제품도 꽤 많고, 필리핀 제품은 거의 다 수공예품이다. 액세서리점 옆에 있는 꽤 화려한 가게로 들어갔는데, 진짜 박제나비로 만든 물건들이 가득했다. 나비액자, 나비가 들어가 있는 와인잔, 나비전등.... 가격대비 너무 이뻐서 나중에 귀국할 때 고급선물로 사가면 좋을 것 같다. 사실 이미 우리집에는 필리핀에서 사온 속옷, 반바지, 청바지, 민소매 T, 나비액자, 나비전 등 심지어 필리핀라면까지도 있다.

05 쇼핑은 꼭 필요한 것만!!

내가 귀국할 때 캐리어무게가 자그마치 45kg가 넘었고, 뒤에 가볍게 패키지여행을 하시던 남자분이 내 짐의 반 이상을 책임져주어 무사히 짐을 가져올 수 있었다.

진주로 유명한 그린힐스~ 흥정 잘해서 좋은 진주 싸게 구입합시다!!

나비 액자 하나만 내 방에 걸어놓고, 나비전등은 먼지 쌓인 채 서랍 안에 있고, 질 나쁜 속옷은 색깔이 다 빠지고 입지도 못했다. 필리핀에서는 분명히 이뻤는데, 한국에 오는 순간, 옷이 촌스러워서 버리지도 입지도 못하고 장롱에 모셔둔 실정이다.
또 다른 백화점 그린힐에서 사온 진주목걸이도 잠그는 부분이 쉽게 고장나 몇 번 하지 못했고, 끼야뽀에서 구입한 CD도 질이 나빠 DVD를 망가뜨리고 화질도 잘 보이지 않는다.

결론적으로 필리핀에서 쇼핑을 한다면 현지생활에 꼭 필요한 것들만 사고, 가격이 싸다는 이유만으로 구입해서 안 될 일이다. 진짜 한국에서 필요해서 사는 것인지 한 번 더 숙고하는 것이 좋다.

06 문화생활

01 영화보기

한국에서는 주말마다 친구들을 만나 맛집을 찾아다니거나 삼겹살에 소주를 좋아하다보니 영화도 한편도 잘 보지 못했다.

SM 백화점에 있는 영화관, 우리나라보다 1~2개월 빨리 개봉하는 외화들이 많다

필리핀에 오면서 영화 한편에 3천 원 정도에, 외화에 자막이 깔리지 않아 영어공부에 도움이 되는 것 같아 매주 영화관에 갔다. 게다가 두세 번 연속해서 볼 수가 있고 (우리나라는 한번만 상영하면 나와야 하는 곳도 있음), 상영관 내에 화장실까지 있어 아침에 들어가서 오후 늦게까지 반복 관람이 가능하다.
물론 중간에 배가 고플 수 있기 때문에 간식거리를 챙겨 가는 센스는 있어야 한다.
"영화시작한지 얼마나 됐죠?"
영화를 시작한 뒤 헐레벌떡 내 옆자리에 앉으며 필리핀 남자가 물었다.
"시작한지 5분밖에 안 됐어요."
사실 무슨 질문인지 못 알아들었지만, 눈치가 빠른 내가 분위기로 미루어 짐작한 것이다. ㅋ 저번 주에는 공포영화를 봤는데 잘 들리지도 않고, 스릴감도 없고, 내용도 이해가 안 되는데 갑자기 튀어나오는 귀신들 때문에 놀라기만 했었다.
그래서 이번에는 코미디 영화를 선택했다. 헌데 필리핀사람들은 웃고 있는데, 나만 인상을 써가며 진지하다.
"이 도너츠 좀 드실래요?"
내 옆에 5분 늦은 필리핀 남자가 도너츠 2개 중 1개는 이미 반쯤 베어 물고, 다른 하나를 씨익 웃으며 건넨다.
"아이고~, 저는 됐어요. 배불러요."
뭐든 잘 먹는 나였건만, 필리핀 노점상에서 모르긴 몰라도 돼지비계와 정체가 묘한 창조적인 재료들이 들었을 것 같아 사양했다.
"맛있어요. 먹어봐요~." 마지못해 도너츠를 받아 크게 한입 베어 물며 엄지손가락을 치켜올려 주었다. 빨리 뱉으라고 아우성을 치는 속마음과는 달리, 순도 99.9%

가식을 자랑하는 나였으므로, 꾸역꾸역 도너츠를 먹고 있었다. 속도 더부룩하고 영화도 잘 안 들렸다.
그래서 오지랖 도넛 아저씨에게 중간중간 의미를 물어봐야 했다. 희한하게 같은 영어를 쓰고 있는 미국 배우들의 말은 잘 안 들리는데, 필리핀 친구가 어떤 말을 했는지 설명을 하면 이해가 금방 된다.
갸우뚱 이해가 가지 않는 상태로 영화가 끝났고 눈시울을 붉히는 사람들도 보였다.
"뜨억~!! 어떤 대목이 슬픈 거지?!!"
남자가 떠나는 여자를 애타게 잡는 장면이 좀 슬픈 것 같기는 한데, 내가 알고 있는 'Don't go.'는 나오지도 않았다.
"에휴~, 영화 뜻도 모르겠고 기분도 세종대왕 같은 게 화장실이나 다녀올까?"
영화가 다시 재상영에 들어가려면 30분은 기다려야 했다. 혼자 기다리기는 긴 시간 같지만, 화장실에 사람이 워낙 많아 화장실만 다녀와도 20분은 지나버린다.
"아~, 이래서 아까 다들 웃었던 건가~?"
똑같은 영화를 다시 보니 훨씬 이해가 빨랐다. 똑같은 영화를 세 번째 봤을 때는 거의 70% 이상 이해가 되었다. 영화를 세 번 보면 저녁시간이 되었는데 백화점에서 저녁을 먹고 집으로 온다.

02 필리핀 문화생활

"영화를 혼자 보고 온 거야?"
왜 혼자 가냐고… 다음에는 같이 가자고 정색을 하는 친구가 있었다.
"똑같은 영화 세 번 볼 수 있어?"
라고 물어보니 계속 혼자 다니는 게 좋을 것 같단다.
필리핀사람들은 아직까지 의식주 해결도 급급한 사람이 많다. 그래서 문화생활을 영위하는 사람들은 많지 않은데 소수의 필리핀 사람과 외국인들이 대부분이다.

필리핀이 저렴하다는 것은 잠시 관광 온 사람들은 전혀 느끼지 못하지만, 문화생활에서는 많이 느낄 수 있을 것이다. 횟수에 제한받지 않고 원하는 만큼 볼 수 있는 영화가 한편에 3천 원, 각종 박물관 입장료는 500원을 넘지 않는다. 시즌별 지역 축제들은 큰돈 들이지 않고 특별한 문화를 체험해 볼 수 있다. 특히 바콜로드에서 본 Kabancalan Festival 축제는 아직도 난쟁이 필리핀 사람들이 기억난다.

03 즐거운 나라

필리핀의 랭귀지스쿨은 90% 한국사람이기 때문에 누구나 연수 전, 후에 이를 심각히 고민한다. 그러나 혼자 있을 때 말고는 항상 필리핀 선생님들과 같이 있었던 나는 그런 고민은 할 필요가 없었다.

필리핀 사람들은 선생님, 일반 회사원, 남녀노소 모두 춤추고 노래 부르는 것을 좋아한다. 그래서 바닷가, 학원 앞, 동네 다운타운 어디든 필리핀 사람들이 노래부르는 걸 쉽게 볼 수 있다. "선생님, 오늘은 뭄바 어때요?"

내가 즐겨 찾는 라이브 카페 '뭄바' 는 술값도 저렴하고 분위기도 좋다. 30분 노래 듣고 가수가 30분 쉬는 동안 조용히 술을 마실 수 있다. 가수를 부르면 테이블로 와서 같이 사진도 찍고 이야기도 나눌 수 있다. 이런 것은 한국에서는 상상할 수 없지만, 필리핀에서는 가능하다.

라이브카페에서 가수와 찍은 사진

한국에서도 라이브 카페를 많이 가봤지만, 가수가 모두 같이 부르자고 할 때면 몇몇 술 취한 아저씨들만 옆집 라이브 카페까지 들릴 정도로 노래를 따라 부르는 시끄럽기만한 분위기와는 많이 다르다.

물론 필리핀 사람들 모두가 일어나서 같이 부르는 것보다는 술 취한 한국 아저씨 혼자 부를 때의 목소리가 더 크기는 하지만.... 한국에서도 필리핀에서처럼 보다 건전하고 즐겁게 젊은 사람들도 즐길 수 있으면 좋을 것 같다.

04 라이브 카페

"안녕~~."
뭄바를 들어서면서 마주친 피아니스트가 조용히 인사를 한다.
"읍스~."

완소남이다. 노래를 부르며 들어오는 나를 보며 싱어도 살짝 윙크를 날린다. 마치 대단한 사람이 된 듯한 느낌으로 기분 좋게 착석한다. 매일매일 출연가수가 다른데, 나는 유독 완소남 가수가 나오는 금요일에 뭄바에 온다.

그러나 수요일, 목요일도 꽤 재미가 있다 보통 여자가수가 나오는 날에는 손님들 중 한 사람을 무대로 부르는데, 지목된 사람들은 1초의 망설임도 없이 마치 준비된 다음 가수가 나오는 듯 바로 나온다.

♪ an empty street an empty house a hole inside my heart ~~ ♫

아무래도 집에서 연습을 하고 오나보다. 어려운 노래는 아니어도 목소리도. 영어발음도 어찌나 좋은지 Westlife가 부르는 것 같다.

"다음 분 또 없으세요?" 이번엔 여자 분이 바로 나온다. "Mariah Carey의 My all 부를게요."
맙소사…아무렇지도 않게 이 많은 사람들 앞에서 계란 100개를 먹어도 소화하기 힘든 Mariah Carey 노래를 선택하다니…. 반주가 나올 때 내가 다 긴장이 되었다.
♪ I am thinking of you in my sleepless solitude tonight if it wrong to love you ♪
처음엔 높은 부분이 없으니까, 여기까지는 쉽게 부르지….
♪ I give my all to have just one more night with you I risk my like to feel ……….cause I can go on ~~ ♪
절정부분까지도 매끄럽게 잘 넘어간다. 필리핀사람들은 어렸을 때부터 노래를 많이 불러서 그런지 아무나 자신감 있게 잘 부른다.

05 문화생활의 천국

필리핀에서 어학연수를 했던 사람들은 필리핀에서의 생활을 많이 그리워할 것이다. 하고 싶은 만큼 영어공부를 하고, 깨끗한 백화점에서 쇼핑을 하고, 세계 각국의 책이 있는 National Book store에서 책을 사고, 2천 원으로 네일아트를 받을 수 있는 곳이 아니던가…
필리핀은 한국의 복잡한 일상을 잠시 떠나, 미래를 계획해보고, 자기계발을 할 수 있는 문화생활의 천국이라고 감히 말할 수 있을 것 같다.

National book store

네일아트 1,500원 & 패디큐어 1,800원

문신배주는 곳

> **TIP** 필리핀클럽에 가게 되면 필리핀사람들이 한국사람을 매우 반기는 모습을 볼 수 있다. 흥에 겨워서 필리핀사람들과 춤을 추다가, 간혹 필리핀사람들이 맥주를 주는 경우가 있는데, 약물을 탔을 가능성도 있으니, 조심하는 게 좋다.

07 우체국

우체국은 오전 8시부터 오후 5시까지이다.
스마트폰과 Facebook의 발달로 한국에서는 우체국을 이용할 일이 거의 없지만, 필리핀에서는 한 번쯤 우체국을 이용할 수도 있다.
"인터넷 전화 있으니까 필리핀에서도 편지 쓸 일은 없어욧~." 하고 말할 수 있겠지만, 이메일은 편지의 감동을 재연할 수 없다!!
한국에 계시는 부모님이나 보고 싶은 친구에게 편지 한 통 써보는 건 어떨까? 800원 정도면 우리나라로 편지를 보낼 수 있고, 약 1주일 정도 소요된다.
자주는 아니더라도 꼭 편지를 보낼 때만이 아니라, 20kg의 무게제한으로 필리핀 어학연수 끝나고 다른 나라로 연계연수를 가는 경우라면 여름옷 등을 집에 부칠 때에도 이용해야 할 것이고, 필리핀 연수가 끝난 후 홀가분한 여행을 할 사람인 경우, 불필요한 짐을 한국으로 부치고 떠나는 것도 좋을 것이므로 한 번쯤은 이용하게 된다.

> **TIP**
> - 한국에서 소포를 보낼 때 물건의 가격을 쓰는 경우에는, 물건의 가격을 높게 책정하지 않도록 한다. 높게 책정하면, 우체국에서 비싼 요금을 내라고 할 것이다.
> - 노트북과 같은 종류는 국제택배로 잘 받아 주지 않는 경우도 많고, 받아주는 곳이 있어도, 세금이 매우 비싸므로 조금이라도 필요성을 느낀다면 처음부터 가져가도록 한다.

한국에서 오는 소포받기

1. 부모님이나 친구에게 어학원주소, 연락처, 본인의 여권이름과 동일한 영문이름을 알려준다.
2. 한국에서 짐을 부친 사람에게 미리 언제 부쳤고, 대략 언제 도착할지를 확인해 둔다.
3. 우체국에서 소포가 왔다는 영수증이 학원으로 배달되어진다.
4. 배달되어진 영수증과 여권, 수수료 30~50페소를 가지고 해당우체국으로 가서 짐을 찾는다.

TIP

Express Mail Service(EMS)
비용은 비싸지만 배달기간이 짧고, 어학원까지 배달을 해준다.

국제우편
EMS 보다 저렴하지만, 배달기간이 길고, 우체국으로 직접 찾으러 가야 한다.

 한국으로 소포부치기

1. 우체국에 들어가면 손님이 가지고 온 소포를 뜯어 딱 맞는 사이즈로 만드는 작업을 하는 직원을 볼 수 있다. 그 직원에게 가서 소포를 준다.
2. 직원이 본인 소포를 싸는 동안 서류를 작성한다.
3. 무게를 잰다.
4. 상자에 주소를 쓰고, 작성한 서류를 위에 붙인다.
5. 창구에서 돈을 계산한다.

TIP

• 우편번호, 영문주소검색사이트 : www.postkorea.co.kr

영구 : 필리핀에 있는 친구에게 소포를 보냈는데, 필리핀이라서 괜히 불안해요. ㅠㅠ "
땡칠이 : 영구님이 보내신 우편물이 어디에 있는지 조회해보면 돼지...
www.epost.go.kr

우체국 관련 영어

Name and address of sender.
어학원 주소를 쓴다.

full name and address of addressee, including country of destination
받는 사람 주소를 쓴다.

number of item
보내는 품목을 쓴다.

place and date
오늘 날짜와 시티를 쓴다(ex: manila 08/04/20).

signature
서명한다.

country of origin of the goods
상품의 원산지를 쓴다.

country of destination
South korea를 쓴다.

알아두면 유용한 따갈로그어

1. 여기서 가장 가까운 우체국이 어디 입니까?
Saan ang pinakamalapit na post office dito?
싸안 앙 삐나빠말라핏 나 포스토 오피스 디또?

2. 우체국은 몇 시에 문을 열고 닫습니까?
Anong oras nagbubukas/nagsasara ang post office?
아농 오라스 낙부부까스/낙사사라 앙 포스토 오피스?

3. 몇 번 창구에서 우표를 팝니까?
Saang bintana ako bibili ng selyo?
싸안 빈따나 아꼬 비빌리 낭 셀요?

4. 한국에 보내는 편지는 우표가격이 얼마입니까?
Magkano ang postage ng isang sulat na ipapadala sa korea?
마까노 앙 포스타제 낭이쌍 술랏 나이빠빠달라 싸 코리아?

5. 우체통은 어디 있습니까?
Saang ang buson?
싸안 앙 부손?

6. 나에게 온 소포 없습니까? 내 이름은 ~~입니다.
Mayroon bang pakete/package na padala para sa akin~Ang pangalan ko'y
마이론 방 파께테 /팍케지 나 빠달라 빠라 싸 아빈~앙 빵알란 꼬이.

08 미용실

"으하하, 나 배꼽 떨어질 것 같아" 학원에서 마주친 class mate를 보고 박장대소를 금치 못한다. 평소 더블커트식의 스타일로 헤어스타일에서 최고봉을 달리던 오빠가 갑자기 바가지 머리의 영구가 되어 있었다.

"미용실에 갔는데 완전 저렴하길래..... 이렇게 됐네.ㅠㅠ 학원가지 말고 집에서 공부해야겠다.ㅠ" 커트가 1,500원 정도로 학원 근처의 동네미용실은 가격이 매우 저렴하다. 하지만 우리나라에 비해 기술이 많이 떨어져 머리를 자르기 전에 설명을 정확히 잘 하던지 사진을 가져가는 게 좋다.

특히 파마나 염색 등은 한국사람이 운영하는 규모 큰 미용실로 가는 것이 좋다.

"언니, 매니큐어 진짜 잘 바른다."

"미용실에서 1,000원 주고 한 거야~~." 우리나라도 큰 미용실에는 한쪽에 네일아트를 하는 경우를 볼 수 있지만, 필리핀은 머리를 하면서 매니큐어, 패디큐어를 동시에 받을 수 있다. 마치 왕비가 된 것처럼.^^;

> **TIP** 필리핀미용실에서는 다듬는 정도의 간단한 커트 정도만 하는 게 좋다. 파마나 웨이브 등은 가능하면 한국인미용실에서 일하는 오래된 경력직원이나 원장님에게 하도록 한다.

필리핀미용실 모습들

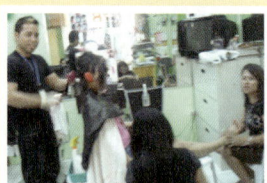 

머리하면서 패디큐어와 매니큐어를 동시에~, 럭셔리해 보이지만, 다 합쳐야 3~4천원 ㅋㅋ

한국인 미용실

TIP

- TONY & JACKEY (한국 미용실 체인점)

♪ 한국에서는 비싸서 잘 받지 못하는 두피마사지, 네일아트, 패디큐어, 발마사지 받아 보시길. 잠이 솔솔.... 시원하고 영어공부 때문에 쌓인 피로가 싹~ 풀릴 것이다.~~ ♪

① 마닐라점 : TEL.523-6607
　　　　　　Cell.0906-365-9155
　　　　　　　　 0906-374-8180
　　　　　　Email : tonyandjacky@yahoo.com
　　　　　　주소 : Ground Floor Unit Royal Plaza 64B Remedios,cor Guerero St,Malate Metro Manila

② 마카티점 　TEL.843-7571
　　　　　　Cell.0906-365-9155
　　　　　　　　 0906-374-8180
　　　　　　Email: tonyandjacky@yahoo.com
　　　　　　주소 : G103 Sen.Gil Puyat Ave.Makati

현재 18개의 지점이 있고 계속 오픈 되고 있는 상황이다.

08
다른 나라와 연계되는 어학연수
꿩 먹고 알 먹고

01 필리핀+호주
02 필리핀+미국
03 필리핀+캐나다
04 필리핀+아일랜드
05 필리핀+영국
06 필리핀+뉴질랜드

다른 나라와 연계되는 어학연수
꿩 먹고 알 먹고

요즘에는 거의 모든 사람들이 연계연수를 한번쯤 생각해볼 정도로 관심이 높아지고 있다. 하지만, 단순히 "남들이 보통 연계연수를 가지 않나요..."라는 생각으로 선택을 하는 건 위험하다.

왜 필리핀을 거쳐서 연수를 가는가?

미국/캐나다/호주/영국 연수를 가면서 연계연수를 꼭 가야만 하는지, 연계연수를 하기에 기간은 충분한지, 가지고 있는 목표를 달성하기 위해 연계연수가 가장 합리적인지, 어떤 서구권 나라가 나에게 적합한지 등을 반드시 고려해보고 따져본 후 결정하는 것이 현명하다.

- 미리 영어의 기초를 다진다(기초 문법 및 기초 회화).
- 연계되는 나라에서의 레벨 테스트를 받을 때, UP 레벨 등급이 가능하다(참고로 높은 레벨의 한국학생이 적다).
- 연계되는 나라에서의 고급 프로그램 수강이 가능(ESL과정 생략)하다.
- 유럽권 학생 및 남미학생들과의 자연스럽게 자주 접촉하여 영어실력이 급속한 증가한다.
- 빠르게 적응할 수 있으므로 시간적 손해를 감소시킬 수 있다.
- 필리핀에 대한 다양한 체험으로 홈스테이 식구들과의 접촉이 용이(기본 회화 마스터)해진다.
- 해외여행 및 타국 체류에 대한 두려움이 감소시킨다.
- 준비된 영어실력으로 인한 아르바이트 등이 용이해진다.

필리핀+호주

호주는 필리핀연계연수로 가장 많이 가는 나라 중 한곳으로 비용에 대한 부담, 비자 거부에 대한 부담이 거의 없어서 점점 호주로 가는 사람들이 더 증가하는 것 같다. 하지만 큰 목적의식 없이 작은 돈으로 연수가 가능하다는 특징을 이용하여 호주를 찾는 사람들도 많기 때문에 자칫 새로운 인맥과 이성친구만 만들어서 귀국하는 경우가 있다.

01 필리핀 + 호주연계연수의 장점

- 연계항공권을 이용하여 호주 어느 도시로든지 들어갈 수 있다.
- 워킹 비자의 취득으로 인한 장기 체류도 가능(최장 2년)하다.
- 간단한 Working 비자 취득(e-visa)
- 합법적인 일자리를 통한 영어 실력 증대와 값비싼 문화를 경험할 수 있다.
- 관광도시로서의 장점(학원 근교가 관광지/관광지를 찾은 유럽인과의 접촉용이)
- 신/구의 조화가 적합하다.

- 관광비자 : 입국 시 최대 3개월
- 워킹홀리데이 : 최대 2년
- 학생 비자 : 학원에 등록한 개월 수 + 약 1개월 (학비 분납도 가능함)

TIP
- 호주는 워킹 홀리데이 비자 취득이 다른 나라들 보다 매우 간편하고 쉽기 때문에, 목표의식을 명확히 갖지 않고, 특별한 준비 없이 "도착하면 다 어떻게 살아지겠지~." 하고 떠나는 사람들이 매우 많다. 어학연수를 떠나기 전 "연수할 지역, 다닐 학원, 호주 연수의 목적, 성취도 평가, 금기 사항" 등등을 분명히 정하고 가도록 해야 한다.
- 워킹 홀리데이 비자로 호주에 가는 경우는 한 어학원에서 4개월까지만 학업이 가능하다.

02 추천 학교 (한국인 비율은 수시로 변동됩니다)

❶ Kaplan
http://www.kaplaninternational.com/

지역별 학교	한국인평균	학교 특징
시드니 (City)	10%	1. 철저한 준비의 대학진학 준비 과정이 유명
시드니 (Manly)	7%	2. 인기높은 인턴쉽 프로그램
퍼스	14%	3. Kaplan 센터 간 이동이 가능
케언즈	21%	4. 장기 프로그램의 발달
브리즈번	15%	5. 수준 높은 강사 수준
		6. 높은 학원 인지도
		7. 재단이 탄탄해서 신뢰도가 높은 학원

❷ Selc
http://selc.com.au

지역별 학교	한국인평균	학교 특징
시드니 (Bondi Junction)	10%	1. 많은 학생들이 학생비자 소지자로서 면학 분위기가 좋다. 2. 시드니 City 에도 캠퍼스가 있지만 본다이 정션 캠퍼스가 인기가 높다. 3. 유러피안 국적 비율이 좋은 편이다. 4. 바리스타 과정 등의 다양한 과정이 개설되어 있다.
시드니 (City)	5%	

❸ Shafston
www.shafston.edu/

지역별 학교	한국인평균	학교 특징
브리즈번	20%	1. 브리즈번 센터 같은 경우 시내와 약간 떨어져 있어 학원 주변이 조용하다. 2. 기숙사가 있다. 3. 브리즈번에서 가장 인지도가 높다. 4. 전통이 있는 학원이라 최신 시설은 아니다.
골드 코스트	10%	

❹ Navitas English
www.navitasenglish.com/

지역별 학교	한국인평균	학교 특징
시드니 (City)	15%	1. 호주에서 가장 오래된 Tesol 프로그램을 가지고 있다. 2. 다양한 멀티캠퍼스를 가지고 있다. 3. 비즈니스 과정, 캠브리지 과정, My Job, Tesol 등 다양한 프로그램을 가지고 있다. 4. 학원 명성이 뛰어나다. 5. Northern Territory 다윈에도 캠퍼스가 있다.
시드니 (Bondi Junction)	25%	
시드니 (Manly)	10%	
퍼스	10%	
케언즈	17%	
브리즈번	16%	
다윈	5%	

❺ Browns
www.brownsels.com.au/

지역별 학교	한국인평균	학교 특징
브리즈번	20%	1. 어학원 시설이 매우 뛰어나다 2. 학생 관리가 잘 된다 3. 최신식 기숙사가 있다 4. English Only policy 엄수
골드코스트 :	20%	

03 호주 연계연수

❶ 호주의 학원
오늘은 신입생 오리엔테이션하는 입학 첫날이라 아침 8시 30분까지 학원에 도착했다. 매일 필리핀에서 한국 사람만 보던 나는 노란머리, 검은색 피부, 큰 키, 높은 코의 외국 친구들이 꽤 낯설다. 한 교실의 신입생들이 모두 25명 정도. 언뜻 둘러보니 한국인 7~8명, 일본인 4명, 나머지는 스위스, 이탈리아, 프랑스, 브라질 등등.. 이 정도면 국적 비율은 나쁜 것 같지 않다.

❷ 레벨 테스트
신입생 오티 후 어떤 어여쁜 선생님이 프린트를 나누어주고 풀어보란다. 테스트지를 딱 보아하니 토익 비슷하다.
열심히 집중해서 풀고 있노라니 선생님이 "Sylvia, 이리 나오시오!" 하고 호출을 한다.
"음.. 회화 테스트구먼." 다른 교실로 선생님과 같이 이동을 해서 5분 정도 대화를 나눈 후 원래의 교실로 돌아와 보던 시험을 마저 보았고, 최종적으로 핸섬한 선생님이 들어오더니 한 사람씩 레벨을 불러준다.
"와~, 살벌하다. 레벨을 공개적으로 오픈하다니."
이탈리아인 한 명이 레벨 5를 받았고, 나랑 스위스 친구 1명, 다른 이탈리아인 1명까지 세 명이 레벨 4를 받았고, 21명은 레벨 1~3이다.

❸ 수업 첫날, 학원 친구들
이튿날 수업이 시작되었다. 첫 수업은 내가 가장 자신있고 좋아하는 스피킹이다. 선생님이 미리 준비하신 hand out을 나누어주고 옆에 있는 친구와 연습을 하라고 했다.
내 옆에는 파스칼이라는 스위스·독일 part에서 온 친구였는데, 미국영화에서 막 나온 듯 잘생겨서 나의 스피킹 실력이 100% 발휘가 안 된다.
"저, 우리가 뭐하라고 했더라? ^^;"
"자~, 이쪽에 있는 삼성 회장은 니가 하고, 도요타 사장은 내가 맡은 다음에 우리 둘이 미팅을 하는 거야, 내가 먼저 해볼게."
우와~, 얼굴도 잘생긴 데다 스피킹이 아주 그냥 거침이 없었다. 이렇게 잘하면서 연수는 왜 온 건지 알 수가 없었다. 아무튼 난 열심히 파스칼 스피킹의 뒤를 쫓았고, 장장 1시간 30분간의 수업이 종료되었다.
처음 맞이하는 브레이크 타임이다. 역시나 타지에서 만난 한국 사람들.... 본지 2시간도 안 되었는데 1~2년 만난 사이 같다. 어학연수할 때 한국 사람하고만 너무 어울리는 건 좋지 않지만, 그렇다고 너무 피할 필요도 없다.

> **TIP**
> • 한국 사람을 이성친구로 사귀는 건 비추!! 아무리 서로 영어로 이야기하자고 약속을 해도 중요한 말을 하거나 서로 싸우게 되면 한국말을 자연스럽게 쓰게 되기 때문...!!

❹ 수업 – 두 번째 시간

어여쁜 수잔 선생님도 아니고 마이클 스코필(프리즌 브레이크에 나오는 완소남 주인공 '석호필' ㅋ)도 아닌, 머리가 몹시 곱슬이신 마이클 선생님이 들어왔다.

이분도 hand out을 들고와서 나누어준다.

"자, 이번에는 역할놀이 한 번 해 볼까요. 남녀둘씩 짝을 지은 다음에 둘이 결혼을 했다고 가정하고, 언제 만났으며 자녀 이름, 부모님 이름, 결혼한 날짜, 처음 만난장소, 첫 키스 등을 서로 정한 다음 외우세요, 알았죠?"

나는 같이 입학한 이탈리아 친구와 짝이 되었는데, 이름은 마르코였고 역시 잘생겼다.

"우리 어디서 처음 만났다고 할까?" "불법 마사지샵 어때? 크크" "애들 이름은 뭐라고 하지?"......

"와사비 어때?"

거의 30분 동안 여기저기서 키득거렸다. 선생님이 커플 중 한 명은 밖에 나가 있고, 나머지 한 명을 교실 중간에 앉힌 다음에 class mate들이 질문을 하는 시스템이었다. 마르코가 나간 뒤 나는 교실 중간에 앉았고 질문이 쏟아졌다.

"실비아~, 남편을 어디서 처음 만났어?" "불법 마사지 센터요."

선생님과 학생들이 모두 뒤집어져라 마구 웃었다.

"마르코네 가족 구성원은 어떻게 되나요?"

"헉 음.. 저.."

이 얘기는 정한 것이 없어 밖에 있는 마르코만 쳐다봤다. 다들 남편식구들도 모르냐고 나쁜 부인이라고 소리쳤고, 난 당황스러웠지만 이내 다음 질문으로 위기를 모면했다.

"자~, 실비아 나가고 마르코 들어와요."

마르코가 앉자마자 교실은 웃음바다가 되었고, 나는 문밖에서 소리도 들리지 않는데 마냥 재밌어 키득거리며 혼자 놀았다.

❺ 수업 – 옵션 클래스

마이클 선생님의 수업이 끝나고 3교시에는 리스닝 수업을 했고, 3교시가 종료되면 원하는 사람만 듣는 옵션 수업이 있었다. 오늘은 팝송 부르기였고, 내가 좋아하는 노래를 계속 들을 수 있어 너무 좋았다. 이렇게 하루 종일 재미있게 수업을 듣고 같은 반 친구들과 엘리베이터를 탔다.

❻ 호주클럽

"실비아, 오늘 스쿠바갈래?"

"다운타운에 있는 클럽인데, 오늘이 클럽데이잖아."

브라질 친구가 먼저 제의를 해서 조금 의외이기도 하고 기분이 좀 좋기도 했다. 오페라 하우스와 근접한 클럽 스쿠바에 저녁 9시에 들어가 새벽 2시까지 거의 5시간을 계속 서서 놀았다. 혹시 아무리 추운 겨울이라 해도, 두터운 외투 안에는 얇은 옷을 입는 것이 좋을 것 같다. 클럽 안에서는 많이 덥다.

"푸훗, 내가 음주가무에 이렇게 열정적이었던가?"

"오늘 재밌었어. 다음 월요일 클럽데이에 또 갈까?"

실비아~ 시드니타워에서 폼 잡다!!

스쿠바 클럽에서 나오자마자 사진 한번 찰칵

클럽에서 있었던 이야기를 하며 시드니 city에서 우리가 사는 본다이 정션까지는 15분 정도가 걸렸다. 새벽이긴 하지만 호주에서도 번화가인 시드니는 교통이 원활했다. 소도시는 얼마나 한적할까라는 생각을 문득해 봤다.
"$23입니다."
피 같은 택시비 23불을 주고 집에 들어오자마자 영어일기도 쓰지 않고 바로 침대에서 잠이 들었다.
그 다음 날 예습을 못한 탓으로 수업시간마다 겨우겨우 버티는 상황이 되었다. 다른 사람들은 32만 원쯤 주고 인터넷으로 간편하게 워킹비자 신청해서 호주로 왔건만, 나의 경우는 각종 서류준비에 60만 원 이상 신청금까지 내고 학생 비자 받아 호주로 오질 않았던가.
그런데 넘치는 자신감이 충만하던 필리핀에서 공부할 때보다도 영어가 더 느는 것 같지가 않다. 벌써 학원 졸업 날이 며칠 남지 않았다. 6개월 학원 등록하고, 학생 비자 신청해서 7개월의 비자를 받았건만...

❼ 졸업식

"실비아 졸업추카해~. 자, 이거 받어. 밥 한끼 굶고 산 꽃이야."
일본 친구 중 가장 절친한 쿄코는 토끼 모양 머리띠와 정성어린 편지까지 준다. 항상 다른 친구들 졸업식에 참석하다가 내가 졸업을 하게 되니, 시원과 섭섭 중에서 섭섭한 감정이 90% 이상이다. 다른 학생들은 어떻게 한 학원에서 6개월씩 있냐고 너무 길다고 하지만, 난 6개월이 너무 빨리 지나갔고 오히려 짧았던 것 같다. 학원 강의실을 쭈욱 둘러보고 눈과 디카에 많은 장면들을 새긴 후, 송별회 파티를 준비하는 집으로 천천히 발걸음을 옮겼다.

스위스 part에서 온 장난꾸러기 로저~ 아직도 엠에센에서 만나면 수다가 한판!!

브라질에서 온 "쎄자" 졸업식 때~ 쟈는 제스쳔 절대지지 않는 브라질사람들! 너무 재밌고 너무 웃기고욥~

많은 유럽친구들을 제치고 "이달의 학생"으로 뽑혔을 때!! "한국인 따봉~실비아, 따봉~"

❽ 오페라 하우스

"멀리서 봐야만 멋있는 오페라하우스~ 가까이에서 보면 대실망~ㅋ"

"캬아~" 크리스마스 때 오페라 하우스에서 맛보는 캥거루요리는 한국의 치킨보다 못했지만, 하버 브리지가 보이는 분위기는 감추할만하다.

시드니에서만 6개월을 있었다. 요즘도 힘들 때 생각나는 호주에서의 한여름 크리스마스... 오페라하우스 레스토랑에서 하버 브리지를 보면서 호주 요리를 먹었던 게 생각한다. 그때의 행복감과 여유로움과 아름다운 분위기는 잊혀지지 않는다.
"어떤 걸로 드시겠습니까. 손님?"
"캥거루 요리, 하나시켜서 둘이 나눠먹어도 돼요?"
"네, 커팅해서 갖다드리겠습니다. 손님."
너무도 친절했던 호주 알바생까지 그립다.

❾ 호주에서의 추억

내가 살았던 본다이 정션에서 버스로 10~15분 정도 걸리는 본다이 비치에서의 수영을 했을 때, 브론테 비치에서 삼겹살 구워 혼자 한 근을 다 먹었을 때, 본다이 비치에서 걸어 10분 정도를 올라가 9홀 골프장에서 혼자 골프치다가 수십 개의 공을 비치에 빠뜨렸던 일들, 시드니타워에서 엽기 동영상 찍어대며 친구들과 배꼽잡고 웃었던 일, 시드니 시티에서 세계적인 게이 쇼가 열렸는데 우리나라 월드컵 때처럼 엄청난 인파와 환상적인 쇼를 봤을 때, 미션 임파서블을 찍은 포타니 베이에서 뜻하지 않게 누드비치에 들어갔고 적나라한 광경에 많이 놀랐던 일, 팜비치에서 동화책이나 TV에서 봤던 펠리칸을 가까이에서 봤던 일, 시드니 시티에서 페리를 타고 섬에 있는 타롱가주 동물원의 Birds show를 봤던 일, 그리고 포트스티브에서 모래 썰매 탔던 것까지 모두 너무 재밌었다. 모래가 신발 속, 옷 속, 심지어 귓속까지 침입해서 후유증이 좀 있기는 했지만 눈썰매하고는 또 다른 매력이 있어 좋았다.

⑩ 액티비티 와인 농장으로 출발

호주 학원에서는 매주 주말마다 다양한 액티비티들이 있었는데, 참가비가 비쌌다. 거의 참가를 하지 않다가 와인 농장 견학 공고를 내니 갑자기 친구들이 무더기로 신청을 했다.
"참가비 8만 원이 넘는데 너무 비싸지 않나?"
하지만 유럽 친구들이 많이 신청하는 바람에 나도 신청을 했다. 출발 당일 친구랑 학원 앞에 세워져 있는 관광버스에 버스 뒷자리에 자리를 잡았다.
처음 참여해 보는 학원 액티비티라 평소 잘 모르던, 얼굴만 몇 번 봤던 친구들이 많아 괜히 기분이 들뜨고 신났다.
"하이~, 난 제롬이라고 해. 프랑스에서 왔지."
옆 좌석에 앉았던 남학생 두 명 중 복도측의 남학생이 말을 걸었다. 정말이지 호주에서는 의도없이 자연스럽게 말을 거는 것이 큰 장점으로 보인다. 우리나라도 콩글리시이지만 헌팅 문화가 아니라 정답게 이야기를 나눌 수 있는 호주와 같은 호의적인 분위기였으면 좋겠다.

버스 안에서

"그래? 난 실비아야. 대한민국 서울에서 왔어~. 반가워~, 너도 맥주 마실래?
우리 두 여자가 엽기적인지라 와인 농장에 도착할 때까지 제롬과 계속 이야기를 나눴다.
"하하. 제롬, 너도 제법 엽기적인데."
틈틈이 창밖을 봤는데 호주는 정말 땅이 커서 끝이 보이지 않게 펼쳐진 농장들이 너무 부럽다. 우리나라는 피땀 흘려 남들 놀 때도 공부하고, 남들 공부할 때도 공부해야지 먹고 살 수가 있다지만, 호주사람들은 애써 교육을 많이 받지 않아도 풍족한 땅과 관광 자원이 있어 우리나라 사람보다 더 풍요롭게 사는 것 같다.

와인 농장

와인 농장에서 끝없이 펼쳐진 잔디를 지나서 와인 생산 공장으로 들어갔다.
"이야~. 좋다~."
넓고 깨끗한 실내는 왼쪽으로는 드럼통이 많이 들어있는 방이 있고, 오른쪽으로는 작은 회의실들이 몇 개 있었다. 우리는 그 중 한 곳에서 와인 시음회를 가졌다.

없어서 못 먹는 와인.... 그것도 종류별로 시음을 하고 있다. 오길 정말 잘했다는 생각이다.
"좀 많이씩 좀 주지, 완전 눈물이다. 그치? 이만큼으로 맛을 알겠냐~. 흥!"
시음회가 끝나자, 5분 정도 걸어 치즈공장으로 이동했다.
테이블마다 도마 위에 여러 종류의 치즈가 올려져 있다. 치즈공장 관계자가 치즈 하나하나를 설명하는 속도보다 우리가 하나씩 먹어치우는 속도가 더 빨랐다.
"술 따로 안주 따로네, ㅋ"
치즈를 맛본 후 공장 안으로 들어가니 입구쪽에 와인을 파는 곳들이 있다. 미니와인, 레드 와인, 화이트와인 등등 종류가 많았지만, 미니 와인이 너무 귀여워 2개를 사고 사람들을 따라가 Bar 형식의 공간에 앉아 또 한번 와인시음회를 가졌다.

와인시음에 취하고...
이번에는 훨씬 더 많은 종류를 맛보았는데, 와인을 소개하면서 한 번씩 와인잔에 시음용으로 조금씩 채워주었다.
"음~, 맛있다~. 근데 왜 이렇게 시멘트바닥이 위로 올라 오냐~. 음~."
"야! 정신차려~. 야! 근데 니가 왜 둘이냐~, 음~"
그 후로도 와인시음회가 2~3번 더 있었고, 바깥 날씨도 필리핀 날씨처럼 유난히 쨍쨍 내리쬐는 것이 엎친 데 덮친 격이다. 술기운이 확 올라왔다.ㅠ

⑫ 호주의 매력
호주는 유럽인들 사이에서도 아름다운 나라로 불릴 정도로 지역 하나하나가 모두 아름답다. 뉴욕만큼은 아니지만 세계 각국에서 온 다양한 국적의 사람들이 많고, 아름다우면서도 활기찬 번화가 시드니, 하얀 등대에서 바라보는 바다가 아름다운 바이런베이, 알려지지 않은 신비스러운 매력을 가진 코프스하버, 백배커와 많은 호텔과 끝없이 펼쳐진 금빛 바다와 젊음이 넘치는 골드코스트, 시드니를 축소시킨 듯한 아담하고 따뜻한 브리스베인, 탐험영화 주인공이 될 수 있는 섬으로 투어하는 프레져 아일랜드, 일본인들과 아름다운 리조트가 많은 케언지, 호주안의 유럽 멜번, 동양인들이 적은 호주의 미개척지 다윈, 조용하고 물가 저렴한 퍼스....
이 모든 지역들은 생활하기도 편리하고 이국적이며 아름답다. 그래서 짧게 연수를 왔다가 연수를 마친 후에 다시 유학까지 하고 온다거나, 영주권을 목표로 3~4년 더 생활을 하다가 돌아오는 사람도 많다.
호주는 캐나다처럼 일반어학연수 코스의 프로그램이 다양하지 않은 편이다. 혹시 특별히 공부해보고 싶은 테솔이나 호텔, 통번역, 비즈니스 등의 같은 과정은 학원을 잘 알아보고 선택을 하는 것이 좋다. 호주는 가볼 만한 곳이 많고, 관광과 영어공부, 풍부한 관광자원이 많은 만큼 찾을 수 있는 일거리도 많고, 다른 선진국에 비해 상대적으로 저렴한 물가와, 워킹비자 발급이 간편한 점을 고려한다면, 호주 연계연수가는 어느 곳보다 많은 장점이 있다.

02 필리핀+미국

필자가 가장 추천하고 싶은 연계연수 지역이 미국인데, 이는 필리핀으로 출국하기 전에 한국에서 미국 비자를 미리 받아두어야 한다. 비자를 받아 놓으면 이것저것 변경하기가 어렵기 때문에, 오히려 더 필리핀 어학연수에 집중을 할 수 있을 것이다. 호주의 워킹 비자나 캐나다의 관광 비자같은 경우에는 출국 날짜, 어학원, 지역 등을 모두 변경할 수가 있어, 필리핀에서 만나는 사람들의 의견에 솔깃하여 매일매일 고민하다가 영어공부에 소홀해지는 경우가 많다.("무슨 시드니야!! 퍼스가 좋데~~.", "아, 그런가? 그럼 퍼스로 바꿀까?", "퍼스, 완전 시골이래~. 아무래도 시드니가 낫지~!", "그건 또 그래~. 시드니로 다시 바꿀까?")

01 필리핀+미국의 장점

- 세계 최고의 나라에서의 연수(경제/문화의 세계적 중심)
- 영어의 실질적 나라에서의 공부
- 어학연수를 마치고 왔을 때의 인지도
- 전 세계 각국에서 온 다양한 학원 친구들
- 세계적으로 유명한 장소 방문과 문화의 체험
  (그랜드 캐년, 캘리포니아, 할리우드, 라스베가스, 뉴욕, 워싱턴 등등)
- 세계적으로 유명한 Top 대학교 부설 연수 기관에서의 학업 체험

- 관광비자 : 한번 입국 시 6개월 (10년짜리 비자를 받았다면 수시로 출입국이 가능하다.)
- 학생 비자 : 5년

> **TIP** 미국 관광비자가 면제되기 전에는 가능한 한 어렸을 때 관광비자를 미리 받아두는 것이 좋다. 가장 좋은 건 학생일 때 받아놓는 것이다.

02 추천 학교

❶ Kaplan
http://www.kaplaninternational.com/

지역별 학교	한국인평균	학교 특징
LA Westwood	11.0%	1. 철저한 준비의 대학 진학 준비 과정이 유명 2. 인기 높은 인턴쉽 프로그램 3. Kaplan 센터 간 이동이 가능 4. 장기 프로그램의 발달 5. 수준 높은 강사 수준 6. 높은 학원 인지도 7. 재단이 탄탄해서 신뢰도가 높은 학원 8. 토플, Gre, Gmat 프로그램도 보유 9. 세계적인 멀티 캠퍼스 보유 (영국, 캐나다, 아일랜드, 호주, 미국 등)
Miami	2.5%	
Philadelphia	8.2%	
Portland	8.6%	
San Diego	16.4%	
San Francisco	22.4%	
Santa Barbara	7.7%	

❷ Embassy
http://www.embassyces.com/

지역별 학교	한국인평균	학교 특징
LA	5%	1. 양방향 화이트보드 멀티미디어실 등 최고의 학습 시설 보유 2. 세계적인 유학서비스 제공업체인 Study Group에 소속된 회사 3. 세계적인 멀티 캠퍼스 보유
보스톤	19%	
포트 로더데일	9%	
뉴욕	25%	
샌디에고	18%	
샌프란시스코	25%	

❸ NESE
http://www.nese.com/

지역별 학교	한국인평균	학교 특징
보스톤	14%	1. 하버드 대학 옆 하버드 스퀘어에 위치해 있다. 2. 하버드를 비롯한 명문대 출신 강사들이 많다 3. 소규모 class 4. 보스톤내 현지에서 유명하다 5. 규모가 크거나 멀티 캠퍼스를 가지고 있는 학원은 아니다.

❹ University of California, Los Angeles (UCLA)
https://www.uclaextension.edu/alc/Pages/default.aspx

지역별 학교	한국인평균	학교 특징
LA	30%	1. 명문대학에서의 연수 경험 2. 수업이 Academic 하다. 3. 초보자가 듣기에는 힘들 수 있다. 4. 학점 인정이 가능하다 (소속 대학교에 직접문의 요망) 5. 대학교 캠퍼스를 체험할 수 있다. 6. 학비가 사설 기관에 비해 비싸고 개강일이 한정적이다.

> **TIP** 미국 학생 비자에 합격될 조건을 가지고 있는 사람들은 필리핀 다음 연수 지역으로 미국을 선택하는 것이 현명하다.

03 미국 학생 비자 인터뷰 시 불리하게 만드는 것들

❶ "1년 동안 가끔 알바하고 그냥 집에서 놀았어요."
백수 기간이 있으면 안 된다. 설사 일을 했다고 해도 소득 공제를 하지 않는 알바 형식의 일은 직업으로 인정해주지 않음으로 백수와 동일하다.

❷ "학교 학점이 거의 F, 아니면 D입니다~~."
학점이 너무 좋지 않을 경우 학점 때문에 떨어진 케이스를 몇 번 봤다. 본국에서 안 한 공부라면 타국에서 할까?라는 의문

❸ "어머님은 주부, 아버님은 일일노동자이십니다."
어머니나 아버지가 재정보증인이라면 둘 중 한 분은 소득 공제를 하는 직업을 가져야 한다.

❹ "적금통장은 없고요, 펀드·주식도 없어요. 얼마 전 있는 돈 다 빼서 썼어요."
제1금융권에 4~5천 이상의 현금이 들어있는 통장을 잔고증명 하는 것이 좋다.

❺ "전 36살의 독신녀입니다."
불쾌하게도 나이가 좀 있는데 결혼을 안 한 여성이라면 미국에 눌러 앉을 수도 있다는 불안감을 가질 것이므로 완벽하게 서류를 준비해야 한다. ex : 회사 복직증명서, 결혼할 남자가 있어서 꼭 한국에 돌아와야만 한다는 등의 사유서를 증빙하면 좋다.

❻ "서류도 빵빵하다, 이만하면 100% 비자합격?? 별것도 아닌 미국 비자?!"
미국 학생 비자는 인터뷰가 있기 때문에 아무리 서류를 완벽히 준비하더라도, 불량한 복장으로 건방지게 인터뷰를 하게 되면 떨어질 확률이 높아질 수 있다.

❼ 학사, 석사 명문대 졸업한 가방끈 긴~ 나는 무조건 합격하겠죠?
F1은 보통 학업의 목적이 있는 사람들이 신청하는 비자이기 때문에 한국에서 석사까지 졸업했는데 왜 연수를 가나고 할 수 있다. 해서 석사 까지 졸업한 사람들은 MBA 과정 등의 스페셜한 프로그램을 신청하는 것이 좋다.

> **TIP** 미국 입국할 때 입국심사관이 질문을 하면 불필요한 추가설명같은 것을 하지 말 것, 본인의 방문목적에 맞는 답변만을 일관되게 한다. 예를 들어 관광이라면 어디를 여행할 것이며, 어디에 머물 것인지를 말하면 되고, 방문이라면 누구를 방문하러 왔다, 어디에 머물 것인지를 말한다.

04 미국 방문기

❶ 미국행 버스

나의 미국여행은 캐나다의 토론토에서 시작되었다. 토론토에서 아침 일찍 미국 뉴욕행 9시 20분 출발버스표를 샀다. 그리고 토론토를 헤집고 다니다가 9시 5분쯤 버스정류장으로 돌아와 '저것을 타면 되는구나' 생각을 했다.
사람들에게 "I am supposed to take this bus, Where to go? 그때 청천벽력같은 대답 한마디 "Your bus is already gone. You can just take the next bus."
그리고 이렇게 말을 한다. 'First come, first service.' 그렇다. 한국에서처럼 버스번호, 버스자리까지 정해주는 시스템이 미국엔 없다. 그냥 표를 사서 버스를 기다려야 한다. 다음 뉴욕행 버스는 11시 30분. 우~, 2시간이 남았다.

2시간이 흐른 후 들려오는 한국 말 소리~~ 후후, 아마도 토론토에서 공부하는 사람들이 뉴욕으로 놀러가는 뭉치인가 보다. 나는 그때 그 뭉치에 끼어 2시간을 쉽게 보냈다.
그리고 버스에 올라탔다. 그런데 문제가 있었다. 원래 나는 직행으로 가는 9시간 30분 버스를 타고, 도착 예정시간은 대략 아침 7시쯤....? 1시쯤에 브로드웨이 뮤지컬 맘마미아 앞에서 민영이라는 친구를 만나 뮤지컬을 보기로 했었기 때문이다.
그런데 지금 이 버스는 그레이하운드행을 경유하는 것이라 몇 시간 걸릴지도 모른다는 것이다. 대충 예상해도 다음 오전 11시에 도착할 것이다. 그것도 안 밀렸을 때...ㅠ

1시간쯤 달렸을 때, 국경수비대의 검사와 조사(간단하게) 그리고 미국 입국가능한 도장도 받았다. 일반 차로 가면 금방 끝났을 것을 그레이하운드행이라 사람들을 모두 내려 조사를 받았다. 다시 버스를 타고, 중간에 어디 또 몇 군에 들렸다! 그렇게 결국 뉴욕에 도착했다!! 시간이 더 오버되어 12시간 정도 걸렸다. 그래서 도착시간은 12시!!

민영이를 브로드웨이에서 만나는 시간은 1시!! 뉴욕에 대한 정보 없음!! 나의 엄청나게 많은 짐들!! 나는 부랴부랴 나의 호스텔부터 가려고, 지하철을 타러 갔다. 다행히 지하철과 버스터미널은 붙어있었는데, 지하철은 완전 쓰레기더미에 완전 더러웠으며, 엄청나게 복잡했다. 뉴욕 지하철인데? 라는 생각이 들 정도였다. 도착 후 스트리트와 애비뉴가 헷갈려서 헤매다가 결국 주위 사람들의 도움으로 호스텔에 도착했다.

❷ 뉴욕 유스호스텔

나는 빨리 샤워하고 민영이를 만나러 가야 했다. 왜냐하면 그 전날은 버스에서 자고, 그 전날은 공항에서 자고.... 모두 느낌이 왔겠지만, 입은 옷 그대로 당연히 못 갈아입고, 세수 머리? 물론 심지어는 이도 못 닦았던 것이다.

그러나 이런! 체크인 시간은 3시. 민영이 만나는 시간은 1시. 짐은 엄청 많고, 몰골은 이미 거지! 총체적 난관이다. 열쇠가 없으면 못 들어가지만 손님인양 다른 사람이 나올 때 후딱 들어가는 잔머리를 써서, 3층에 올라가 몰래 샤워를 마치고, 짐은 그 사람들에게 대충 던져두었다.

❸ 브로드웨이 뮤지컬 맘마미아

시계를 보니, 벌써 1시 10분! 앗.. 민영이가 날 죽일지도 모르겠단 생각이 들었다. 브로드웨이가 어디에 있는지, 브로드웨이에서 맘마미아가 어디 있는지? 당연히 알 수가 없었다.
아래층 직원에게 물었다. 'Where is brodway?' 간단한 대답, 'The longest and the biggest road in New York is brodway.' 젠장.ㅡㅡ
그래서 나는 지하철로 뛰었다. 그리고 도착! 시간은 벌써 1시40분. 그때 영화같이 걸려오는 전화(캐나다에서 쓰던 핸드폰)...
'어디야?' 민영이다. '나 맘마미아 앞인데?' 다행히 미리 예매해갔던 맘마미아 티켓을 들고 당당히 입장을 했다.
좋은 자리는 아니었지만, 충분히 즐길만한 자리였다. 그리고 맘미마아의 시작! 감동!! 재미!! 흥미!! 와와~!! 아마 충분히 이해를 했다면, 감동이 더 컸겠지만 절반 정도의 이해로도 우리는 함께 웃을 수 있었다.

❹ 투어, 새로운 만남

뉴욕에서 션트렉이라는 회사의 미니벤 투어에 참가했다. 함께 계획하고 서로 상의하면서 움직이는 여행이다. 독일 친구 8명, 오스트리아 친구 1명, 스위스 1명, 덴마크 1명 그리고 나였다. 오스트리아도 모국어가 독일어, 스위스도 독일어(독일쪽에 산답니다. 스위스는 4개국으로 나뉘어 독일어, 이탈리어 프랑스어가 섞여 있고, 덴마크 사람과 나만 영어를 사용했다. 아시겠지만 덴마크에 사는 데니시들의 평균 영어실력은 미국인에 근접할 정도로 영어를 잘한다. 역시 마이크(덴마크인)의 영어실력은 미국인을 뺨치는 수준이다. 그렇게 우리의 처음 목적지인 필라델피아로 출발을 했다.

❺ 필라델피아

필라델피아~. 차안에서 대화를 나누다보니 역시 직업도 종교도 다양했다. 독일 변호사, 독일 벤츠 차 설계자, 엔지니어, 칵테일 바 바텐더 등등이었다. 또 나라별로 다른 재미난 것은 독일인 대부분은 우리처럼 대학을 가지 않는단다. 변호사, 의사가 될 사람들 정도가 대학을 가고, 유럽인들은 결혼을 할 때 처음에 구청에 가서 신고를 하고 식을 올린 다거나, 뭐 이런 이야기 등등.....

사실 필라델피아는 특별한 것은 없어보였고, 워싱턴으로 향했다. 특별히 먹을 것이 없어 인디펜던트라는 커다란 쇼핑몰에 들러 먹거리들을 샀다.

우리 여행의 기본은 잠은 2명씩 팀을 이뤄 텐트에서 자고, 밥은 서로 2명씩 번갈아 나라별로 특색있게 만들고, 설거지도 역시 2명씩! 첫날엔 우리의 팀장 마이크가 스테이크를 해서 맛있게 먹었고, 맥주에 흠뻑 젖어 이런저런 이야기를 나누었다.

❻ 세계의 수도 워싱턴

다음 날은 하루 종일 워싱턴을 돌아보았다. 워싱턴 하면 딱 미국의 수도 북미의 수도 그리고 세계의 수도. 이런 이미지 아니던가.

미국의 국회의사당! 역시 크고 멋있다. 그 옆에 보이는 세계에서 제일 크다는 도서관... 워싱턴의 모습은 한마디로 감탄 그 자체. 수도로 삼으려고 새롭게 만들었다는 도시이기에, 수도답게 경이롭게 잘 가꾸어진 도시이다.

워싱턴과 링컨을 기념하는 공원은 아무것도 없이 잔디뿐이라고 한다. 이것저것 둘러보다, '한국전쟁기념관' 이 따로 있었다. 순간 한국사람인지라 그쪽으로 발걸음을 향했다. 한국전쟁에 참전해서 전사한 미국사람을 위해 만들었을 것 같았다. 그리고 그 동상 아래 새겨져 있는 문구. 'The freedom is not free.' ....

❼ 나이아가라 폭포로!

나이아가라 폭포. 갈 길이 멀어 서둘러야 했다. 거리는 대략 1000km쯤 중간에 한 대여섯 번쯤 멈춰 섰던가? 점심 먹는다고, 쉬어간다고... 10시간 정도 미니벤을 타고 나이아가라에 도착했을 때 이미 해는 산속으로 넘어가 보이지 않았다.

다음 날, 드디어 엄청난 나이아가라를 미국쪽에서 둘러보고 메이드미스트호를 타고 나이아가라에 있는 큰 폭포 근처까지 가보기도 하고 우비를 입고 작은 폭포까지 내려가 폭포물을 맞기도 했다. 또 캐나다 쪽으로 가서 수려한 광경을 직접 눈으로 보기도 하고... 워낙 기대가 컸던 곳이었다.

❽ 보스톤

보스턴은 정말 화려하다. 아니 그보다 멋있었다고 해야 할까? 팀원들과 함께한 보스턴에서는 이것저것 볼게 많은 유명한 유적지를 많이 걸어 다니다보니 벌써 시간이 많이 지났고 보스턴은 작지만 강한 도시였다. 그리고 내가 가장 좋아하는 도시가 되었다.

❾ 카약

다음 날 대서양으로 카약을 타러갔는데, 그전에 잠깐 사이클링을 하면서 신나게 산을 달렸다. 카약킹 때문에 조를 짰다. 나는 마음이 맞지 않는 사람과 한조가 되었다. 호수에서의 카약이 아니라 진짜 대서양을 따라 내려가는 것이어서 팀워크가 중요했는데, 마음이 안 맞다보니 반대방향으로 가기도 하고, 속도는 느리고, 자꾸 들어오는 소금물에 옷은 다 젖고, 힘도 빠지고... 역시 카약은 팀워크가 중요하다.

❿ 레드삭스경기
보스턴 레드삭스경기를 보러 올라갔다. 아침 일찍 중국인 버스로 뉴욕으로 갔다. 그 버스의 장점은 버스비가 저렴하다는 것과 빠른 것이었고, 단점은 지나치게 빠르고, 많이 더러웠다. 그리고 비까지 내렸는데 경기장에 서면서 '에게 이게 뭐야, 왜 이렇게 작아. 운동장 크기도 작고..' 그 경기장에서 제공하는 모든 것들이 뉴욕 메츠보다 못해보였다.
그러나 경기력과 보스턴 레스삭스팀에 대한 보스턴사람들의 열정과 응원만큼은 뉴욕의 몇 배였다. 그래서 나는 역시 '보스턴팀이군' 하는 생각을 했다. 내가 그날 본 경기가 보스턴 경기사상 '최악 그리고 최고'의 경기로 뽑혔다는 신문을 본 후에야 '오우, 내가 운이 좋았구나' 라고 생각했다.
다음에는 지하철을 타고 MIT라는 투어에 참여하여 하버드 대학과 MIT를 갔는데, 학교가 그렇게 크지 않았는데, 가는 데마다 신기하고 멋이 있었다. 괜히 MIT가 아니었나 하는 생각?이 든다. 하버드는 학교가 아니라 거의 공원같은 수준으로 나무도 많고 건물들도 오래되었다.

⓫ 두 번째 미국여행
미국여행에 흥미를 붙인 나는 또 다시 캐나다로 돌아가자마자 준비를 시작했다. 사람들 말이 미국 서부는 그냥 투어버스를 이용해서 한국인 투어를 이용하는 게 모든 부분에서 좋다고들 했다. 그래서 나는 그렇게 하기로 하고 혼자 가긴 좀 그래서 셋이 가게 되었다.

⓬ 게티 박물관
비버리힐즈 게티박물관 그리고 근처의 바다도 가보았다. 근데 워낙 필리핀의 바닷가를 많이 본지라 놀랄 것은 없지만, 게티박물관은 정말 웅장했다. 건물값만 1조가 넘는다고 하고, 산꼭대기에 박물관이 있는데, 개인이 지하철을 팠고, 그 지하철을 타고 산까지 올라간다. 우리나라에서는 어디 상상이나 할 것인가?
같이 갔던 송형의 친구가 차를 가지고 왔고, 밤에는 NBA경기도 보고, 오늘은 모든 것이 흡족하다. 다음 날은 디즈니랜드로 갔는데, 마치 아기들의 공간 같아 3시간 만에 디즈니랜드를 나왔다.

⓭ 그랜드캐년
투어버스는 한국버스 크기 2배 정도? 자잘한 경유지는 제외하고 그랜드캐년으로 향했다.
가이드 아저씨의 이야기가 시작됐다. 미국의 역사, 지리, 종교, 문화, 정치, 외교, 등등.
버스에서 마이크를 잡은 채 8시간을 쉬지 않는다. 하루에 팁 10불을 드리는데 '괜한 것이 아니구나' 라는 생각이 든다.

그랜드 캐년! 단어만 들어도 울리는 설렘과 그 기대! 한마디로 "와~, 크다." 일단은 크다. 쭉 세대별 이야기를 들어보면 30대는 그냥 '크다'는 생각, 40대 이상이면 '자연의 경관, 자연의 경이로움' 등등 엄청난 말을 하신다. 헬기투어는 비싸서 못했지만 그것도 재미있을 것 같다. 나도 40이 넘으면 다시 한 번 와야겠다. 브라이스캐년 자이언캐년 보다 낫다라는 생각도 들었다. 이름만 들어도 한국사람들이 알만한 콜로라도강~. 하지만 캐나다의 자연경관에 이미 익숙해진 사람은 콜로라도 강은 그냥 동네 하천 정도로 느낄지도 모르겠다.

⑭ 라스베가스

"라스베가스"는 정말로 나를 설레이게 했다. 일단 짐을 풀어 놓고 80불을 지불하고 "쥬빌리쇼"를 봤다. 라스베가스에 있는 쇼 중에서 가장 오래된 쇼라고 한다. 쥬빌리쇼를 보고 이곳저곳 호텔을 돌아 정말 멋있는 분수쇼, 화산쇼도 무료로 보고 우리가 묵은 호텔 앞의 전구쇼도 보았다.

이제 진짜 오늘의 이벤트!! 카지노에 한번 가봐야지 하며, '딱 5만 원만' 하며 자리를 잡고 앉았다. 그리고 당기기 시작했다. 돈이 거의 떨어졌고 마지막 돈을 넣은 순간, 내 눈앞에 보이는 '빙고!' 오호, 이건 뭐지... 그 순간 나는 15만 원이란 돈을 땄고, 그 자리를 떴다. 아는 형은 30만 원쯤 딴 것 같다. 나는 이제 그 몇 안 된다는 라스베가스에서 돈을 딴 사람이 되는 것인가. ㅎㅎ

⑮ 샌프란시스코

완전 산위에 있는 요세미츠 국립공원. 길이 많이 구부러져 뒤에 앉은 나는 거의 멀미상태다. 샌프란시스코에서 유명한 알카트로즈 섬과 금문교를 엄청난 안개 때문에 제대로 보지 못했다. 다음 날 '로댕의 생각하는 사람'을 보러 급히 움직였고, 안개 때문에(안개가 진짜 앞에 5m도 안보일 정도로 대단하다. 그것도 오후 2시에) 힘들었지만, 미술관에 들어갔다. 고흐의 작품실이 텅텅 비어있어 무슨 일인가 물었더니, 한국으로 수송 중이란다. 이런 말도 안 되는 상황이 ^^;;;;;

⑯ 시카고
샌프란시스코에서 시카고로 중간에 피닉스를 경유해서 갔다. 하지만 피닉스에서 비행기가 2시간 넘게 지연되어 우리는 예상보다 3시간 늦게 시카고에 도착했다. 동행한 수진누나의 친구부부가 마중나와 오랫동안 우릴 기다려야 했다. 함께 한국음식점에서 맛있게 저녁을 먹고 나는 시카고의 하이호스텔로 이동했다! 엄청나다. 크고 좋은 것이 호텔급이다. 가격도 비싸지 않아 많은 사람들에게 추천한다.

내가 머문 동안 시카고엔 비가 내렸다. 그냥 비를 맞으면서 건축계의 경이로움이라는 여러 가지 건물들을 둘러보았다. 그러나 도저히 비 젖은 옷이 수습이 안 된다. 나머지 이틀은 호스텔에만 있었다. 그 덕분에 여행 중 이틀간의 휴식을 할 수 있었는데, 몸도 마음도 쉴 수 있어 나쁘지 않았다.
그때 웃었던 사건이라면, 호스텔이 워낙 커서 매일 행사를 진행하는데, 그날은 코스타리카 학생들이 사람들에게 음식도 제공하고 설문조사도 했다. 한 학생이 나에게 You must come from 베트남~! 허걱,, 이건 뭐 필리핀도 아니고 베트남....-_-.
그냥 내가 말했다. No. I am from south korea. 그들은 믿지 못할 표정으로 나를 바라봤지만 지들이 믿어야지 어떻게 할 것인가. 나는 몇 번 강조를 해주고, 그곳을 떠났다.

⑰ 애틀란타
시카고에서 다시 나는 비행기를 탔다! 애틀란타 공항은 유명하다. 이곳이 내 여행의 마지막 경유지이다.
전 세계에서 사람들이 가장 많이 이용하는 공항이고, 비행기가 뜰 수 있는 출구가 200개가 넘는 세계에서 연결노선이 가장 많은 공항이라나? 인구가 50만 명밖에 안 되는 작은 도시인데 그럴 수 있을까 생각했지만, 공항에 도착해보니 엄청나게 큰 규모의 공항과 엄청나게 많은 사람 그리고 엄청난 비율의 흑인들이 나를 놀라게 한다. 친구가 제법 괜찮은 차로 나를 픽업했는데, 20대 초반의 운전 솜씨로는 엄청 잘하는 친구였고, 운전만큼은 자신이 있단다.
우린 볼 것 많은 애틀란타의 곳곳을 헤집고 다녔다. . 엄청나게 큰 돌을 마치 산인 양 등산도 하고, 직접 CNN본사 투어에서 뉴스 제작 과정을 보기도 하고, 코카콜라 본사에서 또 세계 여러 나라의 코카콜라도 먹어보았다. 더욱이 좋았던 것은 그 친한 친구를 오랜만에 만나 그간의 근황과 나름 인생에 대한 계획도 물어볼 수 있었다. 맛있는 랍스터도 사줘서 더욱 친해져야겠다는 생각(!)을 했다.ㅋㅎ

⑱ 애틀란타에서 캐나다로
내일은 학원을 가야 하는 친구였는데 나를 공항까지 태워다주어 너무 고마웠다. 공항까지 가는 길은 세계적으로 정체가 심한 길이라는데, 정말 엄청나게 큰 10차선 길이 꽉 막힌 걸 보면 차가 많기는 많다~. 공항에 2시간 만에 도착!!!
그날 애틀란타의 찜질방에 들렀는데 유독 많이 피곤했다. 찜질방은 한국에나 여기서나 사람 많고 시끄럽기는 똑같다~.
공항에서 티켓팅을 하고 보안검색을 하러 가는데, 내 눈앞에 엄청나게 긴 줄이 보인다. 우와,, 그 큰 공항을 한 바퀴 둘러버린 줄서기... 천천히 공항으로 갈까 했었는데, 조금만 더 늦게 갔으면 그 보안검색에 줄 서 있다가 비행기를 놓칠 뻔했다. 아무리 공항이 크다 해도 홍콩, 한국, 일본처럼 면세점이 큰 곳은 없었다. 애틀란타 공항은 지하철을 타고 4칸이나 더 가야 면세점을 갈 수 있어서 면세점을 들리지는 못했다. 지금까지 가본 열 몇 개의 큰 공항을 가봐도 한국, 일본처럼 면세점이 큰 곳은 없었다.

⑲ 세상을 알려면 미국을 가라
힘들고 돈 많이 쓰고 가끔은 한국인이라 서럽고, 억울한 일도 있고... 그래도 여행의 꽃은 미국, 그것도 북미가 아닌가 한다.
여행을 하면서 미국에서 어학연수를 하는 사람들은, 캐나다에서 연수하는 사람들보다는 왠지 더 넓은 세상에 있는 것 같고, 더 다양한 국적의 친구들을 만나고 있는 것 같아, 캐나다 끝난 다음에는 미국에서도 연수를 해볼까 하는 생각을 했었다.
하지만 물가는 역시나 캐나다 보다 더 비싸고, 피부로 느끼는 인구수도 왠지 미국이 훨씬 더 많고, 복잡했다.
2달간의 미국여행이 나의 영어실력에도 엄청난 도움을 주었고, 세상을 느끼고 또 이곳저곳 사는 것을 볼 수 있는 좋은 계기가 되었다. 왜 사람들은 미국으로 대학을 가려 하고, 미국으로 이민을 가려고 하는지, 미국여행은 이런 것을 이해하는데 중요한 계기가 되었다. 세상을 알려면 미국을 가라!

03 필리핀+캐나다

미국에 가고 싶지만, 비자가 나올 조건으로 적합하지 않고, 호주로 가기에는 공부가 목적이 아닌 워킹 홀리데이 비자 취득자들이 많아, 면학 분위기를 기대하기 힘들고, 일반영어보다는 테솔이나 비즈니스같은 다양한 전문 프로그램들을 공부하고 싶은 사람이라면 캐나다가 적합할 것이다.

01 필리핀+캐나다의 장점
- 가장 미국식의 영어를 구사하는 나라이다.
- 어학연수 프로그램이 다양화되어 있다.
- 비즈니스 인턴십 코스가 가능한 곳이다.
- 프랑스어 공부 병행의 이점(몬트리올)이 있다.
- 관광 비자로 입국 시 6개월까지 학업이 가능하다.
- 워킹 비자로 1년간 체류가 가능하다.
- 서구권 중 뉴질랜드 다음으로 저렴하다.
- 치안이 좋아서 안전한 연수생활이 가능하다.
- 명문 사설학원이 발달되어 있다.

- 관광 비자 : 입국 시 최대 6개월(어학원 입학허가서에 따라 나오는 경우가 많다. ex: 3개월 학원을 등록하고 왔다면 3개월의 체류 기간을 줄 수 있고, 6개월 학원을 등록하고 왔다면 6개월의 체류 기간을 줄 수 있다는 것)
- 학생 비자 : 학원에 등록한 개월수만큼+1~2개월

> **TIP** 캐나다는 다른 나라보다 유독 인기 어학원들이 정해져 있는 경향이 짙어 조기마감되는 학원들이 매우 많다. 그래서 필리핀 어학연수를 떠나기 전에 한국에서 미리 캐나다 학원을 정해서 등록해 놓는 것이 안전하다.

02 추천학교

❶ GV
www.gvenglish.com

지역별 학교	한국인평균	학교 특징
밴쿠버	19%	1. 캐나다 빅5 메이저급 어학원 중 하나이다.
토론토	30%	2. 국적별 쿼터제로 유럽 학생이 많다.
캘거리	29%	3. 캠브리지 프로그램이 유명하다.
빅토리아	33%	

❷ ILSC
www.ilsc.ca

지역별 학교	한국인평균	학교 특징
밴쿠버	35%	1. 학원 분위기가 활기차기 때문에 성격이 적극적인 학생들에게 인기가 있다.
토론토	25%	2. 중남미 학생들의 비율이 높다.
몬트리올	22%	3. 프로그램 종류가 500여 가지로 매우 다양하다.
		4. 학원 규모가 매우 크다 (학생 정원 수)

❸ KGIC
www.kgic.ca

지역별 학교	한국인평균	학교 특징
밴쿠버	29%	1. 한국인 비율이 높은 편이다.
토론토	17%	2. 아시아인 비율이 높다보니, 커리큘럼이 타이트하고 체계적이다.
빅토리아	26%	3. 기숙사가 있다. (마감이 매우 빠르다)
써리	34%	4. 비즈니스, 테솔, 통번역 프로그램들이 유명하다.
할리팩스	30%	5. 어린이 프로그램이 가능한 센터도 있다.

❹ York University
www.yueli.yorku.ca

지역별 학교	한국인평균	학교 특징
토론토	15%	1. 유명 대학에서 운영하는 연수기관 2. 경험 많고 실력있는 훌륭한 교수진 3. 자체 조건부 입학 과정 제공 4. 수업이 Academic 하다. 5. 엑티비티 제공

입국심사 때 유용한 영어 표현들

Hi! Your passport please? (Please give me your passport.)
(여권을 주시겠습니까?)

Here it is.
(여기 있습니다.)

What is the purpose of your trip to Canada?
(Why did you come to Canada?)
(여행 목적이 무엇입니까?)여권과 입국카드를 보여주시겠어요~.

I will study English here.
(영어를 공부하러 왔습니다.)

I will study English for 3months first, then I will travel around Canada.
(3개월 정도 영어를 공부하고 캐나다를 여행하고 싶습니다.)

Do you have your letter of acceptance from your school?
(입학허가서를 가지고 있습니까?)

Yes, here it is.
(네, 여기 있습니다.)

How long are you going to be in Canada?
(얼마 동안 캐나다에 머물 것입니까?)

I will be here for ( ) months.
(3개월 머물 예정입니다.)

Where will you stay? / What is your accommodation?
(어디서 머물 것입니까?)

I will stay in homestay program.
(홈스테이에서 머물 것입니다.)

Are you bringing in any gifts or presents?
(선물을 준비한 게 있습니까?)

Yes, I am. / No, I am not.

What is their value? (How much did they cost in Canadian money?)
(가격이 얼마나 되죠?)

They cost about C$25.
(25달러 정도 됩니다.)

Everything is fine. Enjoy your visit to Canada.
(알겠습니다~. 캐나다에서 즐거운 생활하시기 바랍니다.)

Thank you sir!
(감사합니다.)

> **TIP**
> - 캐나다로 어학연수를 가는 대부분의 사람들은 가장 간편하게 관광비자로 많이 간다. 하지만 필리핀과 반대로 공부할 **어학원의 "입학허가서"와 캐나다에서 머물 예정인 "홈스테이정보"를 반드시 지니고 가야 한다**(지니고 가지 않을 경우, 체류기간을 매우 짧게 받거나, 최악의 상황으로는 입국거부가 될 수도 있다).
> - 본인이 다닐 예정인 캐나다 어학원의 학비를 유학원에 납부하면 **"입학허가서"** 가 나오는데, 받는 즉시 **"영문이름" "학원시작일과 종료일" "어학원에 납부한 총 학비금액" "본인생년월일"** 등이 맞는지 잘 확인하도록 하자.

03 캐나다 연수기

❶ 학교 첫날, 오리엔테이션

오늘은 내가 다닐 학교의 레벨테스트를 받는 날이다. 수업시작 3일 전에 도착했기 때문에 나에게 Jetleg는 없고 컨디션은 최고. 어제 친절한 홈스테이 Mom의 딸이 알려준 대로 학교로 출발을 했다. 하지만 벌써부터 캐나다의 고혹스러운 생활 부분이 발견되었다. 4월 26일인데, 한국의 날씨는 이제 봄의 따뜻함을 생각하고 있을 때지만, 여기는 자전거를 타고 가는 내 손과 내 눈의 감각이 얼얼하다. 너무너무 춥다. 그러나 한국인의 강인함으로 자전거를 밟으며 학교에 도착했다.

시험 보기 전에 오리엔테이션을 했다. 주위를 둘러보며 다른 사람의 이름을 보았다. "Daiske" 오호 이놈은 일본 녀석이군, "Oh Dae Seok, 그리고 그 옆은 Oh Jung Seok" 오호 내 옆에 2명은 한국 사람인데, 형제인가? 그런 생각 중인데 두 명이 들어와서 나에게 말을 걸었다.
'Hello.' 단 한마디를 나에게 했을 뿐인데 그건 한국 사람의 억양 맞다.
Nice to meet you. I am from Korea and I used to study in the Philippians. My name is Chungwon, Park, and I would like to be called 'Phillip'. 필리핀에서 배운 영어문법을 종합해서 어렵지 않게 대답했다. 역시 두 사람은 내 예상대로 역시 형제였고, 그 사람들도 자기들은 캐나다 켈거리에서 영어공부를 하고 왔다고 소개했다. 오리엔테이션과 간단한 점심을 학교에서 마친 후, 우리는 시험을 보았다.

❷ 레벨테스트

어디서나 한다는 그 Level Test. 영어로는 Placement Test. 그런데 시험은 바로 TOFEL!!! 한국에서도 토익 한번 보지 않았던 나에겐 이거 무슨 당치도 않았지만, 입학을 위해선 어쩔 수가 없다고 했다. 다행인 것은 PBT형식으로 진행되어 SPEAKING PART는 존재하지 않았다. 처음 리스닝 시험을 어렵게 봤다. 필리핀에서 14주 동안 공부를 하고 왔어도 영어의 길이 끝이 있겠는가, 안 들리는 부분이 많다. 들리지 않는 가장 큰 이유는 모르는 단어가 토플영역에서는 많다는 것이다. 필리핀에서 다른 부분만 신경 쓰고, 단어 외우는데 신경을 쓰지 않았던 것이다. 정말 캐나다 생활 내내했던 후회할 일이다.

'시험 잘 보셨어요?' 나에게 질문을 한다. "그냥 볼만은 하던데요. 어렵더라고요." 했다. 그들도 어렵다고 하소연을 한다. 나름대로 뿌듯했다, 한국에서 수능도 겨우 외국어영역에서 4등급을 맞았던 내가 이런 거만한 소리를 하다니... 역시 필리핀 다녀온 것이 너무 뿌듯하다. 그 다음 리딩과 스트럭처 파트를 풀어야 했다. 그냥 끼억끼억 풀고 뒤에는 시간이 부족했다. 집으로 가는 길에 아까 그 오브라더스를 다시 만났다. 하지만 그들의 얼굴기색으로는 말을 걸 용기가 나지 않아 내일 보자고 하고 헤어졌다.

❸ 홈스테이에서의 저녁

집에는 맛있는 저녁과 홈스테이 맘이 나를 기다리고 있었다. 식사 중에 시험은 어떻냐, 학교는 처음 갔는데 기분이 어떻냐, 궁금한 것이 많은 홈스테이 맘은 물어보는 것도 많았다. 식사 후 함께 TV를 보면서 이것저것 이야기했다. 토플 어휘실력은 많이 부족해도 필리핀에서 갈고 닦은 일반 회화 정도는 자신이 있어, 밤늦게까지 TV를 보았다.

❹ 첫수업

첫수업이다. 한국인 3명, 일본인 2명, 중국 3명, 아랍 2명으로 구성되었다. 우리는 각자의 소개를 하고, 수업에 들어갔다. 그렇게 나는 몇 주의 수업을 부담스럽지 않게 잘 견뎌냈다!!
한 4주쯤 지났을까? 이제 모든 게 자연스러워지고 있다. 아침에 학교를 가다보면 아는 캐나다인들도 눈에 들어온다.
'Hey, Buddy, How's it going? What the fuck are you doin' there? 학교에는 수업을 준비를 하는 중간 중간 나는 선생님께 태클을 걸 정도다. 다른데도 그런지 모르겠지만 유난히 이 학교는 면학분위기가 좋다. 어디 구경할 데나 볼 것이 없는 도시라서 그런지, 다들 끼리 모여서 스터디 그룹을 조직하고 도서관에 앉아 공부를 한다. 숙제를 안 해가면 이상한 나라에서 왔냐는 듯이 상상이 안 간다는 식이다.

❺ 바이블스터디

그리고 6시쯤 됐을까, 오늘은 사우스 리치로 바이블 스터디를 가는 날이지? 동네가 워낙 좁고, 인터내셔널 학생들이 얼마 없어 자발적으로 학생들을 모아 공부시키는 분위기다. 더 많은 한국 학생들을 유치하기 위해서인지 아니면 원래 그들의 특성인지는 잘 모르겠다.
가보니 한국인 6명 일본이 2명으로 총 8명의 학생들이 그 교회에 모였다. 선생님은(봉사자들) 9명이라서 오늘은 선생님이 더 많다. 한명씩 들어가서 1:1로 수업을 한다. 기독교는 아니지만 역사공부 하듯이 글을 읽고 모르는 것을 물어보고 모르는 표현을 물어보고 또 질문을 하는 식으로 1시간에서 2시간 정도의 수업이 진행된다.

❻ 엑티비티-골프

금요일이 되었는데 오늘은 학교에서 시험을 보고 엑티비티를 하는 날이다. 물론 시험은 나에게 굉장히 쉽다. 필리핀에서 그래머인유즈를 3번을 보고 온 내가아닌가....
한국에서는 엄두도 안 나는 운동인데 여기서는 무슨 한국동네에서 배드민턴 치듯이 골프를 친다. 기본부터 나를 가르치던 선생님이 거의 프로급이란다. 나의 폼은 야구수준이란다.

❼ 결혼식

토요일에 캐네디언 친구와 독일친구가 주변 교회에서 결혼식을 한다. 우리는 교회로 향했다. 한국 결혼식도 몇 번 안 가봤는데, 캐나다 결혼식은 얼마나 다를까 궁금하다. 우리나라같이 축의금 분위기는 없다. 이런 갑자기 밀려오는 행복감. 단한명의 동양인인 나는 결혼식장의 신부, 신랑보다 더 주목을 받았다.

❽ 방학

또 4주가 흘렀다. 이제 8주 만에 방학이다. 학기가 16주 16주 8주 8주 이렇게 짜져있는데 그 이유는 대학부설이라 16주 16주는 진짜 대학교가 운영될 때이고, 8주는 대학생들의 계절학기가 있을 때이고, 나머지 8주는 캐네디언은 한 명도 없지만 인터내셔널만 돌아가는 그런 학기이다. 8주의 학기가 끝나고 또 다음 8주 학기가 시작 되기 전 약 10일간의 방학이 있다. 나를 포함해서 나와 뜻이 맞은 2명의 형과 함께 우리는 근처의 로키산맥을 여행하기로 했다. 차를 렌트하고 방을 예약했다.

❾ 벤프, 로키산맥

캐나다는 워낙 땅덩이가 크다보니 옆 동네 고기사러 가는데도 2시간이다.(실제로 주인아주머니가 스테이크 고기를 사러 왕복 4시간 걸렸다. 그때 사온 건 스테이크용 고기가 전부) 3번 국도를 따라가다가 로키산맥을 만났다. 첫날 운전 800km, 이것은 아무것도 아니란다. 벤프의 곤돌라를 향해 갔다. 올라가는 곤돌라비가 무려 25불!! 내 한달 용돈이 100불이니까 엄청 비싼 것이다. 서서히 올라가면서 보이는 로키산맥의 전경들!!

우리 4박 5일 동안 예산이 대략 50만 원었는데, 로키산맥만 보았는데도 총예산 50만 원은 넘을 것 같다! 앞으로 우리가 어디에 가서 무엇을 보든 전부 돈을 버는 것이라는 생각이다. 한국에서 비행기삯 200만 원씩 들여 왜 로키산맥을 가는지 이해가 되고도 남는다. 내려가기가 싫다.

여행 첫째날
Lethbridge ◑ Banff ◑ Sulphur Mountain & Gondola ◑ Upper Hot Springs ◑ Whyte Museum of Canadian Rockies ◑ Cascade Gardens ◑ Banff Springs Hotel ◑ Bow Falls ◑ Cave & Basin National Historic Site – Centennial Centre ◑ Fen Land

여행 둘째날
Lake Minnewanka ◑ Vermilion Lakes ◑ Bow Valley Parkway ◑ Lake Louise Information Centre ◑ Fairmont Chateau Lake Louise ◑ Lake Louise ◑ Moraine Lake ◑ Mt. Whitehorn ◑ Yoho National Park

여행 셋째날
Crowfoot Glacier ◑ Bow Lake ◑ Bow Pass ◑ Peyto Lake ◑ Weeping Wall ◑ Sunwapta Pass ◑ Icefield Centre ◑ Columbia Icefield ◑ Sunwapta Falls ◑ Athabascas Falls ◑ Mountain Whistler(Jasper Tramway) ◑ Maligne Canyon ◑ Medicine Lake ◑ Maligne Lake

여행 넷째날
Edmonton ◐ West Edmonton Mall ◐ Edmonton City Hall ◐ Law Center ◐ Alberta Legislature ◐ University of Alberta ◐ Downtown

여행 다섯째날
Calgary ◐ University of Calgary ◐ Calgary Tower ◐ Korea Resturant ◐ Dinosaur Trail ◐ Hoodoos ◐ Dinosaur Provincial Park ◐ Medicine Hat

✽ 여행경비 사용 ✽

첫째날
- 기름 (80달러)
- 곤돌라 (75달러)
- 공원입장료 (36달러)
- 방값 (97달러)

둘째날
- 숙박 (93달러)
- 소시지 (8달러)
- 기름 (23달러)

셋째날
- 방값 (75달러)
- 기름 (36달러)
- 트램웨이 (72달러)

넷째날
- 음식(웨스튼몰) (8달러)
- 피자 (7.2달러)
- 닭고기 (4.8달러)
- 기름 (30달러)
- 방값 (115달러)
- 술값 (32달러)
- 기름 (10달러)

다섯째날
- 기름 (68달러)

출발전
- 슈퍼스토어 (99달러)
- 맥주 (29달러)
- 달러샵 (18달러)
- 팀호튼 (13달러)

개인당 ◐ 475달러 사용

⑩ 레이크루이스, 제스퍼
다음 날은 세계에서 가장 아름다운 호수 레이크 루이스, 바로 내 눈앞에 레이크루이스가 보이기 시작한다. 세계에서 왜 가장 아름다운 호수라는 칭호를 얻었는지. 정말 그 애매랄드 빛 호수는 내 눈 앞에 지금도 살아움직이는 듯하다.
다음 날은 제스퍼로 향했다. 제스퍼에는 또 새로운 것들이 많았다. 역시나 벤프만큼이나 아름다운 곳이다.. 해발 3000m 하늘에 가까운 곳, 웅장한 우리의 백두산이 동산 정도일 거라나....

⑪ 제스퍼의 호스텔, 애드먼튼
그 산 바로 아래의 호스텔에서 우리는 저녁을 지어 야외에서 먹으려는데, 직원들이 우리를 안으로 들어오라고 한다. 요즘 곰 주의보가 발생해서 밖에서 음식을 먹으면 곰이 냄새를

맡고 공격을 한다.
그 다음 날은 아침 일찍 에드먼톤으로 갈 것이다. 대략 500km 정도. 속도 180km로 밟으면 3시간이면 도착 할 것이다. 사실상 에드몬톤에는 볼 것이 별로 없었다. 하지만 거기에는 전 세계에서 가장 큰 몰이 있는 것이다.

상상이나 되는가? 가로길이가 8km, 세로길이가 3km라는 크기의 쇼핑몰. 내부는 모든 것이 있는 백화점이 4개 정도, 수영장, 심지어 내부에는 놀이공원까지 있다. 에드몬톤이 겨울에 영하 30도 이하까지 내려간다니 모든 것을 하나로 만들어 놓았나 보다.
다음 날 우리는 캘거리를 경유해서 제자리 돌아왔다! 나의 도시에 도착한 나는 그렇게 다음 학기를 준비했다. 더 열심히 하리라는 다짐으로.
시간이 훌쩍 흘러서 그 다음 학기도 끝나게 되었고, 나는 조금 긴 여행을 준비하고 있었다.

⑫ 토론토의 한인타운
정말 이곳은 한국. 한국의 한 동네를 떼어다가 붙여 놓은 것 같다. 어디를 가도 한국간판 어디를 가도 한국사람 어디를 가도 한국방송이 나온다. 아무 곳이나 들어가서 밥을 먹고 있는데 웃기는 일은 내가 들어간 곳은 한국 사람이 운영하는 저렴한 김밥집이다. 점심이 한참지난후라서 나는 혼자 밥을 먹고 있었는데 외국인 남자 한명과 한국인 여자가 들어왔다. 나는 한국여자가 음식을 주문할 것이라는 생각을 하고 있을 때였다. 그 캐나다 남자가 하는 말 "김밥이랑 신라면 하나 주세요." 허걱!!!!!! 이게 웬일이야? 외국인인데 어떻게 한국말을 저렇게 잘할 줄이야....

⑬ 몬트리올
그렇게 나는 오타와와 퀘벡을 거쳐서 몬트리올을 향했다. 몬트리올은 꼭 한번 가보고 싶은 동네. '아, 이곳은 참 신기하고, 좀 다른 곳이구나' 라는 생각을 한다.
캐나다의 다른 공공기관이나 관공서는 위에 큰 글씨로 영어로 쓰고, 그 아래에다가 작은 글씨의 프랑스어를 표기한다. 왜냐면 캐나다는 알다시피 2개 국어를 공용어로 사용하는 나라이기 때문이란다.

그런데 몬트리올은 그러지 않다. 모든 것이 프랑스어였다, 관공서에서도, 지하철에서도, 모든 것이 불어여서 지하철 중간에 무슨 방송이 나와도 뭐라고 하는지 알 수가 없었다. 그래서, 영어공부를 하러 몬트리올에 간다는 것은 이해를 못 하겠다.
길을 함께 걷는데 주위에 개를 2마리를 안고 길가에 앉아 있는 사람이 무척 많다. 궁금하던 차에 이야기를 해준다, 몬트리올은 사회제도가 사람보다 개에게 잘 되어 있어 개 2마리를 키우면 정부에서 지원이 나오는데, 그래서 2마리의 개를 데리고 다니는 사람들은 보통 다 거지라고 한다. 그 말을 듣고 다시 둘러보니 이건 무슨 거지가 왜 이리 많은지....
또 한가지는 Liquor shop.
캐나다는 원래 특별히 술만 모아서 파는 곳이 따로 있다. 그리고 술을 차의 좌석에 두면(트렁크 말고) 그것 역시 음주운전으로 잡혀갈 정도이다. 하지만 몬트리올의 사정은 조금 달라보였다. 한국처럼 그냥 동네 마켓에서 가도 술을 살 수가 있고, 길거리에 있는 세븐일레븐을 가도 맥주가 있다. 물론 독한 술은 다른 곳에 가서 사야 한다. 이렇게 차이점이 많은 몬트리올을 둘러보고(성당도 엄청나다)! 밴쿠버로 향했다.

⑭ 밴쿠버

밴쿠버는 캐나다보다 더 유명한 고유명사일지도 모르겠다. 캐나다 아무거나 검색을 해도 네이버에서 1번으로 뜨는 그 도시가 바로 벤쿠버일 것이다. 3일 만에 이곳저곳을 너무 많이 헤매다보니 이미 나의 동네같이 느껴지는 밴쿠버, 그리고 그렇게 높은 건물은 많이 없지만, 아늑한 항구 도시 밴쿠버다!

> **TIP** 밴쿠버는 연중 영하의 날씨로 떨어지는 경우가 거의 없기 때문에 필리핀+캐나다의 짐을 한꺼번에 모두 가져가야 되는 연계연수생들에게 편리하다.

그리고 다음 날 나는 밴쿠버에서 비행기를 예약하러 갔다. 전날 공중전화를 이용하고 그 공중전화 위에 핸드폰을 올려놓고 왔는데 혹시나 있을까 해서 LOST&FOUND에 들렀다. "어머나! 나의 핸드폰이 그대로 있다. 사실 나는 핸드폰보다는 핸드폰에 들어있는 전화번호와 그 옆에 붙어있는 USB 2GB안에 있는 자료들이 귀중한 것이었다. 서울같이 삭막하고 다 들고 가버린 줄 알았는데, 역시 캐나다의 민심과 양심은 그런 것이 아닌가 보다.

⑮ 귀향

그렇게 나의 한 달간의 여행을 마치고, 3일간 밖에도 나오지 않고 잠만 잤다. 그리고 학원 공부를 하고 또 한 달이 지났다.
이제 내가 이 도시를 떠날 때가 된 것이다. 4월 26일에 들어와서 11월 7일에 떠나왔으니 대략 6개월은 있었다. 아쉬운 캐네디언 친구들을 뒤로 하고 그들의 응원과 많은 인사를 받았다. 바이블 스터디에서는 한영 바이블에 자기가 좋아하는 구절과 하고 싶은 말을 써주고, 함께 사진도 찍었다. 다시 만날 것을 기약하며 2008년에는 한국의 서울을 방문하겠다고 하면서 서울에서 보자는 희망을 주었다.
지금 나는 그날이 오기만을 기다리고 있다!

04 필리핀+아일랜드

어디를 가나 한국사람이 없는 곳을 찾기란 쉬운 일이 아니다. 허나 비교적 한국인 거주비율이 적은 곳을 찾자면 아일랜드를 꼽을 수 있다. 또한 영국에 가고 싶지만 비자나 비용 때문에 망설여지는 경우라면 아일랜드라는 아름다운 나라를 고려해 보면 해결책이 될 수 있다.

08 다른 나라와 연계되는 어학연수   **265**

 필리핀+아일랜드의 장점
- 아르바이트가 가능하다.
- 유럽여행이 용이하다.
- 안전하고 깨끗하다.
- 비자신청이 필요 없다.

- 관광비자 : 3개월
- 학생 비자 : 등록한만큼
- 아일랜드에서 아르바이트를 하기 위해서 꼭 필요한 PPS number 받기 구비서류
  1. green card
  2. 어학원 letter
  3. 집주인으로부터 살고 있는 집 주소와 서명을 포함한 편지
  4. 신청서
  5. 여권과 주민등록증

TIP
- Emergency Tax : 처음에 약 40%를 떼어간다.
- Paye : 세무서에 가서 신청서를 작성해서 내면 약 20%의 세금을 뗀다.
- Pris : 고용보험의 일종이다.

 학원

❶ CES
www.ces-schools.com

지역별 학교	한국인평균	학교 특징
더블린	8%	1. 아일랜드 대표 영어기관 중 하나 2. 영국에도 캠퍼스가 있다.(영국 – 아일랜드 간의 Multi Destination 제공) 3. 오래된 전통

❷ Emerald Cultural Institute
www.eci.ie/home.aspx

지역별 학교	한국인평균	학교 특징
더블린	14%	1. 조용한 주택가에 위치 2. 국적 비율이 좋은 우수한 학원 3. 아일랜드 내 많은 홈스테이 정보를 보유

❸ Galway Cultural Institute Language School
www.gci.ie

지역별 학교	한국인평균	학교 특징
골웨이	2%	1. Junior 프로그램 제공 2. Galway 도시 중심에 위치 3. 다양한 활동을 제공

> **TIP**
> - 해외에서 사용가능한 cisa 또는 Master 카드를 준비하면 여행 시 자동차 렌트, 호텔 예약 등을 할 때 편리하다.
> - 아일랜드의 기후는 매우 변덕스러워 일년 내내 코트와 우산을 가지고 다니는 것이 좋고, 감기에도 주의해야 한다.

일기 예보 용어

Wet 약한 비	**Wara** 따뜻한
Gale 비바람	**Twister, Tornado** 회오리 바람
Raw 춥고 습함	**Snowy, Snow** 눈이 내리는
Overcast, Cloudy 흐린	**Sleet** 진눈깨비
Misty 안개낀	**Sultry** 찌는 듯이 더운
Freezing 몹시 추운	**Temperature** 온도
Clear, Cloudless 맑은	**Muggy** 후덥지근한
Hot 더운	**Humidity** 습기, 습도
Cold 추운	**Thunder** 천둥
Cool 선선한	**Lightning** 번개

03 아일랜드 연수기

❶ 연계연수의 장점

필스모 ○○○님은 군대 말년 휴가 때 복학을 하고, 한 학기가 끝나자마자 필리핀으로 어학연수를 8주간 갔다가 바로 아일랜드로 어학연수를 떠나왔다.

어려서부터 외국에 나가고 싶은 간절한 소망을 이루기 위해 영어 선진국을 가기 전 필리핀을 가기로 선택을 했고, 지금 나는 후회는 없다. 충분히 좋은 경험과 추억을 많이 만들었기 때문이다. 물론 불만족스러운 것도 없지 않지만 어디에 있는지가 중요한 것이 아니라 어디서 무엇을 하고 있었는지가 가장 중요한 잣대라고 생각하기에, 비록 8주간의 짧은 어학연수였지만, 그 필리핀의 추억이 나에게는 인생의 자양분이 되었고 필리핀을 선택했다는 건 참 잘한 선택이 아니었나 생각한다(사람마다 입장과 견해가 틀리기 때문에 자신이 필요하다면 다른 사람의 시선보다 자신의 확고한 견해가 중요하다는 것을 말하고 싶다).

나의 생각은 "필리핀 연수는 영어에 자신이 없고, 두려움을 가진 오랫동안 영어에 손을 놓았던 사람들의 충분조건이다"라는 심심한 결론과 함께 나의 아일랜드 어학연수기를 소개하고자 한다.

❷ 뚜렷한 주관을 갖자

아일랜드에 대해서의 사전지식은 거의 제로였다. 내가 아일랜드를 선택한 이유는 나의 개인 철학인 "보편적인 것을 벗어나지 않는 선에서 다른 사람하고의 다른 길을 가는 것" 그래서 영어를 하는 것은 보편적인 것이고, 아일랜드는 그나마 다른 선진 영어 국가에 비해 한국 사람이 없기 때문에 아무런 정보 수집 없이 아일랜드를 고집했다.

내가 아일랜드에서 다녔던 첫 번째 학교는 선생님들과 학생들이 좋았다. 처음에는 어떤 학원이 좋고 나쁜지를 판단하기가 어렵고(다른 학원을 안 다녀 봤기에) 사람마다의 생각과 기준이 틀리기에 좋고 나쁘고를 말할 수 없었다. 하지만 지금 나는 두 번째 학원을 다니고 있어서 감히 이야기할 수 있다. 좋은 학원, 나쁜 학원 그것은 본인의 몫이다. 시행착오를 겪어야만 알 수 있는 것이다. 이것은 인생하고도 일치한다. 그러므로 자신의 주관을 가지는 것이 가장 중요하다고 강조하고 싶다. 그러니 판단 기준을 명확히 하자.

❸ 학원 선택

학원은 본인의 명확한 주관으로 판단해야 한다는 것이고, 아일랜드의 생활기를 간단히 적어 보겠다.

'어학연수를 다녀오면 영어를 다 잘 할 수 있을 것 같다'는 생각은 무모한 생각이며, 충분한 공부없이 어학연수를 하는 것은 '맨땅에 헤딩하는 것'이라는 글과 조언을 듣고 온 나에게 이 말은 공식처럼 머리에 맴돌았다.

하지만 나는 공부를 전혀 하지 않고 왔다. 필리핀에서 약간의 회화와 워밍업 정도였고 문법은 전혀 공부하지 않았기에 한국에서 10여 년 동안 영어 공부한 것은 조금의 단어와 약간의 독해뿐이었다. 그리하여 나는 아일랜드에서 열심히 공부하려고 다짐, 또 다짐을 하며 첫 번째 학원은 명성이 높은 학원에 다녔다.

하지만 비용에 비해 퀄리티가 별로 좋지 않았고, 업무 서비스도 엉망이었다.. 그것보다는 낮은 한인비율과 외국학생들이 일을 하지 않고 공부만을 목적으로 온 학생들이 대부분이라서 같이 어울리는 분위기는 아주 좋았다.

❹ 아일랜드 사람들

난 한국에서 했어야 하는 문법공부를 먼 이국땅에서 해야 했다. 실제로 아는 만큼 성과가 나온다는 말은 상당히 근거 있는 말이다.

만약 내가 네이티브 친구와 같이 동거하지 않는 이상 그것은 단지 불가능이라는 완벽한 결론 아래 한 달 동안 열심히 공부를 했다. 아일랜드는 한국 사람과 성향이 비슷하다는 매스컴의 정보를 접한 사람이 있을 것이다. 혹자는 전혀 틀리고 한국인이 더 우수하다는 민족적 국수주의를 가진 사람을 보기도 하는데 나의 견해와 많이 비슷하다. 술 좋아하고 소비성이 심하고 친근하고 따뜻한?면은 정말 닮았다. 하지만 우리나라사람이 매우 부지런해서 그런지 몰라도 아이리쉬들은 꽤 게을러 보였다.

❺ 성실한 생활

나는 어학연수를 하는 동안 공부도 열심히 하고 술도 가끔 마셨다. 아직 복학생의 기운이 남아서 새벽 두 시까지 술 마셔도 여섯시에 일어나 학원을 한 번도 빠지지 않았다. 유럽학생들과 공부하면서 한국을 알리려고 노력도 많이 하고, '왜 유럽사회가 우리나라보다 잘 살고 여유롭게 살 수 있는가'라는 다각도의 문제제기를 해보며 아주 건전하고 바람직한 어학연수 생활에 적응하려고 노력했다.

❻ 한인성당
와중에 한인 성당을 다니며 많은 관계형성을 했다. 그리고 많은 것을 느꼈다. 어려운 타지 생활에서 아무리 연수생활의 성공도 중요하지만 우리가 한국인이라는 자부심과 서로를 이끌어주고 챙겨주는 끈끈한 정과 피가 흐른다는 것을 명심하고 서로서로 상부상조 했으면 좋겠다는 나름대로의 생각으로...

❼ 아르바이트
그 친분으로 나중에 극장에서 파트타임으로 일을 하게 되었다. 사실 한국사람을 무조건 피하기보다는 적당한 친분관계를 유지하면 큰 도움을 받기도 하고, 정말 좋은 정보를 얻기도 한다. 아일랜드는 25주 이상 학원을 등록하면 합법적으로 20시간 이내로 일을 할 수 있다. 규정상으로 20시간이지만, PPS 넘버를 받으면 더할 수도 있고, 그로인해 특별한 제재를 하는 것은 아니다. 일을 하는 것은 일장일단이 있지만 금전적으로 많은 도움이 된다. 여기서는 대략 시간당 9유로, 일주일에 20시간이면 720유로 정도를 벌 수 있는데 이 정도면 어느 정도 렌트비와 식비 그리고 차비가 커버되지만 상당히 금욕적인 생활이 요구될 것이다. 더욱 절약하면 나중에 유럽여행까지도 할 수 있는 돈이 될 수도 있지만 몇 년이 걸릴지는 장담할 수 없다.

❽ 홈스테이
학교에 따라 차이가 있지만 대부분의 아일랜드 한국연수생들은 대부분 1-2개월 정도 홈스테이를 한다. 홈스테이와 수업비가 패키지인 경우에는 홈스테이의 퀄리티가 낮을 수도 있다. 왜냐하면 홈스테이는 주당 250유로, 한달 1000유로 정도다(싱글룸 기준).
하지만 패키지인 경우에는 주당 150유로 정도로 홈스테이 집도 센터(학교)와 거리가 멀고 음식도 싼 음식을 제공한다. 또한 친절함을 기대하기도 쉽지 않다. 왜냐하면 그런 입지가 안 좋은 곳의 홈스테이는 그 홈스테이가 자신들의 주 수입의 일부분인 경우가 많고, 학원으로부터는 주당 돈을 적게 받아도 어쩔 수 없기 때문이다. 홈스테이의 취지는 아이리쉬 가족들과 어울리면서 그들의 문화를 가까이에서 느끼는 건데 돈을 절약하려다가 안 좋은 아일랜드에 대한 인상만 남게 된다.

❾ 셰어
그러므로 대부분의 학생들처럼 1-2달 경험하고 그 기간에 플렛 셰어나 하우스 셰어를 찾는 것이 좋다. 아일랜드는 센터 기준 싱글룸 500유로 이상, 싱글베드룸은 400유로 정도면 쉽게 찾을 수 있다. 한국학생들이 늘어가는 추세라 한국인들과 같이 사는 건 무척 쉽게 구할 수 있다. 나의 경우는 외국인들과 지내고 싶다는 생각에 한 달이나 홈리스 생활을 하면서 방을 어렵게 구했는데, 지금은 너무 만족스럽다.
외국인들은 영어를 잘하는 사람을 원한다. 우선은 영어를 잘해야 하고, 나는 특히 발음이 안 좋아 더욱 커뮤니케이션에 어려움을 겪었다. 그러므로 한국에서 발음연습(pronunciation grammar in use)을 공부해두면 좋을 것이다.
문법공부도 grammar in use series가 좋고 동영상 강의를 구해서 본다면 많은 도움이 될 수 있다.

⑩ 한국과 비슷한 아일랜드

아일랜드는 앞에 언급한 것처럼 우리나라와 비슷한 성향이 많다. 소비성이 한국사람과 비슷하다. 특히 술에 관해서는 우위를 가늠하기가 어렵다. 술은 5~6유로 정도, 차비는 75유로(한달)다. 더블린 시티 센터는 종로하고 비슷한 크기다.

더블린 1부터 15까지가 있고, 1-8까지는 자전거로 15-25분 정도 걸린다. 홀수는 북쪽이고 짝수는 남쪽인데 더블린도 서울처럼 남쪽이 더 잘산다.

집을 구하는 것은 http://www.daft.ie/

렌트부터 쉐어까지 다양한 정보가 수시로 올라오는데 센터와 가깝거나 남쪽인 경우에는 비싸고 구하기도 어렵다. 한인마켓은 두 개있고 그곳에 가면 게시판에 틈틈이 집이나 생활용품 정보들이 올라온다.

⑪ 발전되고 있는 아일랜드

유럽의 여느 도시처럼 더블린도 오래된 낮은 건물들이 많다. 최근에는 경제적으로 많은 성장을 하고 있고, 영어권 국가이기 때문에 유럽을 비롯한 많은 외국인이 살고 있다. 국제화 도시로 성장해가는 추세가 빠르다. 새로 바뀐 비자법은(최근(2008)) 비유럽국가 학생들인 경우 학원 다니면서 시험 결과를 이민국에 제출해야 한다. 한국매스컴에 아일랜드는 일할 인적자원이 부족하다고 소개되었는데 이것은 사실이 아니다. 아일랜드는 유럽국가 생활권으로 유럽인들의 일의 터전과 생활보호를 위해 외국학생 비자법도 바뀌었다. 그러므로 앞으로 더욱 더 영어를 공부하기 위해 들어온 외국학생들이라면 실제로 영어만 공부하도록 점차 비자법이 바뀔 것 같다.

05 필리핀+영국

영국식 영어는 듣기만 해도 마음을 설레는 멋이 있고 품위가 있다. 해리포터, 반지의 제왕을 3~4번씩 반복해서 보아도 볼 때마다 느끼는 점이다. 하지만 영국은 쉽게 어학연수지로 결정하기에는 물가와 학원비가 비싸고 학생 비자도 까다로운 점이 가장 많다.

01 필리핀+영국의 장점
- 관광 비자 6개월 체류 가능
- 유럽 여행의 용이성 제공(유럽 여행의 시발점)
- 학생 비자 취득시 합법적 아르바이트 가능(주당 20시간)
- 영어의 발상지로서의 장점(세련된 영어 구사)

- 관광비자 : 입국 시 최대 6개월
- 학생 비자 : 학원에 등록한 개월수+2주~4주

02 학원

❶ Eurocentres
www.eurocentres.org/en/language_schools

지역별 학교	한국인평균	학교 특징
런던 Central	13%	1. 비영리 단체로서 전세계적으로 7개 이상의 언어를 교육시키고 있다.
런던 Lee Green	15%	2. 만족도가 높은 센터도 있고, 그렇지 않은 센터도 있다.
캠브리지	12%	3. 초보자가 등록할 수 없는 센터도 있다.
본머스	18%	4. 유럽 명문교 연합에 가입되어 있다.
브라이튼	17%	5. 학비가 저렴한 편은 아니다.

❷ St. Giles International-London Central
www.stgiles-international.com

지역별 학교	한국인평균	학교 특징
런던 Central	9%	1. 다양한 소셜 프로그램을 보유
런던 HighGate	10%	2. 학교와 같은 건물에 있는 기숙사
브라이튼	13%	3. 비싸지 않은 학비
이스트본	7%	4. 소규모 Class

❸ EC
www.ecenglish.com

지역별 학교	한국인평균	학교 특징
런던	19%	1. 몰타에서 시작한 어학 기관
브라이튼	15%	2. 응급전화 서비스를 통한 24시간 학생관리
브리스톨	17%	3. 적당한 학원 규모
캠브리지	12%	4. 1:1 유로 레슨 신청 가능
옥스포드	5%	5. 장기 비즈니스 프로그램 보유

03 영국 연수기

❶ 영국 도착
필리핀에서 연수를 마치고 영국이라는 동경해 오던 나라로 연계를 가게 되었다. 히드로 공항에 도착해서 입국 심사를 마쳤다. "역시 공항은 우리나라 공항이 최고이군."
대책없이 한국을 떠나왔고 영어는 좀 된다고 생각해서 현지에서 바로 숙식을 해결할 요량이었는데 숙소를 정하지 않은 것은 큰 실수였다. "어찌할꼬~~~~. 노숙할 수도 없고."
일주일을 혼자 보내야 되는 상황인데, 어디로 가든 런던 중심으로 가야 된다는 심정으로 시내 중심을 향해 튜브(tube : 영국지하철)를 타기로 마음먹고 인포메이션대로 튜브(tube)정류장으로 갔다. 운좋게도 한국 배낭객들을 만나 그 중 미술하는 한 친구를 통해 3일 정도 머물 숙소를 소개받았다. 한국 유학생이 운영하는 숙소였다. 2존 지역에 위치해 있었는데 동네가 좀 지저분했다(알고 보니 이 지역은 주로 흑인들이 모여 사는 동네~).

❷ 첫날, 작은 문화충격
튜브역에서 만난 그 친구가 고맙기도 하고, 새로운 사람들과의 어색함을 덜 겸해서 내가 피자 한 판을 쏘겠다고 했다. 전화번호를 물으니 집주인이 직접 피자집을 가자고 한다. 배달을 시키면 되는데 하는 생각을 하며, 타지라 그냥 따라 나섰다. 도미노 피자집에서 피자가 나오는데 깜짝 놀랐다. 어라, 피자를 한 판을 시켰는데 한 판이 보너스라... 영국은 인건비가 비싸서 직접 매장에 가면 한 판을 더 준다고 한다. 덕분에 한 판 가격으로 두 판을 먹으면서 색다른 문화 체험을 시작했다.

❸ 집 구하기
Gumtree이라는 유명한 웹사이트에서 집을 구했다. 전화 1730통에 집 방문 193번은 한 것 같다. 보증금을 먼저 보내면 집을 보여주겠다는 사람도 있고, 월세를 많이 내고 오래 있는 사람만 받겠다는 사람도 있고, 런던의 환경은 외국사람들에게 쉽지 않았다. 특히나 네이티브와 같이 살기 위해서 영국, 캐나다, 미국사람들이 사는 집을 중점적으로 알아봤는데, 이 사람들은 네이티브가 아니면 세를 주지 않는다는 것이다. 어떤 사람은 광고 문구에 '네이티브가 아니면 연락을 하지 말라'는 문구를 당당히 넣기도 했다. ㅠ "아시아 사람이 무슨 죄라도 지었나.ㅠ 치사해서 원 ㅠ"

❹ 영국의 거리
좁은 도로, 높지 않은 건물, 왠지 모를 고풍스러움과 편안함~~ㅔ! 몇 수십 년을 훌쩍 넘은 건물들을 보면서 전통을 지키면서 보존하려는 의식들이 참 존경스러웠다.
옥스퍼드 스트리트 중심도로 "와~, 삼성모니터네. 에! LG. 역시 우리나라 제품이 짱이야". 해외에 나오면 커지는 건 애국심밖에 없다.
숙소로 돌아오려고 튜브에서 내렸는데 헉, 나를 기다리는 검은 피부의 건장한 청년들..그런데 왜 이리 다리가 떨리는가. 아무렇지 않게 앞을 지나자니 나를 부른다. 그 친구들이 하는 말은 '튜브티켓' 필요 없으면 달라는 것이었고, 나중에 알았지만 그 친구들은 아직도 2시간 이상 남은 티켓을 얻어 다른 곳에 가려는 것이었다. 그래서 지나가는 친구들한테 티켓을 달라는 거란다...
영국에서 한국사람의 생활이 궁금해서 한인들이 모여 산다는 뉴몰든으로 발길을 옮겼다. 역시 튜브를 타고 빅토리아 역에서 기차를 갈아타고 도착한 뉴몰든, 내리자마자 한국간판들이 눈에 들어왔다. 버스를 타고 학원들이 많이 모여 있다는 윔블던의 학원에 들어가 보았는데..여기가 한국어학원 아닌가 싶었다. 12명 중에 한국친구들이 9명이다...한국인들이 모여 사는 곳이라 분위기가 너무 편해서.. 영어 없이도 생활할 수 있을 듯하다...

❺ 캠브리지
캠브리지에 도착.. 예상보다 더 단출한 편안한 느낌의 도시다.. 예쁜 보도블록. 자연스러움을 극대화하여 각양각색인데, 주변 샵들은 조그맣고 정겹다. 자전거의 거리답게 많은 학생들의 통학이 자전거로 이루어지고 있었다. 또한 대학도시답게 학교가 연이어 있어 캠퍼스 낭만을 누리기에는 더 할 나위 없이 좋아보였다. 갑자기 앰뷸런스 소리가 들리자, 왕복 2차선 도로의 차들이 개구리처럼 전부 바퀴를 일제히 이면도로로 붙이고 순식간에 도로중앙을 비우는게 아닌가! 와 이게 선진문화구나......

❻ 본모스 & 옥스포드
본모스 사람들의 친절함에 영국인의 다정다감함을 느낀다. 마지막 날은 옥스퍼드에 가서 유서 깊은 거리며 대학들을 봤다.. 캠브리지와는 대조적으로 웅장하면서도 고풍스러운 느낌이다. 거리의 악사들이 연주를 하고 그 연주곡을 테입에 넣어 판매를 한다.

❼ 선진국인 이유

오늘은 여행의 마지막 날이라 분명히 짐을 다 가지고 나왔다. 그런데 나는 조그마한 배낭만 달랑 매고 있었다. "아뿔싸!! 내 짐들은 어디 있지?"
내가 버스에 두고 내렸다....부리나케 버스 정류장으로 가서 필리핀연수 때 열심히 공부한 기본회화로 상황설명을 했다.
"아~, 그 가방!! 저기 그대로 있어요!!"
필리핀에서의 영어공부가 이렇게 도움이 되었고, 6개월 동안의 영국생활은 '이런 점이 선진국이구나' 하는 느낌을 참 여러 번 받았다... 차라리 집, 환경, 개개인의 경제력이라면 오히려 한국이 더 좋을지 모르겠다는 느낌이었지만, 여러 면에서 보여지는 문화적인 측면이나 시민의식들이 우리가 배워야 할 선진국의 부분인 것 같다.

06 필리핀+뉴질랜드

대표적인 어학연수 국가들의 계속 높아지는 환율로 인해 뉴질랜드를 찾는 사람들이 더욱 많아졌다. 우리가 생각하는 것처럼 어학연수 비용이 크게 저렴하지는 않지만 예산을 잘 짜고, 절약하여 생활한다면 타 국가보다 연수비용을 많이 줄일 수 있는 곳이다.

01 필리핀 + 뉴질랜드의 장점

- 연계항공권을 이용하여 쉽게 들어갈 수 있다.
- 손쉬운 워킹 비자의 취득(단, 선착순모집이다)
- 합법적인 일자리를 통한 영어 실력 증대와 값비싼 문화경험
- 관광도시로서의 장점(학원 근교가 관광지 / 관광지를 찾은 유럽인과의 접촉용이)
- 아름답고 풍요로운 나라의 매력
- 타 서구권국가보다는 낮은 환율

- 관광 비자 : 입국 시 최대 3개월
- 워킹 비자 : 최대 1년
- 학생 비자 : 학원에 등록한 개월 수만큼 + 약 한달

02 추천 학교

❶ Kaplan
www.kaplaninternational.com

지역별 학교	한국인평균	학교 특징
오클랜드	22%	1. 철저한 준비의 대학진학 준비 과정이 유명 2. 인기 높은 인턴쉽 프로그램 3. Kaplan 센터 간 이동이 가능 4. 장기 프로그램의 발달 5. 수준 높은 강사 수준 6. 높은 학원 인지도 7. 재단이 탄탄해서 신뢰도가 높은 학원 8. 뉴질랜드 내 가장 규모가 큰 어학원 9. 세계적인 멀티 캠퍼스 보유 (영국, 캐나다, 아일랜드, 호주, 미국 등)

❷ LSI
www.lsi.edu/en

지역별 학교	한국인평균	학교 특징
오클랜드	17%	1. 비교적 저렴한 학비 2. 비즈니스 프로그램 및 각종 시험 대비반 신청 가능 3. 4주 이상 신청 가능한 TKT 프로그램 보유

❸ Dominion
www.dominion.school.nz

지역별 학교	한국인평균	학교 특징
오클랜드	19%	1. 뉴질랜드에서 가장 오래된 어학원 2. 소규모 학급 운영 3. 현지에서의 높은 만족도 4. Evening Program 운영

03 뉴질랜드 연수기

❶ 고대하던 뉴질랜드

뉴질랜드하면 광활한 벌판과 그림같은 풍경들이 떠오른다. 벌판위를 달리면서 그 호빗족들을 만나볼 수 있을까?…. 오클랜드 공항에 내려 다운타운으로 가기 위해 택시를 찾았다. 다운타운까지 적어도 60~70불, 대략 30~40분 정도 걸린다는데 6만 원을 낸다는 건 충격이었다.! "저기, 혹시 다운타운까지 가는 버스는요?" "18불입니다." 우리나라 돈으로 대략 만오천 원 정도 차비를 내고 탑승했다. "하하하, 역시 택시를 안 탄 건 잘해써~."

❷ 홈스테이 도착

다운타운에 내린 다음에는 홈스테이집을 찾기가 어려워 택시를 타고 홈스테이 주소대로 기사님이 내려주셨고, 해리포터의 론 어머니 같은 홈스테이 아주머니가 반겨주신다. 90% 이상이 불친절하다는데, 난 운이 매우 좋았다.

❸ 뉴질랜드의 발 "버스" & "비행기"

뉴질랜드는 아름다운 곳이 매우 많고, 어학연수지로 선택한 이유 중의 하나이기도 하다. 필리핀에서 열심히 공부했던 보상이라도 받듯이 틈만나면 명소들을 돌아본다. 우리나라의 발이 지하철과 버스라면, 뉴질랜드의 발은 버스와 비행기다. 특히 2층 버스를 즐겨 탄다.

버스는 Intercity, Newmans Coach Lines, Northerner, Atomicshuttle ,Go kiwi, Dalroys, Pavlovich 등이 있다. 이중에서 가장 큰 규모인 intercity는 최근에 Newmans Coach Lines 을 인수해서 운영하고 있다. 한 가지 중요한 것은 입석이 존재하지 않고, 예약은 필수이다. 인터넷과 information Centre에서 예약이 가능하다.

버스의 할인혜택

Intercity, Newmans coach lines, Northerner는 할인요금이 설정되어 있다. YHA, BBK, VIP 등의 배낭여행자 회원증이 있으면 대략 15% 정도 할인혜택이 있고, Intercity, Newmans Coach Lines은 국제학생증을 제시하면 학생할인을 받을 수 있다. 가지고 있는 회원증이나 학생증은 미리 문의해 보면 가장 좋다.

출발시간 20분 전까지는 터미널 혹은 정류장에 도착하고, 짐은 라벨에 이름, 주소 행선지를 적어 붙여놓는다. 출발 2시간 전에는 100% 환불, 2시간~출발시간 전까지는 50% 환불, 출발시간 이후로는 환불이 불가능하다. 오클랜드에서 해밀턴까지는 대략 2시간 정도, 오클랜드에서 웰링턴까지는 대략 11시간 정도 걸린다.

비행기

뉴질랜드는 남한 면적의 약 3배 정도. 그래서 대, 중도시에는 공항이 있다. Air New Zealand가 국적기답게 가장 많은 노선과 운행횟수를 가진다. Qantas도 오클랜드 웰링턴, 로토루아, 크라이스트처치, 퀸스타운 등에 운항하고 있다. 인터넷으로 티켓을 예매하거나 여행사를 통해 구매, 혹은 공항에서 할인티켓을 파는 창구에서 구매할 경우, 이른 아침에 출발하는 비행기 티켓 등을 저렴한 가격으로 구입할 수 있다.

> **TIP** 국제선, 국내선 모두 출발 전에 비행기스케줄에 변동사항이 있는지 확인을 미리 해보는 것이 좋다. 한번은 크라이스트처치 여행을 할 때 비행기 스케줄을 확인하지 않았는데 비행기 스케줄이 바뀌어 있어서 많이 당황했다.

09
필리핀 엑티비티
주말여행

- 01 골프
- 02 스노우쿨링
- 03 제트스키 & 바나나보트
- 04 시워킹
- 05 다이빙
- 06 그외 스포츠(등산, 산악오토바이, 래프팅...)

필리핀 액티비티
주말여행

필리핀은 신비로움과 끝없는 매력을 가지고 있는 열대 지방이며 섬나라이다. 에메랄드빛 바다에 무거운 영어연수의 슬럼프 따위는 던져버리자.

01 골프

"클럽이 있어요?" 우리 학원에서 골프를 가끔 치러가는 듯한 학생에게 물어보니 한국에서 가져온 클럽이 있다고 했다.
"나도 좀 가져올 걸~ 필리핀이 골프치기 좋다는 걸 이제 알았어요." 최대한 불쌍한 표정으로 울상을 지어보이니 골프치러 갈 때마다 클럽을 빌려가라고 한다. 음하하, 성공! 일단 이번 주말에 클럽이 있는 클래스 메이트 오빠에게 골프를 한 번도 못 쳐봤지만 이제부터 배우길 희망하는 친구와 골프를 치러가기로 했다.

동네골프장 (9홀, 라운딩피 1인당 평일 약 5천 원, 캐디피 약 4천 원, 식사 1천 원, 홀라 200원산, 맥주 800원, 야외노래방에서 노래한곡당 100원)

필리핀 서민들에게 동네골프장은 놀이터와도 같다.ㅋㅋ

01 막탄컨트리 클럽

"오늘은 워밍업으로 골프연습만 하자~." "넵!"
택시를 타고 막탄에 있는 막탄컨트리 클럽으로 갔다. 여기는 특이하게도 공군기지 안에 골프장이 있어서 입구에서 검문을 한다.
"골프치러 들어가는 데도 검문을? 괜히 대단한 골프장처럼 보이려는 거 아니에요?"
군인 2~3명이 택시 트렁크와 이곳저곳을 둘러보며 확인하고, 환하게 웃으며 '나이스 샷' 을 하라며 인사를 해 준다.
"와~, 진짜 여기 군인들이 있네?" "응, 여기서 훈련도 하고 잠도 잔대."
공군기지를 지나자 매표소 같은, 우리나라 클럽 하우스가 스키장 콘도 1층 로비처럼 깨끗하고 넓은 좋은 느낌이라면, 여기는 동물원 매표소에 서 있는 느낌이다.
오늘은 공 두 박스 정도 치고 갈 생각이라 매표소에서 라운딩비만 확인하고, 스윙 연습하는 곳으로 갔다. 우리가 어중간한 시간에 와서 그런지 우리 외에 다른 손님은 없었다.
테이블에 준비해 온 과자 몇 가지와 음료수를 놓고 맨 먼저 내가 클럽 한 개를 잡았다.
"드라이버로 시원하게 한 번 쳐볼까?"
허리에서 뚝 소리가 날만큼 세게 휘둘렀다. 하지만 공은 필요 이상으로 위로 치솟기만 하더니 정작 멀리는 나가지 않고 코앞에 뚝 떨어졌다.
"하하, 재밌지? 쟤가 조는 것 같아 집중하라고 쇼 좀 했어. 하하."
내 바로 앞 골프공 박스 앞에서 필리핀 여자아이가 쭈그리고 앉아 공을 재빠르게 놓는다. 원래 이런 건 기계로 하지만, 기계보다는 인건비가 훨씬 싸기 때문에 웬만하면 기계 대신 사람이 한다.

> **TIP**
> - 골프에 관심있는 사람은 필리핀에서 필리핀 사람에게 배워보는 것도 좋다.
> - 인건비가 매우 저렴하기 때문에 레슨비도 아주 저렴하다.(한국 사람에게 배우면 한국과 똑같이 받는다)

Mactan island golf club

아무래도 오늘 드라이버가 영 이상하다. 행운의 7번! 아이언 7번을 들고 부드럽게 힘 조절을 하며 눈 깜짝할 사이에 놔준 공을 쳤다. "와~, 약간 나이스 샷인가~."
다들 공이 나한테만 안 날라오면 된다는 표정을 하고 과자와 음료수는 바닥을 내고 있었다. 역시 맨 처음 클럽을 잡은 것이 실수였나….
"야~, 너도 해 봐."
골프를 한 번도 쳐보지 않은 사람에게 클럽을 건네며 별거 아니라고 치다보면 다 된다는 것이었는데, 참고로 나는 6개월 이상 열심히 쳤는데도 이 모양이다.
"으악~, 그러다 사람 다칠라." 공을 치려는 자세가 아닌 뭔가를 때려눕히겠다는 자세로 클럽을 잡고 휘두르는 걸 말린 것이다.
"오빠가 쟤 좀 가르쳐줘요."
연신 미소지며 우리 하는 양을 보다가 이제야 일어서서 가르쳐준다.
"골프 좀 칠줄 알면 저런 표정이 나오나?" 세 박스를 번갈아가며 재밌게 치다가 공 놔준 아가씨 30페소 포함해서 120페소(약 3천 원)를 주고 나왔다.
"우리 다음에는 필드 나가요. 어차피 돈 조금 더 주고 필드에서 치는 게 낫겠어요."
공군기지를 빠져나와서 밥을 먹은 뒤 학원으로 왔다.

02 알타비스타 골프장

세부는 타 지역에 비해 작은 섬인 데도 불구하고 리조트, 호텔, 랭귀지스쿨, 골프장까지 없는 것이 없다.
"우리 이번 주말에 골프장 갈까?"
자연스럽게 맺어진 우리 골프멤버 셋은 5천 페소씩을 모아 골프치고 저녁까지 먹고 들어올 셈이었다. 우리가 살고 있는 세부시티에 "알타비스타 (ALTA VISTA)는 18홀 골프장인데, 그린 Fee는 비싸지만, 모두 디카를 챙겨 골프장으로 갔다.

"뜨억~, 한 사람당 4,200페소? 뭐야, 필리핀은 골프장 싸다는데 왜 이케 비싸~."
주말이라 비싸고, 멤버가 아니라 더 비싼 거란다.
"우리 다음에는 평일에 오자~. 멤버인 사람을 물색하던가. 차라리 이 돈으로 여행을 가겠다." ㅠ
오늘은 이미 여기까지 왔으니 그냥 골프를 치기로 하고, 그린 fee, 캐디비, 카트비까지 모두 계산하고 골프칠 준비를 하고 있었다.

> **TIP**
> - 필리핀도 우리나라와 마찬가지로 회원이나 필리핀 현지인들에게만 그린피가 저렴하다. 어학원 원장님, 주변사람들을 수소문해서 회원인 사람과 같이 가도록 하자.
> - 골프친 후에 필리핀 현지인이라는 오해를 받고 싶지 않다면, 가능하면 얇은 긴팔을 입고 얼굴에 지수 높은 선크림을 바르고 모자를 반드시 쓰고 필드에 나갈 것

"와~, 저기 우산들고 있는 여자들은 머여요?"
"우산도우미, 햇볕 가려주는 사람…. 근데 별로 필요 없어. 괜히 옆에 있으면 신경만 쓰이지."
"그래도 좋아보인다. 얼만데요? 비싸여?"
"자기 마음대로 주지. 보통 100~200페소 정도일 걸."
"뭐야~, 싸네. 나도 할래."
우리는 See Food 저녁식사를 걸고 골프를 쳤다. 세 명의 실력 차이가 심해, 공평한 내기를 위해 오빠는 핸디캡을 30타, 나는 나오는 타수대로, 친구는 마이너스 30타를 하기로 했다.
"어머~, 죄송합니다. 죄송합니다."
그린에서 퍼터를 하는 사람들이 있으면, 원래는 그 사람들이 완전히 시야에서 사라져야 플레이를 할 수 있다. 그러나 필드하키라도 하듯 50야드까지도 잘 안 나갈 거라고 하며, 옆에서 말리는 캐디의 말을 무시하고, 드라이버로 힘껏 공을 쳤다.
공이 하늘에서 반짝하더니 퍼터를 하는 그린 위로 떨어지는 것이 아닌가. 사람이

다치지는 않았지만 너무 놀라 클럽을 내던지고 뛰어가서 사과를 했다.
"한국사람이세요? 골프를 상당히 잘 치시네요. 완전히 홀인원할 뻔했어요!"
미안해서 그런까지 단숨에 달려 숨이 턱까지 찼지만, 한편으로는 너무 들뜨고 신났다. 이렇게 4번 홀에서 버디를 하고 5번 홀로 넘어갔다. 후후
"잠깐만요, 우산 좀 옆으로...." 필드에 처음 나온 친구가 말했다.
골프 두 번째에 바로 머리를 올려주러 필드까지 데려오고, 이래서 한국사람이 성격 급하다는 소리를 자주 들을 수밖에 없다. ㅋ;
내기에 강한 내가 1등을 달리고 꼴등은 당연히 오늘 머리를 올린 친구다.
"쟤는 공만 줍고 다녔는데도 1등이네. ㅠ" 일부러 주우러 다닌 건 아니지만 다른 사람들이 잃어버린 공마다 운 좋게 계속 발견하고 내 클럽 백에 부지런히 주어 담았다. 우리는 18홀 코스를 재미있게 돌고 일본레스토랑에서 스시를 먹었다.

알타비스타 골프장

시설 좋고 럭셔리한 가격이 비싼 골프장이다.

- 9홀(평일) : 멤버동반 400페소, 게스트 1350페소
- 18홀(평일) : 멤버동반 700페소, 게스트:2700페소
- 9홀(주말) : 멤버동반 700페소, 게스트 : 2100페소
- 18홀(주말) : 멤버동반 1300페소, 게스트 : 4200페소
- 카트렌트비 9홀(멤버) : 225페소, 18홀 : 450페소
            9홀(게스트) : 560페소, 18홀 :1120페소
- 캐디비 9홀 : 200페소, 18홀 : 300페소
- 우산도우미 9홀 : 100페소, 18홀 : 200페소
- 클럽셋 (멤버)300페소/셋   (게스트) : 400페소/셋
- 골프신발 렌트비 : 260페소/게임
- 보험 멤버동반 : 30페소 /게임
- 게스트 : 70페소/게임

Aznar Road,Pardo,cebu city
www.staluciarealty.com   T.032-272-7971,7977

03 건전한 스포츠 골프

필리핀에는 저렴한 골프장이 아주 많다. 사실 비단 필리핀만이 아니라, 호주, 중국 미국, 캐나다 등등...
우리나라와 일본을 빼면 골프는 그리 고급스포츠가 아닌 것 같다. 심지어 호주는 발이 다 보이는 슬리퍼에 추리닝을 입고 VB맥주를 마시면서 골프치는 사람을 어렵지 않게 볼 수 있다. 우리나라도 골프가 여유로운 소수 사람들만이 영위할 수 있는 특권이 아니라, 스포츠를 좋아하는 사람들이 쉽게 접근할 수 있는 즐거운 스포츠로 빨리 자리를 잡았으면 좋겠다.

Water Buffalo 골프장

라푸라푸골프장

골프연습장

> **TIP**
> 필리핀에서는 저렴하게 클럽대여도 하기 때문에, 한국에서 비싼 클럽을 반드시 가져올 필요는 없다(저렴한 클럽이 있다. 필리핀에서 장기연수할 예정이면 가져오는 것이 좋다).

Cebu Country club 골프장

- 18홀(평일) : 3460페소
- 18홀(주말과 쉬는 날) : 5140페소
- 골프카 렌트(18홀) : 1120페소
- 골프신발 렌트 : 250페소
- 골프클럽 렌트 : 500페소
- 엄브렐라 캐리어 : 200페소

P.O Box 698 ,Banilad,Cebu City, Cebu Province
T.032-231-0345/231-1802/231-1940

추천 골프장

■ **Baguio Country club**
- 주소 : South Drive, Baguio City Tel. 074-619-2050
- E-mail : baguiocountryclub2005@gmail.com
- 사이트 : www.baguiocountryclub.com.ph
- 가격(게스트기준) : 9홀(평일) 960페소 / (주말) 1320페소
                    18홀(평일) 1120페소 / (주말) 1680페소
- 캐디 : 9홀 200페소 / 18홀 300페소
- 볼보이 : 100페소(시간당)

■ **Golf&Marina Leisure Community**
- 주소 : Barangay East Talaongan,Cavinti,Laguna Tel. 02-681-5461, 65, 116, 94
- E-mail : calirayasprings@yahoo.com
- 가격(게스트기준) : 9홀(평일) 750페소 / (주말) 1000페소

18홀(평일) 1500페소 / (주말) 1800페소
27홀(평일) 2300페소 / (주말) 2800페소
36홀(평일) 3000페소 / (주말) 3600페소
- 캐디 : 9홀 250페소 / 18홀 300페소 / 27홀 400페소 / 36홀 600페소
- 우산도우미 : 9홀 100페소 / 18홀 200페소 / 27홀 250페소 / 36홀 300페소

■ Camp Aguinaldo Golf Club
- 주소 : Camp General Emilio Aguinaldo,EDSA,Quezon City Tel. 02-911-6001, 8548, 8777
- 사이트 : www.aguinaldogolf.com.ph
- 가격(게스트기준) : 18홀(평일) 800페소 / (주말) 1200페소
- 캐디 : 18홀 250페소
- 멤버십 : 일반인 75,000페소 (평생회원+850페소/매달) / 외국인 100,000페소 (평생회원+950페소/매달)
- 골프수업 : 600페소/시간
- 드라이빙 레인지 : 45페소/박스

■ Camp John Hay Golf Club,INC.
- 주소 : Loakan Road,Baguio City, 2600 Tel. 074-444-2131~33, 2561
- E-mail : cjhgolf@skyinet.net
- 가격(게스트기준) : 18홀(평일) 2130페소 / (주말) 2910페소
- 캐디 : 300페소
- 드라이빙 레인지 : 100페소(박스)

■ Canyon Woods residential resort
- 주소 : Diokno Highway,Bo,San Gregorio ,Laurel,Batangas Tel. 02-521-7878
- E-mail : info@canyonwoods.com
- 가격 : 9홀(평일) 300페소 / (주말) 400페소
       18홀(평일) 400페소 / (주말) 500페소
- 캐디 : 9홀 200페소 / 18홀 300페소
- 골프카트 : 9홀 400페소 / 18홀 750페소
- 골프클럽 : 9홀 500페소 / 18홀 500페소

■ Club Intramuros
- 주소 : Bonifacio Drive cor,Aduana St, Port Area, Intramuros,1002 Manila
        Tel.02-527-6613, 8594 / 526-1291
- 가격 : 18홀(평일) 1200페소 / (주말) 1200페소
- 캐디 : 250페소
- 야간골프 : 18홀(평일) 2000페소 / (주말) 2000페소
- 캐디 : 300페소
- 우산도우미 : 200페소

■ Eastridge
- 주소 : Bo,Bilibiran,Binangonan,Rizal Tel. 02-651-2240, 2275
- 가격 : 9홀(평일) 1200페소 / (주말) 2500페소

　　　　　18홀(평일) 2000페소 / (주말) 4000페소
- 캐디 : 9홀 250페소 / 18홀 350페소
- 우산도우미 : 9홀 250페소 / 18홀 350페소

■ **Fairways & Bluewater**
- 주소 : Boracay island, Malay, Aklan Tel. 036-288-5587
- 가격 : 9홀(평일) $55 / 9홀(주말) $65
　　　　18홀(평일) $75 / 18홀(주말) $85
- 캐디 : 9홀 170페소 / 18홀 320페소
- 골프카트 : 9홀 448페소 /18홀 840페소
- 골프신발 : 9홀 200페소 / 18홀 300페소
- 골프클럽 : 9홀 250페소 / 18홀 500페소

■ **Lanang Country Club**
- 주소 : Km.6 Lanang,Davao city , Davao Tel. 082-759-52 / 751-71 / 234-1764
- 가격 : 18홀 1500페소
- 캐디 : 200페소
- 우산도우미 : 150페소
- 골프카 렌트 : 9홀 350페소 / 18홀 700페소

■ **Negros Occidental**
- 주소 : Bata Subdivision, Bacolod City, Negros Occidental Tel. 034-441-1190, 1735, 1782
- 가격(게스트기준) : 18홀 (평일) 1050페소 / (주말) 1550페소
- 캐디 : 250페소
- 골프클럽 : 500-600페소

02　스노우쿨링

01 민도로를 향해 출발!

나는 이번에 스노우쿨링이 거의 2456번째..... 하는 거라 크게 설레일 게 없다. 그러나 얼마 전 내가 필리핀에서 연수할 때 필리핀 구경 한번 오고 싶어하다가, 이틀 전에 필리핀에 도착한 우리가족에게는 꽤 설레이는 여행일 것이다.

필리핀에는 스노우쿨링을 할 수 있는 곳이 매우 많지만, 처음에 접하기에 무난한 곳으로 민도로를 우리의 목적지로 선택했다. 필리핀에 온지 이틀, 1시간(!)의 시차에 놀라신 이모들이 이것저것 보이는 데로 먹으며 시차에 적응(!)해 하려고 노력 중이다.

"자, 여기 너 먹으라고 싸온 김치 세포기.....인데, 우리가 두포기 먹었고 한포기 남

있네?" 막내이모, 둘째이모, 큰이모, 엄마, 내 동생까지… 여자 6명은 호텔방에서 부산하게 떠날 준비를 한다. 그리고 6명이면 2명씩 방 3개를 잡아야 정상이다. 하지만, 짠순이 실비아(필자)는 카운터 언니에게 온갖 친한 척으로 방 하나 값에 추가 비용만 조금 더 내고, 6명이 방 하나에 추가 침대까지 더 넣어 주었다. 음하하.
우리 6명은 지프니를 타고 빅토리 라이너로 간 후, 3시간 정도 버스로 이동하여 바탕가스에 내린 후 우리 식구들과 커플 2명을 태우고 민도로로 가는 배는 출발했다.

02 바탕가스에서 → 민도로

"아니~, 배가 양쪽에 웬 자전거 보조바퀴 처럼 균형잡는 다리가 있냐?"
"아~, 저거는 스노우쿨링할 때 필요할 걸~. 뭐 또 다른 이유가 있을 수도 있고~."
민도로까지 약 40분 넘게 배를 타고 가는데, 민도로에 도착해서 노는 것보다 배를 타고 가는 코스가 더 재미있으면 어떻게 하나... 걱정이 될 정도로 배 타는 것도 너무 재미 있어 한다. "으악~. 야, 저기 봐봐, 저기. 돌고래야."
배에 있는 사람들 모두 일어나 돌고래를 보고 방방 뛴다. 나만 배 균형을 잡는답시고 배 한가운데 무게가 쏠리는 반대편으로 분주하게 움직인다.
돌고래는 운이 좋아야만 겨우 볼까말까한 것이다. 왠지 돌고래를 보았다는 이유 하나만으로도 기분이 up되어, 오늘 처음 본 커플들과도 아주 친해져서 배가 심하게 움직일 때마다 서로를 붙잡으며 계속 웃고 떠들었다.
혹시 친구나 연인 사이에 어색한 일이 생기면 비나 태풍주의보가 있을 때 배를 40분만 탄다면 완전 화기애애해질 것이다.
"으악~, 배 뒤집히는 거 아냐?!"
"우하하~, 완전 재밌어, 필리핀 아저씨 달려요." 반은 거의 초죽음이 되고, 반은 재미있는 놀이기구를 탄 듯한 표정으로 배에서 내렸다.

❶ 민도로 도착
"바닷속 좀 봐봐. 모래까지 다 보여."
필리핀 아저씨의 손을 잡고 배에서 내리자마자 바닷속에 발을 풍덩풍덩 담근다.
'나, 잡아봐라~'를 외치며 뛰어가고 싶었지만, '잡히면 죽는다. 이 지지배야~.' 하며 이모들이 다 쫓아올 것 같아 그냥 포기한다.
"마사지 받으실래요?"
방도 안 잡았는데 마사지부터 받을 수도 없는 노릇이고 "나중에 오세요~. 방부터 잡구요."
해변 끝 쪽에 한국인이 운영하는 식당과 펜션 같은 민박집이 있어 그냥 바로 1박을 잡았다. "방 1박에 얼마에요?"
"에어컨 방은 2000페소, 선풍기 방은 1400페소에요." 어떤 방으로 했을지는 여러분의 상상에 맡긴다.(:)

❷ 민도로에서의 한식

"배고프다. 일단 밥 먹고 나가자."
방문을 열고 왼쪽으로 1분 안 되게 걸으면 식당이 있다. 주인아주머니에게 김치찌개 2개, 된장찌개 2개, 제육볶음 2개를 시켰는데, 이미 필리핀에서 한 달 넘게 있던 나보다 한국에서 온지 이틀밖에 안 된 이모들이 더 허겁지겁 깨끗이 접시들을 비운다.
"아주머니, 이거 설거지 안 해도 되겠는데요~." 밥을 이렇게 많이 먹고 물놀이를 간다면 바다위에 배만 동동 뜰 것 같아 해변이나 한 바퀴 돌자며 식당에서부터 해변 끝까지 무작정 걸었다.

03 화이트 비치

여기는 민도로에서도 '화이트 비치' 라는 곳인데, 생각보다 작고 조용하고 우리나라 해운대 풍경과는 정반대이다.
"생선을 탁자에 놓고 파는 것 좀 봐~. 징그러~."
화이트비치 백사장에는 작은 Bar들과 작은 레스토랑들이 은근히 많은데, 레스토랑 입구에는 마치 생선이 손님들을 유혹하는 듯 '징그러운 자태' 를 뽐내며 발라당 누워 초점 없이 큰 눈을 바락 뜨고 있다.
"호호호~, 한국 사람들 너무 이뻐요~. 망고 주스있어요. 그린 망고 맛있어요~."
Bar에서 설거지를 하던 떡 벌어진 어깨와 근육 있는 팔에 치마 입은 언니가, 걸쭉한 목소리로 애교있게 우리에게 팔을 흔든다.
"뭐야, 쟤. 게이아냐?"
"조용~, 게이라는 말은 다 알아들어~. 차라리 우리끼리만 알게 근육 언니라고 하자."
비치가 워낙 작아 크게 구경할 거리가 많지는 않았다. 오히려 해변에 19세 미만 관람불가 행동을 열심히 하고 있는 닭살 커플들이 더 큰 구경거리가 되고 있다.

❶ 저렴한 진주

"진주가 싸요~. 진주 사세요~."
필리핀 아주머니들이 가방에서 진주를 조심히 꺼내 반지, 귀걸이, 목걸이를 한쪽에 쭈욱 풀어놓고 한 번 해 보란다. 전반적인 진주 가격은 1,000페소에서 3,000페소다. 그 사람들의 표정을 보면 진짜 귀한 진주일 것 같아, 부른 값 100%에 사려다가 아차, 주특기인 3분의 1로 가격깎기를 해서 500페소에 귀걸이, 목걸이, 반지까지 전부 다 샀다. 그런데, 사실 지금은 그 진주 목걸이가 어디에 있는지도 모르겠다.

❷ 스노우쿨링 가격

예쁜 근육 언니가 있는 Bar에서 후식으로 그린망고 주스를 한 잔씩 마신 후 다시 해변을 걸었다. 사방팔방에 모두 진주 아주머니들 뿐이다. 일부러 구입한 진주를 손에 들고 다녔는데도 이미 샀다고 여러 번을 말해야 했다.
"진주샀어요. 봐요 여기."
"그럼, 스노우쿨링은 안 가요?"

이제 진주보다 더 고급 협상이 필요한 중요한 때가 왔다.
"얼마에 해 주실 건가요?"
양쪽 두 선수는 서로의 눈치를 보며 선뜻 먼저 금액 제시를 꺼리다. 이거.. 의미심장한 배경음악이라도 쫙 깔아야 하나?
스노우쿨링 아저씨는 30초 정도를 머뭇거리다 한 사람당 500페소씩, 싸게 해 주는 거라며 말을 꺼냈다.
"화이트 비치에 자주 오는 친구는 몇 명이든 배 빌리는 값만 내면 된다던데..."
옥신각신 몇 분을 실랑이를 하다가 결국 배 빌리는 값 1,000페소에, 장비 하나 빌리는데 50페소씩으로 결론이 났다. "내일 아침에 10시까지 오세요. 준비해 놓고 기다릴게요."

❸ 화이트 비치에서의 휴식

비치에 사람도 별로 없고 특별히 할 게 없다. 그냥 허리까지 차오르는 바닷가에 앉아 묶여 있는 배를 지긋이 바라보다가 멀지 않은 곳에 이 화이트 비치를 감싸 안듯 둘러싼 작은 산들을 바라보노라니 내 시야에 아까 그 닭살커플이 들어온다.
'에잇, 수영이나 하자' 수영을 하고 마사지를 받고 모처럼 제대로 쉬는 기분이다.
"저녁 먹고 Bar에서 술 한 잔 할까?" 칵테일과 맥주 한 잔씩에 수다를 떨다 돌아와, 선풍기가 부지런히 돌아가는 방에서 또 수다를 한 판 떤 후 잡히는 침대 하나씩을 차지하고 잠을 잤다.

04 재미있는 스노우쿨링

"빨리 씻어~. 나 급해."
다들 거의 동시에 일어나 수영복으로 갈아입고 위에 반바지와 티셔츠를 입었다.
"선크림 넉넉히 발라."
여자 3명만 되도 정신이 없건만, 6명이나 되고 보니 접시가 깨질 뿐만 아니라 폭파할 듯 어지러운 분위기다. "언니~, 밖에 사람 와 있다."
필리핀 사람들이 약속 시간에 딱 맞추는 스타일은 아니지만, 5분 정도 미리 도착해서 대기하는 모습이 꽤 멋져 보인다. "자~, 그럼 배로 가시지요~." 여섯 여인은 비

장한 모습으로 배에 앉아 어디론가 출발했다.
"오~, 장난 아니야. 완전 깊어 보여~."
"이런 깊은 곳에 배 세워놓고 사다리 타고 내려가서 스노우쿨링 하는 거야~."
"말도 안 돼~. 그럼, 나 안 해~."
이제 그만 배를 세울 때가 됐는데, 한참을 더 가서 아주 조그맣고 한적한 육지에 배를 세우고 장비를 던져주었다. "아~, 모야~. 바다 한가운데에서 해야 재밌는데~. 안타깝다."
여섯 여인은 장비를 착용하고 바다로 들어갔다.
"저기.. 이모!!" "왜?" "대포 받아랏!! 빵~~빵~~."

다들 장비는 목에 걸치고 누구하나 물에 젖지 않은 사람이 없는데 좀더 물에 넣어보겠다고 일렬 종대로 열심히 물장난을 친다.
"와~, 물고기 장난 아니야. 완전 어항이야. 어항~."
필리핀아저씨가 과자나 빵을 챙기라고 해서 50원짜리 필리핀 빵을 가져왔는데, 꽤나 유용하다.
"둘째이모~, 일루 와봐. 물고기 진짜 이뻐."
"아니야. 난 됐어. 여기 앉아 있는 것도 무섭거든!!"
둘째이모는 털털한 외모와는 달리 겁이 너무 많다. 장비를 다 착용하고 육지에 앉아 물 없이 스노우쿨링을 한다.;;
"큰이모 좀 봐~. 진짜 멀리 갔어. 안 무서운가."
수영경력이 좀 있는 가장 연로한 큰이모가 스노우쿨링을 제대로 즐기신다. 힘 빼고 편하게 바다에 엎드려서 빵조각을 뿌렸더니 장관이 따로 없다.
세부 바다한가운데에서 바다 안을 보았을 때 정말 깊은 바다 풍경에 감탄했다면, 여기 민도로는 어족이 풍부한 활기찬 바다동네를 지나, 거북이 토끼와 함께 용암님을 만나러 가는 듯 동화 같은 바다속을 상상할 수 있다.
"야~, 너네도 저쪽으로 가봐~. 신기한 거 진짜 많다."
꽤 멀리까지 갔다 돌아온 큰이모가 한마디 한다.
우릴 지켜보며 기다는 배와 필리핀아저씨 단한 명을 제외하면, 이방인 하나 없는 안락한 섬에서 스노우쿨링을 아주 충분히 즐겼고, 다리에 힘이 풀리고 배도 고파질 때쯤 배에 올랐다.
"아저씨, 렛츠고우~."
50페소씩 주고 빌린 장비들을 배 한쪽에 벗어놓고 빠른 속도로 멀어지는 섬을 배위에 앉아 바라보았다.

> **주의!!**
> 물살이 거셀 때는 일행들과 너무 떨어진 곳에서 스노우쿨링을 하는 것은 위험할 수 있으며, 해파리 떼가 출몰할 시즌인지 아닌지를 확인해야 함.
>
> ■ **스노우쿨링 가격**
> 장소마다 지역마다, 사람마다 매우 다르다~. 바가지가 심하다.
> • 배 한 대 렌트 : 1000~1800페소까지
> • 1인당 장비 : 50~200페소까지

03 제트스키 & 바나나보트

01 제트스키

오늘은 해양 스포츠를 하러 왔다. 시워킹이 끝나고 수영장 앞에서 수다를 떨며 산미구엘을 마시고 제트스키를 타러 바다로 나갔다.

두 면의 직원이 제트스키를 점검하면서, 제일 시동이 잘 걸리는 배를 골라 사용방법을 알려준다.
"오~, 쉽다~. 야! 타! 내가 운전할게. 꽉 잡어!"
뭐든 나서길 좋아하는 내가 운전대를 잡고 뒤에 탄 친구는 허리를 꽉 잡았다.
"만약 무슨 일 있으면 손을 번쩍 들어주세요. 20분만 타고 오시구요."

❶ 운전법

붕붕~ 제트스키의 장점은 단연 손쉬운 운전법과 빠른 스피드이다.
"야! 좀 천천히 가~. 정말 무서워."
육지가 꽤 멀어져 속도를 좀 줄일까 하는 차에 무섭다는 친구의 말을 들으니 더 재미있는 상황을 연출하기 위해 속도를 더 내야만 했다. 손잡이를 꽉 잡으니 무서운 속도로 바다를 가르며 나아갔다. 자동차의 엑셀같은 게 제트스키에는 손잡이에 달려 있어서 손잡이만 꽉 잡으면 최고의 속도가 되고 손잡이를 살살 놓으면 제트스키가 멈추게 되어 있다.

❷ 제트스키의 재미

"웬일이야~. 어머 어머~."
제트스키는 빨리 달리면 점프까지 하는데 어찌나 기분이 상쾌하고 신나는지 시워킹보다 훨씬 재밌다.
"우리 누가 더 빨리 가나 내기할까?"
다른 친구는 필리핀 직원과 같이 탔는데, 오히려 직원이 이런 속도는 처음이라고 살려달라는 표정이다.
"It is ok she won't bite you." 물지는 않으니까 걱정말라....
가볍게 콩글리시를 한마디 해 주고 친구의 제트스키를 추월했다.
"야~저기 봐 봐~. 이제 그만 가~."
아예 한국까지 갈 심산이었는데, 육지에서 제트스키를 건네준 직원이 두 팔로 크게 엑스자를 만들며 손짓을 한다.
"에이~, 그럼 우리 저쪽으로...."
경계선 바깥쪽은 더 이상 나갈 수 없으니 바다 옆쪽으로 빠르게 달렸다. 제트스키가 바다에 붕 뜨면서 우리를 바다에 내리꽂 듯 착지를 반복한다. 오른쪽으로 3분 정도 달리니 마치 다른 섬에 온 듯하다.

"커브꺾는 쉽거든! 바다 한가운데에서 중심 잡고 서있는 게 어려운 거지~"

"야~, 무섭다. 이러다 원시인이라도 나오면…"
"그건 둘째치고 얼굴이 너무 따갑다."
뒤에 타는 사람은 상관없지만 앞에 운전하는 사람은 소금기 많은 바닷물이 많이 튀어 아이라인은 뭉개지고 머리는 헝크러졌다. 결론적으로 남자친구와 탄다면 각별한 주의가 필요할 갓이다.

> **TIP** 제트스키나 바나나를 즐기다가 중간에 위급한 사항이 생길 때를 대비하여 간단한 수신호는 미리 배워놓자. 더 좋은 것은 서로의 수신호를 확인하거나 약속을 미리 해 놓으면 더 좋다.

❸ 문제발생 "쿵쿵, 이상하다. 어디서 타는 냄새 안나?"
갑자기 탄내가 조금씩 나더니 제트스키 속도도 스피드하지가 않다. 완전히 멈추었다가 급발진도 해 보고 천천히 움직이기도 해 보지만 뭔가 이상하다.
우리는 필리핀 직원에게 제트스키를 보여줬는데, 바다에 유난히 많이 떠있던 해초류들이 잔뜩 뒤엉켜 있었다.
"아까 탄 냄새가 이거였군."
직원이 다른 제트스키를 주며 5분만 더 타란다. "Ok, Ok, I will be back soon."
제트스키를 바꾸니 엄마가 새 신발을 사주었을 때의 느낌이다.

02 바나나보트

제트스키는 10분 이상을 더 탄 뒤 반납하고, 바나나보트를 타러 갔다.
"손잡이 잡고 한 사람씩 타요."
바나나보트는 우리나라에서도 쉽게 탈 수 있지만, 기회가 없어 한 번도 타보지 못했다.
"뭐야~, 왜 이렇게 무서워."
제트스키에서는 잘난 척하면서 잔뜩 폼까지 잡았는데, 바나나보트가 처음인지라 높이도 생각보다 높고 바로 코앞의 바다가 더 무서웠다.
"절대 빠트리지 마요~. 진짜! 지금 장난 아니에요~." 보트의 속도가 빨라지면 무시무시한 협박을 계속해댔다.

❶ 무서운 바나나보트

우리나라 바닷가에서 바나나보트 타는 사람들을 봤을 때는, 뒤집어지기도 하고 속도도 빨랐는데 전혀 무섭지 않고 재미어 보였다. 그런데 이게 웬일... 바다에 빠진다는 것이 심히 무서웠다. 바다 한복판에서 스노우쿨링도 하고, 다이빙도 했고, 시워킹도 했는데 그중 바나나보트가 최고로 무섭다.ㅠ

"나 손잡이 놓칠 것 같아. 이제 팔에 힘이 없어."
"안 돼. 친구. 조금만 힘내지. 거의 다 왔어. 손잡이 놓치면 넌 여기서 끝이야!"

바닷물을 흠뻑 마시고 흠뻑 젖으며 죽기살기로 보트에 찰싹 붙어 있었다. "큭!" 눈에 바닷물이 자꾸 들어가서 감고 있다가 살짝 떠보니 보조로 탄 필리핀사람이 우리를 빠트릴지 고민하는 모습이 역력하다. 그러나 막상 빠지지 않고 싱겁게 끝나니 좀 허무하다.

"뭐야~. 벌써 끝이야?"

❷ 알찬 하루

"야, 근데 나 손가락이 안 움직여." 손가락을 구부리지도 못하고 리조트로 돌아왔고, 옷이랑 세면도구를 가지고 샤워장으로 갔다.

"아, 차가워!" 역시나 뜨거운 물이 안 나왔다. 필리핀은 원래 고급호텔과 학원기숙사를 제외하면 뜨거운 물이 잘 나오지 않는다.

"옆 칸으로 가야겠다. 어, 뭐야. 여기도 똑같네."

샤워 후 리조트 오피스에서 계산을 한 뒤, 시워킹 때 찍은 사진 CD 한 장 손에 들고 아쉽게 리조트를 나왔다.

> **TIP**
> 필자처럼 바다 멀리 나가는 건 위험하다. ^^;
>
> **주의!!**
> 종종 고장난 제트스키가 있을 수 있다. 육지와 가까운 곳에서 시운전을 좀 해보다가 바다로 나가는 것이 좋다.

04 시워킹

"진짜 세부가 재밌긴 재밌어~."
세부는 섬 규모가 마닐라나 다바오 섬에 비해, 많이 작고 지낼만한 곳도 한정되어 있지만 해양스포츠는 발달되어 있는 것 같다.

"우리 이번 주에 스쿠버다이빙하러 갈까?"
"싫어! 싫어! 다이빙 무서워 호주에서 산소호흡기 떼고 물위로 올라가다가 죽을 뻔했거든~."
조금이라도 틈을 보이면 억지로 끌고 갈 것 같은지 아주 정색을 한다.
"알았어, 그럼 다이빙말고 뭐 할까?"
"파라세일링 할래? 배에 줄 묶어서 풍선달고 하늘에 떠서 배 따라가는데 정말 재밌겠더라."
호주도 파라세일링을 많이 하지만 가격이 비싸서 하지 못했었다.
"여긴 파라세일링이 얼마야?"
"대충 8만 원 정도, 이건 관광객들에게 그렇게 받는 거야, 그래야 가이드도 얼마 정도 챙겨갈 수 있지. 나는 여기 친한 사람에게 3~4만 원 정도면 할 수 있을 거야."
해양스포츠를 워낙 좋아하는지라 주말이 몹시 기다려진다.

01 리조트

토요일 아침부터 부산하게 준비를 하고 학원 앞으로 나왔다.
"나 옛날에 자취할 때는 수돗물이 거의 흰색이어서 씻고 나면 더 찝찝했는데, 기숙사는 물이 깨끗하게 나오네? 희한하단 말이야."
나를 포함한 3명의 일행이 택시를 타고 막탄으로 갔다.
"근데 파라세일링할 때 뭐 입고 하지?"
"수영복, 수영복 위에 반바지나 T셔츠를 입어도 되고..."
25분 정도 걸려 Aqua marine에 도착했다. 친구를 따라 리조트 사무실로 들어갔다. 다른 리조트는 으리으리하고 예쁘게 꾸며놓았는데, 여기는 그냥 아무나 부담없이 올 수 있을 것 같은 편하고 아담한 느낌이다.

02 종목 변경

"자, 여기 앉아서 이거 쓰세요. 주스 드릴까요?"
친구와 리조트 직원은 그 친구의 말처럼 그렇게 친해보이지는 않았다.^^;;
"어떤 거 하시겠어요?"
원래는 파라세일링을 하러 왔지만, 여기서는 즐길 수 있는 액티비티 종류가 매우 다양하다. 바다를 걷는 시워킹이긴 한데 커다랗고 투명한 유리관 같은 뚜껑을 쓰고 하는 것에 끌려서 종목을 그 자리에서 바꿨다.
"그럼, 이쪽으로 따라오세요." 수영복 차림의 직원을 따라 바다가 시원하게 보이는 벤치에서 시워킹 주의사항들을 들었다.

❶ 시워킹 주의사항

"저기요~. 그럼 지금 여기서부터 바다 깊은 곳까지 걸어 들어가요?"
"야! 당연한 걸 왜 물어. 그러니까 시워킹이지!"
"아니.. 아니요~! 배타고 저기 바다 중간에 떠있는 우리 직원들 있는 곳까지 간 다음, 거기서 신발신고 머리에 이 유리뚜껑을 쓰고, 직원과 함께 사다리를 타고 내려가요."
아무래도 이 나라는 사다리를 몹시 좋아하나 보다. 스노우쿨링 할 때도 바다 중간에서 배에서 사다리를 타고 내려갔었는데....
"자, 집중하세요. 손을 이렇게 하면 천천히 직원을 따라 바다 안을 걸으시고요, 혹시 숨쉬기가 곤란하거나 급한 문제가 생기면 손을 이렇게 하세요."
다른 액티비티들은 대충 어떤 건지 알고 있었지만, 시워킹은 짐작만 할 뿐 바다를 어떻게 걸을 수 있을지 상상이 되지 않아 주의사항을 들을수록 아주 떨렸다.
"저기요~. 만약 너무 무서우면 어떤 사인을 해야 되죠?"
"컥..; 그 사인은 생각을 못했습니다. 죄송합니다. 저기, 보트타고 중간까지 가시면 됩니다. 재밌게 하세요~."

❷ 준비 완료

촐싹 맞게 보트로 뛰어가서, 은근 높은 보트 위로 짧은 다리로 매달리다시피 올라갔다. 디카를 들이대는 친구에게 먼 바다를 바라보며 멋지게 옆모습을 몇 번 찍어주고, 중간쯤에 직원들 있는 곳에 닿았다.
"Hi~." 그곳에서 준비해 놓은 시워킹 전용 신발로 실내화 같은 것을 내어준다.
"아구~, 이 신발 너무 빈티난다. 이거 원 빈티지 컨셉도 아니고."
신발을 신고 구명조끼를 살짝 걸치고, 가장 신기해보이는 그 커다란 뚜껑을 직원이 번쩍 들더니(무게가 무려 20kg 넘음) 얼른 사다리로 내려가란다.
준비가 좀 어설픈 것 같은데 일단 사다리 두 계단 아래로 내려와 허벅지까지 바다에 담그니 커다란 뚜껑을 머리에 씌운다.

❸ 생소한 시워킹

"사다리 끝까지 내려가 기다리세요."
사다리를 하나하나 내려오니 왠지 등이 오싹하다.
"히히히~, 내가 아직도 물고기로 보이냐~."
오늘만 그런 건지 바다가 투명하지가 않고 약간 뿌옇게 마치 안개가 낀 것 같다.
사다리를 붙들고 1~2분 정도 기다리니 우리 시워킹을 도와줄 필리핀 직원이 친구를 데리고 내려왔다. 직원은 우리들에게 '괜찮냐'는 '사인'을 보였는데, 우리가 유리관 안에서 활짝 웃어보였더니 자기를 따라오라는 사인을 하며 앞으로 뛰어가듯 걸어간다.
진짜 말 그대로 바다 밑바닥의 땅을 밟으며 앞으로 나아가는 게 조금 무섭고도 신기하다.
"자~, 이거 물고기 밥인데, 막 흔들면서 걸어가 봐요."
언제 준비했는지 물고기 밥 3개에 수중 카메라까지 있었다. 물고기 밥을 사정없이 뿌려대니 고기들이 엄청 몰려들고 직원은 때를 놓치지 않고 따라다니며 사진을 찍는다.

"야~, 이리와~."
어차피 몸도 자유롭고 얼굴에 씌워진 유리관이 투명해서 그냥 육지에서 이야기하듯 말을 하면 목소리는 안 들리지만 입 모양으로 다 알 수가 있었다.
신기하게도 바닷속에 들어왔지만 유리관 안에 물이 들어오지 않아 몸만 물에 담그고 있는 느낌이다. 필리핀 직원은 수중 카메라로 진지하게 사진을 찍으며, 연신 오케이 사인을 보낸다. 우리는 잘 보이지 않는 바다를 계속 돌아다녔다.(사실 움직인 거리는 실제로 얼마 되지 않는다)
어.. 윽.. 눈앞에 인어공주 동상이 나타났는데, 작은 물고기들이 붙어있고 인어공주 표정이 꼭 저주라도 내릴 것 같아 처음 바닷속에 도착했을 때보다 더 무서웠다.
다리에 힘이 풀리며 인어공주를 중심으로 바닷속 분위기가 음산해서 얼굴이 점점 굳어졌지만, 카메라 때문에 입만 웃으며 사진을 찍었다. 그때 친구가 들고 있던 고기밥 뚜껑이 확 열리면서 고기밥이 통째로 쏟아졌다.
"야, 이 영구야!"
친구에게 소리를 질렀는데 그 소리는 들었는지 말았는지 해맑게 웃으며 앞으로 걸어간다. 인어공주 주변에서 빙빙돌며 슬슬 지루할 때쯤, 직원이 손가락을 위로 두 번 찌르며 이제 그만 올라가잔다.
직원을 따라 친구가 먼저 올라가고 나는 잠시 사다리 옆에서 기다렸다. 직원이 다시 내려와서 내가 올라가고 장비를 다 벗어 한쪽에 놓고 사진을 더 찍다가 모터보트를 타고 육지로 돌아왔다.

스쿠버다이빙보다 더 위험한 요소를 가지고 있는 게 시워킹이다~
시워킹 전 오티 시간, 주의 깊게 잘 듣고 재밌게 즐기자~

비용

- Seawalker 시워킹 : $120 (20-30분)
- Banana boat 바나나보트 : $30 (15분)
- Parasailing 파라세일링 : $90 (15분)
- Jetski 제트스키 : $60 (30분)
- Wakeboard 웨이크보드 : $90 (30분)
- Glassbottom boat : $30 (20분)
- Beach Snorkel : $30 (60분)
- Pedalboat : $20
- Seakayak : $30

05 다이빙

한국에 있을 때도 바다에서 수영해본 경험이 없었던 나에게 필리핀이라고 별로 다를 것은 없었다. 하지만 무더운 날씨와 보기만 해도 뛰어들고 싶은 맑은 바닷물은 정말이지 맥주병인 사람일지라도 뛰어들게 만든다. 처음엔 나름 걱정도 많았다. '수영이라곤 실내 수영장에서만 해본 솜씨로 과연 바다에서도 수영을 할 수 있을까?', '여기까지 와서 익사하는 건 아닐까?' 사사건건 걱정이 되었다.—_—;
다른 사람들의 이야기로는 필리핀의 바다가 한국의 바다보다 잘 뜬다는 설도 있는데, 정확한 진실여부는 알 수가 없다. 다만 확실한 건 '필리핀에서 수영을 안 했다면, 그것은 갔다 온 것이 아니라는 것' 이다. 필리핀의 바다는 우리나라의 바다와는 다른 느낌으로 다가올 것이다. TV와 책으로만 보던 푸른 바다......이제는 뛰어들어 보자!!!

01 내 생애 첫 다이빙 – 보라카이

보라카이......못 들어본 사람은 없을 것이다. 세계 3대 비치 중 하나라는데, 아직도 간절히 다시 가고픈 곳이다. 실제로 다녀온 며칠 동안은 '보라카이 증후군' 에 시달리기도 했다. 그 정도로 이곳은 아름답고 즐거운 곳이다.
이곳에 가기 전에 나름 근처 바닷가를 순회하며 수영 실력을 쌓았었다. 그러다가 드디어 말로만 듣던 보라카이를 가게 되었다. 필리핀 체류 두 달째의 일이었다.

❶ 아름다운 섬
나의 여행다운 여행지로 손꼽을 수 있을 만큼 그곳은 정말 괜찮았다. 배를 타고 갈 때도 뛰어들고 싶을 정도로 맑았던 물, 곱디고운 백사장 모래, 아름다운 돌로 이루어진 섬...... 그 무엇 하나 빠지는 것이 없었다. 다만, 한국인 관광객들이 너무 많다는 거... 마치 제주도에 온 느낌이랄까? 그 중에는 스쿠버다이빙을 하러 온 사람들도 아주 많다. 한국에서는 해볼 기회가 없으므로 도전장을 내밀었다.

❷ 사전교육
보라카이에는 많은 다이빙샵이 있다. 그 중에는 한국 사람들이 운영하는 곳도 심심치 않게 볼 수 있다. 우리 역시 운영하는 곳을 찾아 다이빙을 시도하였다. 먼저 이론 교육을 받은 다음 처음 입어보는 수트와 산소통 등 장비를 갖춘 뒤 실제 연습을 했다. 물속에서의 수신호, 입에 물이 들어갔을 경우 등의 상황대처 행동을 교육받으면 바로 체험을 하러 간다.

❸ 다이빙
배를 타고 30여분. 다이빙 지역에 배가 정박했을 때, 난 물을 보고 '뭐야, 깊지가 않잖아?' 라고 생각했다.
그러나 이것은 나만의 착각이었다.... 현실은 아주 달랐다. 가보면 알겠지만 물이 너무 맑은

탓에 물 밑의 바위까지 보일 것이다. 그 때문에 별로 깊지 않다고 생각했는데, 막상 들어가니 약 10m의 수심이란다.
당황도 잠시....잠시 후 들어간 사람들은 주위 광경에 넋을 잃는다. 형형색색의 물고기들이 옆을 헤엄쳐 다니고 게, 조개, 뱀장어들이 우릴 기다리고 있었다.
귓가에선 '언더더씨' 음률이 울리는 듯하고, 손에 든 물고기먹이 덕분에 인기는 집중되었다. 약 30분 정도 물속을 거닐다 보면 그만 나가야 할 시간이 되어버린다. 아쉽지만 다음을 기약하며 지상으로 떠오른다.

❹ 다이빙 자격증
보라카이에서 다이빙 자격증을 획득하려면 약 2박 3일 정도면 획득할 수 있다고 한다. 많은 학생들이 어학연수 기간 중에 방문하여 실제로 자격증을 취득하기도 한다. 다른 곳보다도 아름다운 자연 환경에서 맘껏 즐기며 취득하기에는 정말 딱인 곳이다!
만약 자격증 따기를 원한다면 인근 바닷가나 수영장에서 취득하기 보단 이런 곳에서 즐기며 따는 것이 좋지 않을까?
그 외에도 많은 곳을 돌아다니며 다이빙을 했는데, 그 중에 마지막으로 다이빙의 완결편이라 할 수 있는 아포 아일랜드를 소개한다.

02 세계 3대 다이빙 지역 - 아포 아일랜드
❶ 아름다운 돌섬
아포 아일랜드는 생소한 사람도 많을 것이다.
먼저, 아포 아일랜드는 관광지의 보다는 다이빙을 위한 곳이다. 바콜로드의 동쪽 수도인 두마게떼에서 약간 아래쪽에 있는 섬으로, 바콜로드와 세부 사이에 있다고 할 수 있다.
이곳은 정말 최고의 물을 가진 곳인데, 섬으로 가는 배에서 돌고래와 날치도 볼 수 있다. 다만, 파도가 좀 거센 것이 단점이다.
다시 말하지만 이곳은 관광지로 알려진 곳이 아니어서, 아름다운 비치를 생각하면 난감한 일이다. 이 섬은 돌섬이다! 비치는 돌로 이루어져 있고, 작디작은 섬엔 조그마한 마을이 있을 뿐이다.

❷ 전문다이버들이 찾는 곳
이곳은 전문 다이버들이 찾는 곳이어서 자격증이 없으면 아쉽게도 다이빙을 체험할 수가 없다. 그 이유는 물살이 거세기 때문에 초보자들은 다이빙을 할 수 없기 때문이란다. 필자 역시 자격증이 없다. 그래서 아쉽게도 다이빙을 하지는 못하고, 그 대신 스쿠버다이빙을 하며 아쉬움을 달랬다.

❸ 주의사항
불편한 점 한가지라면, 주변에 돌이 많아 자칫하면 발에 부상을 당할 수 있다. 덕분에 우리도 작은 영광의 상처들로 인해 아포 아일랜드를 온 몸으로 느낄 수 있었다.
게다가 물살이 세기 때문에 물고기와 좀 놀다가 정신을 차려보면, 어느새 멀리 떠 밀려 온 자신을 발견할 것이다.
수영에 자신있는 사람이 아니면 자신의 위치를 종종 확인하면서 놀아야 할 것이다. 참고로 이야기하면, 그런 이유로 다른 곳과 달리 시작점과 나오는 곳이 표시가 되어 있다. 파도에 떠밀려 자연스럽게 밑으로 내려가기 때문이다.
총정리를 하면 이곳에서는 자격증이 있는 사람에겐 최고의 다이빙 지역이며, 없는 사람이라도 가볼 만한 아름다운 곳이라는 것이다. 주의할 점은 이곳은 관광지의 편리요소가 전혀 없고 식당도 없다... 도시락들 필히 지참하시길..~~

03 다이빙 자격증따기

❶ 자격증에 도전
세부에 온지 3주째의 주말!!
3주째 주말에는 부활절이 겹쳐, 이곳에서는 무척 큰 휴일이었다. 그래서 잠시 공부를 뒷전으로 하고 한국에서 생각하던 스쿠버 다이빙을 하기로 했다. 연휴가 4일이어서 우리는 체험 다이버가 아닌 오픈 워터 자격증 수업을 듣기로 마음을 먹었다.
처음에 약 30만 원(한국 돈)은 큰돈이어서 고민을 하다가, 좀더 곰곰이 생각해보니 한국에서보다는 훨씬 적게 들 것이므로 마음을 굳혔다. 그리고 처음부터 한번은 꼭해보고 싶었고, 따고 싶은 자격증이어서 결정을 내렸다.

❷ 픽업 & 샌딩
나를 포함한 학원생 9명이 세부공항이 있는 막탄섬의 탐블링 리조트로 향했다. 그리 멀지 않은 거리여서 그곳에서 매일 학원으로 픽업을 받았다. 그리고 저녁 7시가 되면 다시 학원으로 우리를 데려다 주었다. 처음 접하는 것이라 마음 한구석에는 자신감 반 두려움 반으로 혼란스러웠다.

❸ 다이빙 첫째 날
다이빙 첫날 우리의 도착시간은 약 1시쯤, 세부학원에서 약 30분 정도의 거리였다. 도착 후 먼저 이론 수업을 받았다. 처음 이론만 들었을 때는 '할 만하겠구나' 라는 생각이 들었다. 그러나 몇 시간 후 실제로 장비를 장착하고 수영장으로 발걸음을 향할 때는 뭔가 모를 두려움이 머릿속에 소용돌이친다.
그리고 다시 돌아와 선생님의 간단한 이론수업과 오늘 배운 것에 대한 리뷰가 있었다. 집에 돌아오는 동안 내일의 걱정이 내내 눈앞에 어른거린다.

장비장착 완료!!!
수영장으로 들어간다. 그리고는 입수!!! 호흡이 잘되지 않는다. 긴장한 탓인 것 같다. 다른 친구들은 보기에는 다 잘하고 있다. '나도 잘할 수 있을까' 라는 생각을 계속하고 있다. 계속해서 호흡기를 나를 일체시키는 연습을 했다. 이렇게 1시간 하루의 수업을 마감하면서 하루해가 저물었다.

❹ 다이빙 둘째 날
다시 둘째 날 수업에 돌입하였다. 처음부터 긴장이 떠나지 않았다. 왜냐하면 오늘은 진짜 바다에 들어가는 날이기 때문이다. 첫날 오전은 수영장 수업, 수영장에서 어제 배운 마스크 물 빼기와 호흡기 되찾기, 중성부력에 대해 복습했다. 그러나 어제와는 사뭇 다른 느낌이다. 그러고 보니 조금씩 적응이 되어 가나보다. 핀을 발에 차고 마스크와 스노클을 착용한 채로 스킨다이버 연습을 했다. 오늘 우리가 들어가는 수심은 약 5m 정도의 얕은 수심이다. 5m 바닥까지 다이버 성공.....
필리핀 마스터와 갔을 때는 약간 두려움이 있었지만, 밑에는 친구들이 모두 내려가 있다. 하지만 나 역시 내려왔다!! 처음에는 못할 줄 알았지만 나 또한 놀라고 있다. 그곳에서 어제 배운 것을 다시 연습했다.
나는 처음 해보는 '마스크' 벗었다가 다시 착용하기가 가장 힘들었다. 바다속에서 눈을 떠야 한다는 것이 표현할 수 없는 부담이었다. 하지만 나머지 수업은 호흡하기 보다는 모두 쉬웠다. 40분의 수업을 듣고 다시 상승했다!! 배를 타고 잠시 다이빙을 하면서 우리는 또 둘째 날을 보냈다.

❺ 다이빙 마지막 날
드디어 마지막 셋째 날!! 솔직히 겁이 난다. 그것은 어제의 5m도 쉽지 않았는데, 오늘의 깊이는 약 18m.... 숨은 쉬고 있지만 코로 숨을 쉬다가 갑자기 입으로만 숨을 쉰다는 것이 여간 어려운 일이 아니었다.
오늘은 어제와는 다르게 점프해서 입수를 해야 한다. 어제는 5m, 작은 보트에서 뒤로 돌아서 백입수였고, 이 배는 큰배라서 발을 벌리고 점프로 입수를 한다!! 입수!!!
이날 선생님은 조류가 심해 조심해야 한단다. 바다 밑까지 연결되어 있는 줄을 절대로 놓으면 안 된다고 주의를 준다. 마지막으로 나도 입수!!
너무나 좋다. 너무나 아름답다. 내가 빵을 풀었을 때 물고기가 빵과 나의 살 사이를 가르며 빵을 먹는 게 너무 신기했다.
약간의 휴식 후 마지막 코스인 멸치떼를 보러 그곳으로 향했다. 호흡의 요령이 생긴 건지 뿌듯하게도 단 한 번에 입수를 한 것이다!! 심해저로 가면서 바닥이 보이지 않아 계속 밑으로 내려간다는 느낌을 받았지만, bc 즉, 조끼에 공기를 넣어가면서 부력을 조절했다. 말로 표현할 수없이 기분이 좋다. 이곳에서 우리는 마지막 수중촬영을 했다. 마지막이라는 것은 항상 아쉽다. 고생한 만큼 아쉬움이 더 크게 남았다.

❻ 보람찬 하루
자격증 필기시험을 보는 것으로 모든 과정을 마쳤다. 그리고 선생님댁에서의 소주와 삼겹살의 조합은 정말이지 다시 한 번 감탄해 마지 않는다!!! 기회가 된다면 꼭 해보라고 다른 사람들에게 추천하는 스포츠이다. 아니 스포츠라기보다 하나의 학습의 장이 될 것이다. 배운 것이 많았다. 다이빙과 나에 대하여... 돈으로 살 수 없는 추억이었다.

> **입수 전 준비 운동은 언제나 철저히!!**
> 다이빙을 할 때 겁을 먹어 수면위로 급상승을 하는 건 위험하다. 천식이 있는 사람들은 다이빙보다는 스노우쿨링이 낫다.

06 그외 스포츠

01 승마

"필리핀에 왔는데 말 타고 멋지게 한번 달려보는 것도 좋지요? 후훗~."
바기오 마인즈뷰 근처에 있는 조그만 승마장에 가면 기본코스부터 고급코스까지 있다. 기본코스는 가이드의 인솔로 승마코스를 도는 것이고, 고급코스는 혼자서 말을 타고 승마장 주변을 돌아볼 수 있다.

02 등산

03 산악오토바이

04 래프팅

필리핀에는 래프팅을 할 만한 곳이 많지 않다!! 하지만 건전한 스포츠의 달인 미경은 필리핀 곳곳을 헤집어 기어코 찾아낸다!! 하하

05 4륜자동차

06 수영

07 낚시

08 테니스

우리나라에서는 골프가 상류층들이 하는 스포츠이지만 필리핀에서는 골프가 아닌 테니스가 상류층들이 하는 고급 스포츠이다. 테니스장 이용료는 이렇게 동네일 경우 한 시간에 약 3천 원 정도, 리조트는 거의 만 원까지하는 곳도 있다. 라켓 렌트비는 한 시간에 3천 원 정도, 강사가 1시간 같이 플레이 해 주는 건 5천 원 정도다.

보통 아침 6~8시나 저녁 6시~8시에 많이 이용한다.
Why? 낮시간은 너무 더워세!

09 족구

10 배구

필리핀 어학연수 기간별 지출비용 산출

항공요금을 제외한 어학연수 비용

4주 연수
(비행기 요금만 불포함)

- 학비 : 80만원
- 2인 기숙 : 65만원
- SSP : 18만원
- 픽업비 : 5만원
- 학원 신청비 : 10만원
- 전기세 : 약 3만원
- 비자 연장비 : 약 10만원
- 교재비 : 약 4만원
- 보험료 : 약 2만원
- 용돈 : 약 40만원

➡ 토털 : 2,370,000원

한 달 용돈 책정은 1박 2일 코스여행 2회, 레스토랑 식사 4회, 마사지 2회, 주말마다 항시 택시타고 다닐 수 있는 가격, 단, 평일에도 외출을 하게 되면 40만원으로는 부족할 수 있고, 많이 쓰는 사람들은 100만원도 초과할 수 있다.

8주 연수
(비행기 요금만 불포함)

- 학비 : 160만원
- 2인 기숙 : 130만원
- SSP : 18만원
- 픽업비 : 5만원
- 학원 신청비 : 10만원
- 전기세 : 약 6만원
- 비자 연장비 : 약 10만원
- 교재비 : 약 8만원
- 보험료 : 약 4만원
- 용돈 : 약 80만원

➡ 토털 : 4,310,000원

한 달 용돈 책정은 1박 2일 코스여행 2회, 레스토랑 식사 4회, 마사지 2회, 주말마다 항시 택시타고 다닐 수 있는 가격, 단, 평일에도 외출을 하게 되면 40만원으로는 부족할 수 있고, 많이 쓰는 사람들은 100만원도 초과할 수 있다.

- 학비 : 240 만원
- 2인 기숙 : 195만원
- SSP : 18만원
- 픽업비 : 5만원
- 학원 신청비 : 10만원
- 전기세 : 약 9만원
- 비자 연장비 : 약 20만원
- 교재비 : 약 12만원
- 보험료 : 약 6만원
- 용돈 : 약 120만원

➡ 토털 : 6,350,000원

12주 연수
(비행기 요금만 불포함)

한 달 용돈 책정은 1박 2일 코스여행 2회, 레스토랑 식사 4회, 마사지 2회, 주말마다 항시 택시타고 다닐 수 있는 가격, 단, 평일에도 외출을 하게 되면 40만원으로는 부족할 수 있고, 많이 쓰는 사람들은 100만 원도 초과할 수 있다.

- 학비 : 320만원
- 2인 기숙 : 260만원
- SSP : 18만원
- 픽업비 : 5만원
- 학원 신청비 : 10만원
- 전기세 : 약 12만원
- 비자 연장비 : 약 30만원
- 교재비 : 약 16만원
- 보험료 : 약 8만원
- 용돈 : 약 160만원

➡ 토털 : 8,390,000원

16주 연수
(비행기 요금만 불포함)

한 달 용돈 책정은 1박 2일 코스여행 2회, 레스토랑 식사 4회, 마사지 2회, 주말마다 항시 택시타고 다닐 수 있는 가격, 단, 평일에도 외출을 하게 되면 40만원으로는 부족할 수 있고, 많이 쓰는 사람들은 100만 원도 초과할 수 있다.

20주 연수
(비행기 요금만 불포함)

- 학비 : 400만원
- 2인 기숙 : 325만원
- SSP : 18만원
- 픽업비 : 5만원
- 학원 신청비 : 10만원
- 전기세 : 약 15만원
- 비자 연장비 : 약 40만원
- 교재비 : 약 20만원
- 보험료 : 약 10만원
- 용돈 : 약 200만원

➡ 토털 : 10.043.000원

한 달 용돈 책정은 1박 2일 코스여행 2회, 레스토랑 식사 4회, 마사지 2회, 주말마다 항시 택시타고 다닐 수 있는 가격, 단, 평일에도 외출을 하게 되면 40만원으로는 부족할 수 있고, 많이 쓰는 사람들은 100만원도 초과할 수 있다.

24주 연수
(비행기 요금만 불포함)

- 학비 : 480만원
- 2인 기숙 : 390만원
- SSP : 18만원
- 픽업비 : 5만원
- 학원 신청비 : 10만원
- 전기세 : 약 18만원
- 비자 연장비 : 약 50만원
- 교재비 : 약 24만원
- 보험료 : 약 12만원
- 용돈 : 약 240만원

➡ 토털 : 12.470.000원

한 달 용돈 책정은 1박 2일 코스여행 2회, 레스토랑 식사 4회, 마사지 2회, 주말마다 항시 택시타고 다닐 수 있는 가격, 단, 평일에도 외출을 하게 되면 40만원으로는 부족할 수 있고, 많이 쓰는 사람들은 100만원도 초과할 수 있다.

알아두면 유용한 TIP

공휴일 / 소아규정 / 준비서류

■ 필리핀 공식공휴일
- 1월 1일 / 2월 10일 / 2월 11일 / 2월 25일 / 3월 28일 / 3월 29일 / 4월 9일 / 5월 1일 / 5월 13일 / 6월 12일 / 8월 9일 / 8월 21일 / 8월 26일 / 10월 15일 / 11월 1일 / 11월 30일 / 12월 18일 / 12월 24일 / 12월 25일 / 12월 30일 / 12월 31일

■ 소아규정 (15세 미만 학생이 부모와 동행하지 않을 때)
- 만15세 미만의 학생이 부모와 함께 가지 않을 때는 만20세 이상의 성인이 동행하며 다음과 같은 서류를 준비하여 필리핀 입국 시에 공항 입국 심사대에다 제출해야 한다.
- 인천 공항 체크인 시 카운터 직원이 15세 미만 부모 비동반 자녀가 있을 시 확인을 시켜주며 서류 미비시 체크인을 받지 않는다. 친,인척 관계라 할지라도 동의서 없이 출국하는 것은 불허된다.
  (1) 필리핀 이민법상 15세 미만 소아는 부모와 동반하지 않으면 입국할 수 없다.
  (2) 부모와 함께 입국하는데도 문제가 되는 경우도 있다.
  (3) 여권에 아버지의 성과 자녀의 성이 영문 표기가 틀리면 안된다.
  (4) 어머니의 여권에 남편의 성이 기재되어 있지 않으면 안된다.
  (5) 부모와 동반하지 않는 소아는 반드시 법적 보호자와 함께 동반해야 한다.

■ 준비서류 (부모 외 성인 인솔자 동반 시)
1. 소아위탁 진술서(공증) '자신의 자녀를 보호자에게 위탁한다는 진술서'를 작성하여 공증을 받은 후 보호자가 소지하고 있어야한다.
2. 소아의 여권 사본
3. 인솔자의 여권 사본
4. 소아의 영문 주민등록등본 소아와 부모님이 같이 나와있는 등본을 영문으로 준비
5. 부모 비동반 소아는 입국시 3,120페소의 세금을 내야한다.

Do Your Best!

성공어학연수 가이드 - 우리는 지금 필리핀으로 간다

필리핀 맞짱뜨기

1판 1쇄 인쇄 2008년 06월 25일   1판 1쇄 발행 2008년 06월 30일
2판 1쇄 인쇄 2013년 10월 15일   2판 1쇄 발행 2013년 10월 20일

저 자	박미경
발 행 인	이미옥
발 행 처	아이생각
정 가	15,000원
등 록 일	2003년 3월 10일
등록번호	220-90-18139
주 소	(143-849) 서울 광진구 능동 253-21
새주소	(143-849) 서울 광진구 능동로 32길 159
전화번호	(02)447-3157~8
팩스번호	(02)447-3159

저자 합의
인지 생략

ISBN 978-89-97466-10-8 (13980)   I-13-07

Copyright ⓒ 2013 ithinkbook Publishing Co.,Ltd